本书入选 2018 年国家出版基金项目

本书获得
陕西师范大学人文社会科学高等研究院
出版资助

推荐词

葛承雍是研究中外文化交流史的著名学者，作者将多年的研究成果收进这部五卷本的文集中。从宏观的大写意到严谨的工笔画，以文物与文献相印证，完成了一系列学术界为之瞩目的具有开创性的论文，揭示出一系列隐秘不彰的中外文明交汇的史实，在时空座标里闪耀出中华文化海纳百川的襟度，必将对后人有极大启迪。

孙机
国家文物鉴定委员会副主任，中央文史研究馆馆员，
中国国家博物馆研究院名誉院长，资深研究馆员，
时年九十。

在中古胡汉文明的求知路上，葛承雍一步一个脚印前行，具有敢为人先、探微阐幽的学术风格。他对新文物和旧文本所作的阐释，使研究对象更加物质化和更加精神化。匠心独运的五卷文集，既是尝试集，又是新知集，实证与妙语兼而有之，引人入胜，耐人寻味，发人深思。

蔡鸿生
首届广东省优秀社会科学家，
中山大学宗教文化研究所原所长，中山大学历史系资深教授，
时年八十六。

胡汉中国与外来文明

交流卷

Han And Hu: China In Contact With Foreign Civilizations I

Cultural Immersion

葛承雍 著

綿亘萬里長

Copyright © 2018 by SDX Joint Publishing Company.
All Rights Reserved.

本作品版权由生活·读书·新知三联书店所有。
未经许可，不得翻印。

图书在版编目 (CIP) 数据

绵亘万里长：交流卷/葛承雍著. -- 北京：生活·
读书·新知三联书店, 2019.8
（胡汉中国与外来文明）
ISBN 978-7-108-06672-5

Ⅰ.①绵… Ⅱ.①葛… Ⅲ.①丝绸之路 - 文化交流 - 文化史 -
研究 - 中国、国外 - 汉代 - 唐代 Ⅳ.① K203

中国版本图书馆 CIP 数据核字 (2019) 第 157037 号

责任编辑	张　龙
装帧设计	雅昌设计中心·田之友
英文翻译	陈文彬　黄　融　于　冰
责任印制	徐　方
出版发行	生活·讀書·新知 三联书店
	（北京市东城区美术馆东街 22 号 100010）
网　　址	www.sdxjpc.com
经　　销	新华书店
印　　刷	北京雅昌艺术印刷有限公司
版　　次	2019 年 8 月北京第 1 版
	2019 年 8 月北京第 1 次印刷
开　　本	787 毫米 × 1092 毫米　1/ 16　印张 19
字　　数	319 千字　图 273 幅
印　　数	0,001— 5,000 册
定　　价	138.00 元

（印装查询：01064002715；邮购查询：01084010542）

本书简介

◆ 本书为《胡汉中国与外来文明》的交流卷，围绕"汉唐记忆与丝路文明"专题，以考古新发现为先导，纳入中西文献的养料，采用"世界性"视野的思考观察，从小处着手，采撷历史亮点，推出一系列别有路径的研究成果。作者将"读万卷书、走万里路、看万件物"相结合，多次参与文物精品展览的策划，通过"文字与文物""廊道与线路""叉口与中心"，反思多元与碰撞后中国文明曾经达到的独特高度，了解欧亚古国与古代中国或隐或现的文明联系，既对十字口文明圈辐射有理智启迪，也再次证明文化交流是人类通向文明之路的必然征程。

本书作者

◆ 葛承雍，陕西师范大学人文社会科学高等研究院学术委员会主任、特聘教授。

◆ 中国文化遗产研究院教授，西北大学双学位博士生导师。北京师范大学、首都师范大学"双一流"建设特聘教授。中央美术学院、中国人民大学、复旦大学、敦煌研究院等院校兼职教授。

◆ 1993 年起为国务院特殊津贴专家，1998 年入选国家"百千万人才工程"，现任中华炎黄文化研究会副会长。

◆ 研究领域：汉唐文明、丝绸之路、宗教文物、艺术考古、古代建筑等。

2011年作者在埃及考察于胡夫金字塔前

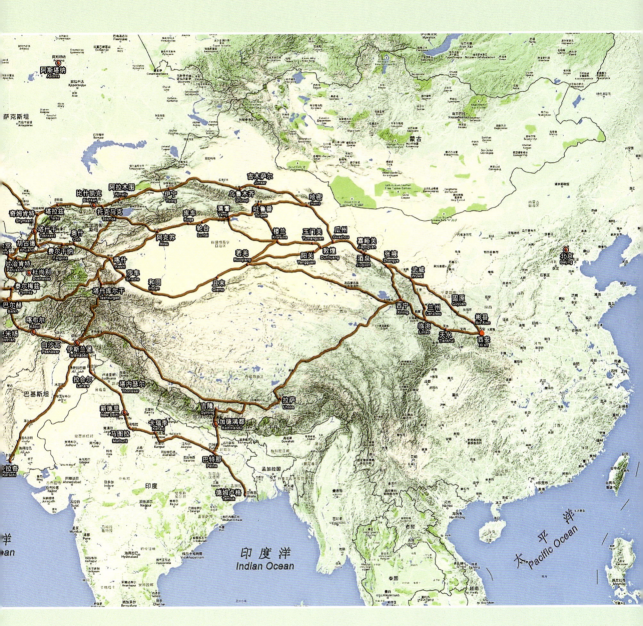

丝绸之路示意图，国际古迹遗址理事会（IICC-X）提供

胡汉研究一百年（总序）

一

　　胡汉历史问题是欧亚大陆上民族史、边疆史、文化史、语言史的前沿问题，体现了中国历代王朝与域外周边国家以及西亚、地中海沿岸之间的往来互动。从广阔无垠的草原到茫茫无际的戈壁，从峻岭奇峭的大山到河川交叉的平原，胡汉碰撞演绎的历史与胡汉融合的文化遗痕清晰可见。一个世纪以来，中古胡汉演进图册不断被考古新发现所补充，唤起人们从历史记忆中醒来。

　　人类的记忆常是文化的记忆，人类的历史也依靠文化的链环衔接与延续。千年前的中古时代已经离我们的记忆十分遥远，但是这个消失于历史深处的隋唐文化又距离我们很近很近，脍炙人口的唐诗常常被人们吟咏朗诵，斑斓多彩的唐服常常飘忽在人们眼前，风剥雨蚀的唐窟佛像不时展现在人们面前，花纹精美的金银器不断出现在各类奢侈品的海报上……今人借助隋唐大国的文化遗产仍然可以"究天人之际，通古今之变"，出国展览的大唐文物成为中华文化最具代表性的文化符号，其中的胡俑、壁画、金银器、纺织品等更是精美的艺术品。

　　书写胡汉历史就是书写我们民族的心灵史，是提高我们民族思想境界的人生之学。胡人形象的陶俑、壁画等载体不是一幅幅威武雄壮的"群星谱"，但却是能够进入那个时代历史谱系的一组组雕像，彰显着那个时代的民族形象和艺术魅力。观摩着不同的胡人造型正反面形象，犹如端详观赏"肖像"，让我们发现了中古时代社会多元文化的民族正面。

　　北朝隋唐对我们来说并不是一个幻象，因为我们可以通过雕塑、绘画、器物等种种载体看到当时人的形象，通过缩微的文物看到当时的卓越创造。所以我每次面对那些雕塑的胡俑、蕃俑、汉俑……观察那些壁画中深目高鼻、栩栩如生的人物，不是干巴巴、冷冰冰的感觉，而是湿漉漉、黏糊糊的情感，文物就是当时历史遗留下的精华版，对我们的思维理解有着直观的作用，并成为今人解读中国古代最辉煌时期的向导。

20多年来，我走访了海内外许多收藏有中国古代"胡""蕃"等外来文物的考古单位和博物馆，记述和拍摄了数以千计的石刻、陶俑、器物、壁画，闪现在我眼前和萦绕脑际的就是中古时期的胡人记忆。历史的经纬中总是沉潜着被文献忽略的人群，最精彩的史页里也匿藏着深深的外来民族元素，来自西域或更西方的胡人就常常被主观避开。所幸的是考古文物印证了史书记录的胡人活动，呼应了诗赋中对胡人的描述，厘清了一些旧史轶闻中存在的疑团，生动地折射出胡汉相杂的历史面貌。尽管学界有些人嘲笑我是"纸上考古"，但这其中的辛苦一点不比田野考古轻松，只有在破解疑难问题和写作论著的过程中才能体会到。

有时为了一个历史细节推敲往往要耗费几年时间，等待新证据的出现。比如狩猎中的驯鹰，我既听过哈萨克人也听过鄂伦春人的介绍，这不是史学意义上的考证，而是为了寻求新的认知和新的叙述角度。又如马术马球，我曾到京郊马球俱乐部向调马教练、驯马兽医和赛马骑手当面讨教，理解打马球的主要细节。我在新疆进行学术考察时，维吾尔族学者就对我说，胡旋舞、胡腾舞都应是手的动作最重要，扭腰、转脖、抖肩、伸腿以及扭动臀部，都是以手势为主。现在仿唐乐舞却将腿踢得很高，女的露大腿，那绝对是笑话。这就促使我思考理解古代胡人一定不能想当然，就像舞蹈，如果按照现代舞蹈理解，古代胡人的舞蹈就会与我们有着较大的隔阂。而在乌兹别克斯坦和塔吉克斯坦的考察，我又明白了乌兹别克族属于突厥民族，舞姿以双手为主；塔吉克族属于伊朗民族，舞姿以双腿为主。因此要贴近古代，需要认真考察思索。

我所从事的历史文物研究，不单是介绍历史知识或揭秘什么历史真相，更不是胡编乱说糊弄历史，我所看重的是发掘当时历史社会条件下所形成的社会风气、宗教信仰、文化品格和精神力量及其对当代人的影响，这样才能理解今天不同语言民族分布的历史渊源，才能够看清当下中国族群身份认同的问题实质，才能在诸如国家民族文化大事议题上掌控话语权。因为华夏民族遭受过太多的伤痛，留下过沉重的历史包袱，我沉在史料海洋里和考古文物堆中，通过文物、文字和古人灵魂对话，就是让今人知道历史上曾有一群人的生命散发出奇异的光彩。这样的文字比起虚构的文学更能有助于人们认知中华民族的文化，了解中华民族并没有落后挨打的宿命，从这个意义上说，我愿意继续写下去。

二

　　中古时代艺术的魅力在于给人以遐想，这种遐想不是瞎想，而是一种文化语境中的力量之感，是一种活着的文明史。艺术来源于真实，也高于真实，当那些千姿百态、造型各异的胡人蕃人形象文物摆在我们面前时，我常想这是不是一种活态的文化生物，它不是玄虚文字描写的，却是从点滴微观的真实细节做起的可信典型，从而使久远的人物又有了活生生的呼吸，以及有血有肉的生命。

　　我们通过一个个造型各异的胡服蕃俑，不仅调动了丰富的想象力，而且要通过它们再现重要文献记载的史实，像断片的串接活现出有历史依据的外族形象，力求还原或接近历史。有人说我是挖掘陶俑里的胡人艺术形象，实际上我更多的是读书识人，通过文献记载与出土文物互证互映，不仅想说清楚胡人陶俑的沉浮转变，更重要的是用胡俑的记忆串起当年的历史。

　　有人问：哪个胡俑会说话？用土烧制的胡俑确实不会说话，但是胡俑的造型是无言却有肢体语言，此处无言胜有言，不仅给人身临其境的感觉，也给人聆听其声的感觉。陶俑就好像是凝固的语言、缩微的雕塑、诉说的故事，是以"人"为本的构思创作。细心挖掘它，采集创意，权威解读，它就能成为文化的承载者、历史的记忆者。伴随着考古发掘和文物发现，汉晋至隋唐的陶俑如雨后春笋般出现，其中不乏优秀之作，有些被误判为赝品的艺术造型也从墓葬中挖出，着实令人吃惊。这些陶俑作品被人们记住，成为那个时代精神的象征，看到的人就能感受到它的风骨、硬骨，也能感受它的柔骨、媚骨。

　　生活，是陶俑创造者艺术敏感的源泉，正是异族种种生活状态成为创作者接通才华的渠道，许多胡俑造型摆脱了外在奇异怪诞的生理性描绘，更重视内在的心理刻画以表现人物的本来面貌。当然，我们也能看到很多粗制滥造、雷同相似的陶俑，但就是有几个造型独特的胡俑便会使我们眼前一亮，感叹当时工匠精彩绝伦的艺术创造。

　　泱泱大国的唐朝最重要的启示在于它扫除了萎靡不振心态带来的性格上的软化，我们崇敬那个时代，崇敬的不是某个具体的人，而是那个时代民族的心灵。找寻外来文明，研究胡汉互动，发现人性的共识与不同族裔的差异，而我们每一个人关心自己血脉的来历则是共同的追求。

唐代留给我们的不是到处能够"申遗"的遗址，更多的是无形却融入于血液中的制度和文化。三省制使得参与政府管理的官员互相制约不能为所欲为。科举制最大限度地打破门阀固化，释放富有才华的青年人的活力，使他们有了上升通道；他们远赴边塞为博取功名不惜献出热血和生命，获得一种尊严和荣誉感，就自己的所长而展现才华。如果说国都长安社会环境容易产生"光芒万丈"的诗人，或是浓缩很多"高才""天才"的文人，那么唐代也是一个盛产传奇的时代，洛阳、太原、成都、广州、扬州等城市通过外来文化的交流谱写了各自城市的传奇。

"拂林花乱彩，响谷鸟分声。"（李世民《咏风》）"宛马随秦草，胡人问汉花。"（郑钫《入塞曲》）"胡人正牧马，汉将日征兵。"（崔颢《辽西作》）"背经来汉地，袒膊过冬天。"（周贺《赠胡僧》）"幽州胡马客，绿眼虎皮冠。"（《幽州胡马客歌》）像这类描写胡汉族群与艺术的诗歌俯拾皆是，钱起《校猎曲》"数骑胡人猎兽归"，鲍防《杂感》"胡人岁献葡萄酒"以及"胡歌夷声""胡啼蕃语""胡琴羌笛""胡云汉月"等，过去被认为对周边种族有贬低歧视之意的"胡"，越来越成为今天国际上公认的中性词，演变成为我们熟悉的对等文化交流的代名词。

在几千年的中国历史长河里，胡汉融合鼎盛时期不过几百年，但是留下的反思值得我们几代人体察醒悟，一个多元融合的民族不能总是被困在民粹单边的囚笼里。隋唐王朝作为多民族汇聚的移民国家，深深镌刻下了大国自信和文化优越的纹理。

三

北朝隋唐时期形成了一个由多元文化构成的多民族群体，这个群体又被统一意识形态和共同生活方式凝聚在一起，例如《旧唐书·滕王元婴传》载神龙初年，唐高祖第二十二子滕王元婴的儿子李茂宗"状貌类胡而丰硕"，很有可能他是胡汉结合的后代。又例如寿安公主是唐玄宗和曹野那姬中外婚姻的混血姑娘，被记录进《新唐书·公主传》，这类例子唐代应该是很多的。但我们并不是宣扬"和谐"、不谈"冲突"，族群之间的矛盾不会消融无踪。

胡人的脸庞并不能完全代表外来的文化，在中国古代墓葬习俗中，以胡人形象作为奴仆来炫耀墓主人的地位，是自汉代以来一脉相承的艺术表现形式。汉代画像石中就有胡人跪拜形象，东汉墓葬中的胡俑更有特殊性，不由地让我们想起敦煌悬泉置出土汉简中记载的二十余国外来使者、贵人和商人，也使我想起移民从来都是弱势群体，不断会受到本地官方和各色人的威胁，除非以地域、种族形成的聚落已成为有影响的移民据点。魏晋以后，遍布中国北方的外来移民聚落和北方民族中活跃的胡人，促成了以胡汉"天子""可汗"合衔为代表超越民族界限的国家管理系统，隋唐两代能发展到具有"世界性"元素的盛世，不是依靠胡汉血缘的混合，而是仰仗多元文化的融合，不是取决于血统，而是决定于心系何方。

曾有资深学者当面向我指出：现在一些研究者在书中大量使用史料以佐证胡人文化，乍一看，显得相当博学有深意，但却并不具有与其博学相当的思辨深度，这种研究成果所表现的仅仅是胡人历史线索的再现，缺失理论上的洞见，虽时有创新，却难以走出历史文献学的庸见，使得研究成果缺少一种脉络思考的深度，只是在历史研究中一次转身而已。

这番话对我震动巨大，使我认识到：高估胡蕃冲击或低估胡人活力，都不可取。胡人不是当时社会的主流，不是汉地原住民的形象，"胡汉"两字并不曾被作为任何某一个朝代的专属名称，胡人进入中原仍是以中华正朔为标志，但我们用文物再现和用文字释读，就是通过截取一个非主流横剖面，力争探索胡汉繁杂、华戎混生的交融社会，给予人们一个不同的视角认识真实的中古历史。特别是任何一个社会都存在着移入易、融入难的外来移民问题，没有史书背后的体悟恐怕只是一种隔靴搔痒的描写。如果我们将自己置入历史语境中，唯有以一个唐代的文化遗民、古典的学者文人身份，才能坦然地进入中华共同体的历史场景中。

在中古时期出现的"胡人"不是指某一个族群，而是一个分布地域广泛、民族成分复杂的群体，包括中亚、西亚甚至更远的人群。"胡人"意识是当时一种非常重要的多民族意识，在其背后隐藏着域内域外互动交流的潮流。海内外研究中古社会、政治、经济、宗教、科技、文化的学者都指出过隋唐经过对周边区域的多方经营，不仅有遥控册封蕃部的羁縻体制，还有胡汉共管"都护府"的军政体制，或者采用"和亲"方式妥协安抚归顺的其他族群，胡汉并存的统治方式保障了一个时期内的社会安定与政权稳定。

目前学界兴起用"全球史"的视野看待历史进程中的事与人，打破民族国家疆界的藩篱，开放包容的学术研究当然是我们的主张。我赞成对过去历史进行宏大的叙事，但同时也执着于对个体命运的体察，对历史细节的追问，对幽微人心的洞悉。我要感恩汉唐古人给我们留下如此壮阔的历史、文学、艺术等文化遗产，使得我们对"汉唐雄风"的写作不是跪着写，而是站着写，有种俯瞰强势民族的英雄主义崇拜；念汉赋读唐诗也不是坐着吟，而是站着诵，有股被金戈铁马冲击的历史大气。

每当我在博物馆或考古库房里看着那些男装女像的陶俑，眉宇间颇有英气的女子使人恍惚有种历史穿越感，深究起来"巾帼不让须眉"也只有那个时代具备，真实的历史诉求和艺术的神韵呼唤，常使我的研究情绪起伏跌宕，但绝不能削弱历史厚重感，减弱人文思想性，化弱珍贵艺术品质，只有借助胡汉融合的圣火才能唤醒我们的激情，因为圣火点燃的激情，属于中古中国，也属于全世界。

在撰写论文与汇集这部著作时，我并不是要充分展现一个文物学者、历史学者的丰沛资源，更不是炫耀自己的广博和庞杂让人叹为观止。单是搜集如此丰富多样的史料就是一件费时耗力的事情，更何况还要按照一定的逻辑和原则组织成不失严肃的历史著作，其中许多学者专家的提点，让我对他们不得不肃然起敬，尽管大名不再一一单列，可是他们的学术成果永远启迪着后人。

史学创新不是刷新，它是人的灵魂深处呼出的新气息，是一种清新峻拔的精神脉络。对历史的烛照，为的是探寻现实，族群间和民族间互助互利才是王道，告诉人们和平安定的盛世社会是有迹可循的。我常常担心以偏概全，论证不当，留下太多的遗珠之憾。期望读者看完我们研究中古胡汉交会的成果就要像呼吸到文明十字口里的风，吐纳出一种阔大不羁的胡风蕃俗混合的气息。

我自 2000 年选调入京后，没有申报过任何国家科研项目，没有央求任何机构或个人资助，在完全依靠自己平时读书收集资料的情况下，写下了近百篇论文，从而编辑成即将出版的五卷本《胡汉中国与外来文明》，孙机先生、蔡鸿生先生、林悟殊先生等学术前辈都教导我说，不要依靠政府项目资助急匆匆完成任务交差，精神产品绝不能生产垃圾。在没有任何研究经费的帮助下，我希望通过此书可以验证纯粹学术一定有适当的土壤，从而得以生存和结果。本书的出版经生活·读书·新知三联书店申报获得国家出版基金的支持，陕西师范大学人文社会科学高等研究院又给予出版经费的补助，再一次证明有价值的学术研究成果是会在文化大潮中坚守不败的，学术的力量是穿越时空的。为这个信念而做出的坚守，其意义甚至比学术本身更大。

葛承雍

2018年7月于北京方庄南成寿寺家中

目录

* 前言 —— 021
* 丝绸之路的世界回响 —— 025
* 中国记忆中的丝绸之路 —— 045
* 从汉唐之间出土文物看欧亚文化交流遗痕 —— 073
* 论唐朝的世界性 —— 097
* 丝绸之路与古今中亚 —— 115
* 谈汉唐丝绸之路的起点 —— 127
* 草原丝绸之路与世界视野的遗产 —— 137
* 中古时代胡人的财富观 —— 155
* 汉帝国宏观历史下"胡风渐入"的微观变化 —— 177
* 敦煌悬泉置汉简反映的丝绸之路再认识 —— 201
* 出土石刻文献与中西交通文明 —— 219
* 胡商遗韵——唐长安西市的国际性地位 —— 233
* 唐长安外来译名"Khumdan"之谜 —— 251
* Khumdan 为唐长安外来译名的新证 —— 259
* 中亚粟特胡名"伽"字考证 —— 267
* 天马与骆驼——汉代丝绸之路标识符号的新释 —— 277
* 本卷论文出处 —— 292
* 本卷征引书目举要 —— 293
* 英文摘要 —— 295
* 后记 —— 301

前言

大历史视野下的胡汉中国，与中西交流史密切相关，并与周边诸国异质文化互相接纳，留下了一些交流过程中珍贵的见证物，需要我们通过细致缜密的考证尽可能复原。比如6世纪的《职贡图》在唐阎立本摹写本的题记中专门标记"大国""小国""旁国"，30多个国家的使臣画像栩栩如生，地域所及西达波斯、东至日本，虽缺失大食、拂菻等更远的国家，但是中华帝国的天下观和朝贡册封国际秩序意识已经体现得淋漓尽致。

被称为"胡汉中国"最鼎盛的时代无疑是6—9世纪的隋唐帝国，作为一个千年前东亚地区的大国，唐人文化有着强烈的优越感，周边地区则存在民族自卑感，唐人常常夸耀自己文化的先进与优越，贬低外来文化是蛮夷戎狄。唐帝国是强势文化，是周边民族向往的乌托邦。出现这一局面的根本原因就是交流，即从汉代张骞开通官方丝绸之路以来的继续，中国由此知道了域外世界，西方世界也了解了中国。

索源穷流，独开生路。一个有生命力的民族，一个强大或追求强大的国家，都需要吸取外来优秀文化和精神力量，需要包容之怀，需要融合其他血脉振奋自己的民族。移民文化对中原汉人文化来说，乃是一种创新的文化，由于不同民族和不同国家的移民承载着不同文化，他们又是文化活跃的载体，所以一个地区一个城市的移民来源越多，它的文化也就越丰富多彩。从东到西，日本、高句丽、新罗、靺鞨、突厥、龟兹、疏勒、于阗、焉耆、康国、安国、史国、石国、米国、吐火罗、天竺、波斯、大食等均出现在中国的史书记载中，百年来出土的石刻墓志与官史正典相互印证。移民的类型不同，会影响外来文化的构成，移民的数量和居住时间的长短，又会影响到文化的特点。当外来文化与本地文化融合时，必然会有一种新文化产生，而这种新文化肯定是具有多元性、包容性、开放性和开拓性的。

我们研究从北朝到隋唐的外来族群不仅具有重要的学术价值，揭示历史上一些扑朔迷离的真相，而且和现实生活有着密切联系，它不是收集网罗奇闻逸事，不是观赏陈迹古董，更不是发思古之幽情，而是要研究中国迈向强盛时代的文化交流特点。如果没有那些胡人蕃客入华交织碰撞，中国多民族发展方向又将是什么样子，唐代在整个中华民族历史中的地位又如何评价？壁画上的胡人和雕塑里的胡俑结合史书对胡人的记载唤起了我们民族的记忆，提醒我们反思小人物背后的大历史，而其艺术造型则直观地提供了认知历史的资质。

如果说汉代人称北方草原上的匈奴是胡人，那么到了隋唐，胡人已经是指西域粟特人了。这种由地域方位认知转向种族相貌特征的胡人判别，说明族群地域化的差异已经深入中国人心中，尽管西域胡人不断保留着对祖籍的认同和原有的民族感情，但是北朝以来中国已成为他们想象的"移民天堂"和"民族文化大熔炉"，在强大民意基础上的国家之间的外交活动也异常频繁，特别是面对阿拉伯军队大军压境，从萨珊波斯到中亚粟特诸国都成为支离破碎的征服之地，而中国则成为迁徙的目的地。

古代历来都是实力外交，国际关系很难做到平等相待。在实力相当的大国之间，小国选边的余地也很小，不得已只好两面讨好。中亚粟特一些小国面对波斯与阿拉伯、突厥与唐朝等大国的争夺只能朝秦暮楚。它们在文化上更无法与大国分庭抗礼，而是将文化作为外交活动的一部分，赠送稀见礼品中甚至包括漂亮的胡旋女和戏弄的侏儒，期望文化交流会促进双方的好感，带来实际的利益。

胡人精于商道，生意做遍亚洲大陆，但他们族群意识强烈却缺少国家意识，胡人进入唐帝国境内虽然不至于成为精神文化的流浪儿，但是他们带来的异族文化冲击了传统格局。他们留恋中国的富庶之地，认为中原城市是居家福地，有种生活满足感。他们以异域工艺、养马驯兽、陪侍主人赢得汉人的信任，从而融化为大概念中"唐人"的一部分，有着唐人的户籍，担负着唐人的赋税，是唐人胡貌的移民典范。而且西域胡人与中原汉人通婚嫁娶，以至于当时长安被后人称为"混血后裔之城""婚姻交融之城"，陈鸿《东城老父传》记录唐朝就有人喊出京畿胡汉杂处"娶妻生子，长安中少年有胡心矣"。

但一定要注意，胡人是当时的边缘人，不占据社会的主流，不是朝廷的主流，他们担负的角色往往都是配角。中国版图上虽然一度活跃着众多的胡人，但绝不可把汉人生活的地方都误以为是胡人活跃的范围，现在有些学者放大了胡人的影响，误以为胡人占据了中国的方方面面。在唐史研究中，胡人也不能被放大到整个唐史中，还是要注意他们的依附化和边缘化，即使胡人是传奇故事的主角，他们的地位也是不高的。过去对胡人视而不见，无人深究，现在又过度放大，这两种现象都会使对胡人的研究失去真相。

唐朝前期，唐人虽然也有嫉妒排斥胡人的事例，但似乎没有形成社会潮流。安史乱后，歧视排挤胡人的思潮屡次兴起，胡人平民的生存并不容易。由于人们对安史叛乱造成的生命财产损失痛惜不已，特别是几乎将帝国倾覆的责任皆归罪于外来胡人，这导致民族主义情绪高涨，汉人的愤怒情绪难以抑制，甚至连经济衰退也都迁怒于胡商。长久自负自信的唐人，经过安史之乱后，对胡人既憎恨又依赖，只有到晚唐统治者将更多的注意力集中在忧虑藩镇割据、赋税短缺和民众离散时，排胡举动才因此慢慢消退。

历史上的超级霸权国家走向衰落都是从其"排外"情绪开始的，安史乱后唐朝面临空前危机，清理橐驼胡商行动与声讨外来移民声音混杂高涨，许多文人大臣认为"胡化""胡风"严重冲击了儒佛道主流文化，甚至有人盲目排外。唐武宗时朝廷不仅借道士的煽动，灭佛时一举将"三夷教"也统统除掉。后继统治者认为胡人聚落区是分裂和冲突之地，对胡人进行隔离控制和排挤打击，就连晚唐的墓葬中"深目高鼻"造型的胡俑也开始逐步消失。

缺乏世界史知识和民族史常识的人，对隋唐呈现出来的胡汉中国特征不甚理解，在论及"没有外族新鲜血液输入本族身体就没有强大的文明"时，他们往往忽视外来的源头，认为与外来文明毫不相干。唐朝最高层的统治集团出自北方非传统的汉人，既没有汉儒那么讲究"三纲五常"，礼法制约也没有那么严格，甚至出现了许多正统儒家文化看起来是伤风败俗的事情。如果说关陇集团出身的隋朝统治者改变了中国社会的上层，那么唐朝的胡汉融合则改变了中国社会的下层。

作为一个研究文明证据的文物历史学者，经过"纸上考古"，首先的任务是客观地展示各种现象之间的关联，而不是急于表达自己的立场和倾向。从汉晋至隋唐是否为胡汉中国还是要靠历史证据说话，尤其是对胡汉族属的寻根很容易被过度解读，文献记载的主观描述和考古碎片的局限认知，都使我们要提防出现一种虚构的历史，更要注意文献分歧与记载抵牾带来的莫衷一是。

最后要说的是，当前最热的中西交流研究无疑是"丝绸之路"，对学术界来说这肯定是难得的机遇，对学人来说是难得的荣幸。在国家文物局主办的"丝绸之路"两次大展中，我都作为策展人参与谋划，并在香港"绵亘万里：世界遗产丝绸之路"展中担任学术总顾问，除了回应联合国教科文组织的质疑外，我们在尽力使大家了解古代国家与现代世界之间的文明传播。放远视野，当我们争论丝路起点时，人家在研究丝路廊道；当我们关注路网时，人家又在勾勒十字口交会申遗的前景。近年来，国内乾陵"丝路胡人外来风"展览、陕西哈萨克金人巡回展，国外布鲁塞尔"中国珍宝"展、沙特阿拉伯"华夏瑰宝"展等，我都参与并作为学术顾问提过一些建议，眼界大开，收获颇多。丝绸之路不是一条单向的约束性的独行道路，而是东西方文明互通互鉴的融合网络，我对未来的丝绸之路研究特别是中西文明交流抱有乐观的态度，期待新一代学人继续努力。

书到用时方恨少，事非经过不知难。本书的内容和观点曾受到学界和社会关注，历史交流发展既有前朝后代相继的序列，也有从族群到民族多重力量交织的复杂过程。最根本的是我们对历史上的交流应保持一种持续清醒的记忆，这是每一个民族都应具有的文化特征。

THE WORLDWIDE REVERBERATION OF THE SILK ROAD

1 丝绸之路的世界回响

丝绸之路的世界回响

一　中西交流　认识世界

丝绸之路上的世界遗产是人类文明延续和进步的历史见证，也是人类文明不可磨灭的记忆。保护、研究、利用这些世界遗产的文明成果，不仅是对人类过去文明成果的留存与尊重，更是对未来世界实现可持续发展的新探索。

文明的交流互动是丰富多样的，也是推动人类文明进步的重要动力。公元前五六世纪东亚各国凭借大陆绿洲之路和草原之道，实现了远眺天山以西的广袤大地，其引起的文明影响辐射到欧亚大陆[1]；同时先辈们利用季风特点扬帆远航穿越海洋，闯荡出连接南亚、西亚和北非的海道，从而启发临海而居的欧洲国家十几个世纪后在航海大发现中开辟了璀璨的海洋文明，绿洲的陆地与蔚蓝的海洋，分别联通了欧亚大陆东西两端，促使东西方文明彼此交流与融合，从而留下了丰富多彩的世界遗产。

2014年6月被列入联合国教科文组织世界遗产名录的"丝绸之路：长安—天山廊道的路网"，是其中最典型的代表。曾经生活在亚欧大陆上的人们，跨越戈壁、雪山、沙漠的层层地理阻隔，在这块地球最大的陆地上上演了波澜壮阔的历史活剧。中西古道形成的交通网路上，商团、使团、僧侣、武士、牧民、工匠等对其连续拓展，在这个东西方网路上还存在着思想的交流、文化的借鉴与宗教的传播。直到19世纪末，这个延续了几千年的庞大交通网路，才被德国地质学家、东方学家

---

[1] [俄]叶莲娜·伊菲莫夫纳·库兹米娜著，[美]梅维恒编译，李春长译《丝绸之路史前史》，科学出版社，2015年。

图1 张骞出使西域壁画（临摹），敦煌莫高窟323窟

费迪南·冯·李希霍芬第一次冠名为"丝绸之路"[1]，因为"丝绸"两千年来始终是西方视野中最完美的东方符号。

丝绸之路，这个充满传奇色彩和神秘魅力的名字，从此以它古老的韵味散发出隐秘的幽香。直至目前，尽管人们还对"丝绸之路"能否全部概括东西方文明存在争议，除"丝绸之路"外，还有"香料之路""黄金之路""玉石之路""青铜之路""琉璃之路""皮毛之路""陶瓷之路"等提法，但"丝绸之路"作为古代东西方交流的代表符号逐渐传遍世界，成为亚欧大陆之间交往交流最广为人知和不可替代的概念。

古代丝绸之路作为不同文明交流、互鉴、融合最为生动的符号化象征，给人们留下了抹不去的记忆。贸易带来的利益，人种带来的新奇，艺术带来的互赏，激活了彼此接纳、包容沟通的一条条新路，丝绸之路给沿途国家带来休戚与共的依存感，命运共同的互助感，以及交流共享的价值感。

近代以来，西方学术界研究文明起源的权威学者，起初对丝绸之路并不重视，他们的视野只到印度西部。虽然亚欧大陆是人类文明和世界主要宗教的诞生地，但他们认为近代封闭的亚洲和落后的民族无法与欧洲文明相比，更不相信亚洲地区的古代辉煌和中国汉唐曾出现的盛世局面。[2] 随着一个多世纪考古文物的不断发现，他们才意识到丝绸之路沿线地区的重要价值，才认识到亚欧之间有一条活跃的

---

[1] ［匈］雅诺什·哈尔马塔主编《中亚文明史》第2卷《定居文明与游牧文明的发展：公元前700年至公元250年》，中国对外翻译出版公司、联合国教科文组织，2002年。

[2] ［俄］B. A. 李特文斯基主编《中亚文明史》第3卷《文明的交汇：公元250年至750年》，中国对外翻译出版公司、联合国教科文组织，2003年。

文明传播道路，这里是世界文明熔炉的中心地带。如果说西域中亚是四大文明交会的十字路口，那么东亚广袤地区构成的交通道路网络状布局，更是将中国大陆、朝鲜半岛和日本诸岛串通在一起，西方有史以来的文明中心诞生地与东方近距离的联系成为世界性学术研究课题的新领域。

图2 1世纪穿丝绸的花神芙罗拉壁画，意大利庞贝出土

公元前138年的中国汉代，从国都出发的张骞使团奔向西域，开辟了前往西方的官方通道。公元前126年张骞回到长安，他第一次带回了外部世界的信息与知识，中国从此开始将丝绸、漆器、铁器、铜器等物资传到西方，良马、玻璃、毛毡、亚麻、香料、胡椒、葡萄、石榴等也被引入中国，"使者相望于道，商旅不绝于途"。汉代中国开辟丝绸之路的价值不仅在于拓展交通路线，更引导中原华夏文明由此开始有意识地关注外部世界，并大大延伸了本土文化的活动空间。此后中国历朝都延续了对外交往的传统，国家正史中的《西域传》不再缺失，通向世界之门被打开后，就再未封闭，并在唐朝达到了高峰。

汉唐时期，西域中亚由中国人的心灵边界，变成了驻军屯田、移民实边的实在疆域，将中国人的视野延伸了几千公里。长安、洛阳、大同、武威、敦煌、吐鲁番、库车、和田、喀什、碎叶、撒马尔罕、布哈拉、伊斯法罕、巴格达、君士坦丁堡等古城犹如一颗颗明珠，成为见证丝绸之路历史的"活化石"。

面对亚洲腹地的沙漠、雪山、沙暴以及干涸的自然环境，我们深深感叹祖先的

图3 南俄巴泽雷克文化风格的羽人与凤凰

艰苦卓绝，赞美先人的不畏艰险。中国成为古代西方人追寻贸易的源头，西方成为古代中国人主要的出行方向，双方存在着充满诱惑的贸易利益，双方都有着当时世界上最文明的区域。因而长距离的贸易需要接力般的传递，每一次贸易都不仅用"里程"衡量，还要用走完道路的时间以"年月"度量。在漫长的岁月里，中亚粟特人、南亚印支人、西亚波斯人和阿拉伯人与中国人一起完成了对世界的认知[1]，史书里的见闻记录当然不足以概括人类共同的知识谱系，然而简略文字里透露出的中国人的"世界观"，则体现了中国人海纳百川的胸怀。

从地图上看，丝绸之路是几条迷人的飘逸曲线，但是人们越来越清楚，丝绸之路是一个相互联系的道路网络，连接了古代东方、中亚、南亚、西亚以及地中海地区。它通过促进技术和观念的交流，加强了世界许多伟大文明的沟通。公元前5世纪南西伯利亚巴泽雷克古墓出土中国春秋战国时代的丝绸织物，哈萨克斯坦考古研究所发掘的公元前4世纪丝绸残片，克里米亚半岛刻赤古墓发现菱格纹汉绮残片和克里米亚塞瓦斯托波尔1世纪贵妇墓中发现汉代漆盒，叙利亚帕尔米拉古城墓葬中发现的汉代丝绸，都表明远距离路网交流的存在，为我们重塑已知世界提供了证据。

鉴于丝绸之路的世界影响，特别是选择象征文化交流、贸易共享、文明交融的方式来重新缔结世界各国关系时，学者们展开了对丝绸之路的多方面研究，力求从

---

[1] [美] W. M 麦高文著，章巽译《中亚古国史》，中华书局，2004年。

学术研究成果层面给予完整系统的支撑。联合国教科文组织曾协调各国学者共同考察，1988—1997年进行丝绸之路综合项目研究并形成概念文献；2001年委托伦敦大学的Wilianms Tim教授将丝绸之路划分为55个廊道，按照不同廊道进行单一或者组合申遗，促使丝路申遗进入可以操作层面。经过多年努力，2014年6月22日，以中国、哈萨克斯坦、吉尔吉斯斯坦三国联合申报"丝绸之路：长安—天山廊道的路网"成功进入世界遗产名录。

◀ 图4 1977年日本考古工作者在伊拉克阿勒塔尔发现的人物头像缂毛壁挂

▶ 图5 地中海地区发现的人物头像缂毛壁挂

然而，这仅仅是丝绸之路研究的一个开端，中国考古工作者已经在乌兹别克斯坦、伊朗等国展开了调查发掘，沿线国家合作开展的遗址考古、出土文书、遗存文物、历史地理、民风习俗等研究方兴未艾。作为世界遗产的丝绸之路在未来应该纳入更多线路和廊道，拓展和吸收更多的国家参与其中，让国际交流造福人类社会，形成一条构建世界关系的新纽带。

二　中西文明　融合之路

联合国教科文组织将丝绸之路理解为一条和平之路、对话之路、交流之路，期望将静态的历史和凝固的记忆通过"世界遗产"激活，回到古典历史的场景下，用考古出土文物重构五彩斑斓的景色，从而向亚欧各国和世界人民展示丝绸之路的魅力。

文物展览是一个汇聚文明碎片、追寻散落历史记忆的形式，在两千年的文化变

图6 西汉驿置道里簿，内蒙古额济纳旗破城子和敦煌悬泉置出土

迁中幸存的文物，不仅是古代丝绸之路那段历史最直观最佳的见证，而且能给人们再认识丝绸之路提供可靠的信息。

公元前200年至公元900年是丝绸之路贸易的全盛期，无数的人员和商品沿着这条路网来往于欧亚大陆之间，在如此远距离的贸易路线上，商品的流动特别是奢侈品的贸易使不同文化的艺术风格互相影响。这一时期，不仅是中国汉唐丝绸之路最繁荣的时期，也是中国推开世界之门与其他文明互动最活跃的时期。

根据联合国教科文组织的要求，我们以丝绸之路的"路"作为线性道路的起篇，"路"相通则繁荣，"道"封闭则衰败，这也是世界遗产讲述文明史的关键主题，按照遗产保护的逻辑规律从而带动关隘保障、交通驿站、中心城市、商贸聚落、运输工具、宗教传播、文化艺术等一系列的展示。

从路网驿站来看，进入遗产名单的河南新安汉函谷关遗址、崤函古道石壕段遗址，甘肃锁阳城遗址、悬泉置遗址、玉门关遗址，新疆克孜尔尕哈烽燧，哈萨克斯坦阿拉木图州卡拉摩尔根遗址（伊犁河流域）等都是万里丝路遗存的代表。中国自秦汉以来，就对道路与关隘进行严格控制，交通管制与防御制度非常完善。络绎不绝的驿站展现了长距离交通条件下古人对荒漠戈壁、绿洲盆地、高原雪山、川道河流等自然环境的依托、利用和改造。公元前2世纪敦煌悬泉置烽燧遗址考古出土的汉代简牍文书，不仅证明了当时的邮驿制度，而且记录了往来各国使团的通过状况。玉门关既是地理区域的东西分界标志，又是祁连山北麓河西廊道上最重要的关隘。沿着天山北麓和南道的驿站一直通往中亚腹地，从七河地区直接到达哈萨克斯坦中部和北部地区最捷径的贸易路线是途经卡拉摩尔根城，它是丝绸之路巴尔喀什部分的重要中转站，中西古道自此向西穿越外高加索地区到达亚欧的"界点"。

从中心城市来看，以汉长安城遗址和汉魏洛阳城遗址为出发点，交河、高昌、

北庭故城遗址历历在目，吉尔吉斯斯坦楚河州碎叶城（阿克贝希姆遗址）、巴拉沙衮城（布拉纳遗址）、新城（科拉斯纳亚瑞希卡遗址）和哈萨克斯坦阿拉木图州开阿利克遗址，都是进入世界遗产名录的节点城市，见证了公元前2世纪至公元10世纪丝绸之路的繁荣，印证了古代西域、中亚城市文化、建筑技术、多种宗教和多民族文化的交流传播[1]。特别是位于吉尔吉斯斯坦的碎叶城，中国唐代大诗人李白就出生在这里，它是7—10世纪楚河谷地重要的中心城镇，曾是唐"安西四镇"之一的边境城市，又是西突厥、突骑施汗国和葛逻禄汗国的首都，在中亚历史中发挥过重要作用。

图7 东汉元和元年（84）鹿纹锦，唯一有纪年的织锦，1998年新疆尼雅古墓出土

从人种民族来看，控制丝绸之路贸易的粟特人今天已经成为一个历史名词，但在公元前2世纪，这个在中国古籍中被称为昭武九姓的中亚胡人群体充满了商业的活力，到5—8世纪时几乎垄断了陆上丝绸之路的国际贸易，粟特商人与波斯商人、阿拉伯商人被认为是欧亚大陆之间最重要的中间商。生活在索格底亚那（今乌兹别克斯坦）绿洲的粟特人先后受到强邻波斯、突厥等统治，作为不断移动的民族铸就了流动移民性格，建立了一个个聚落据点，汉唐古墓中出土了众多胡人形象俑，有商人、武士、官吏、侍卫、艺人、运夫等诸种造型[2]，他们与面貌不同的黑人俑、蕃人俑共同反映了丝绸之路上的人群东移。

从商业运输来看，驼鸣马嘶，古道载物，充满艰辛。古代商路即使畅通无阻，旅途也非常漫长，因而运输货物的工具异常重要，西亚的单峰驼和中亚的双峰驼成

---

[1]［法］布尔努瓦著，耿昇译《丝绸之路》，山东画报出版社，2001年。
[2] 孙机《仰观集——古文物的欣赏与鉴别》，文物出版社，2012年。

图 8 唐牵驼胡人俑，2001 年甘肃庆城穆泰墓出土

为东西方都认可的最佳运载动物。从汉代开始，随着北方草原和西域骆驼源源不断进入中原，其吃苦耐劳的性格受到运夫的喜爱，汉唐时期出现了以骆驼为题材的造型艺术品，唐代栩栩如生的骆驼运载形象成为丝绸之路的忠实记录。丝绸之路上绢马贸易一直兴盛不衰，西域的良马是秦汉以来被讴歌的对象，唐代来自西方的骏马被塑造成色彩斑斓的陶俑和三彩俑，即使被深埋进墓葬的暗角，至今仍是艺术的精品。

从贸易物品来看，为了获得巨额利润，香料是商贸路网中极其重要的交易对象，经过长达万里的驼队转运后，能卖出百倍于原价的价格，中古时期香料成为东西方都认可的高价值货物，是交换丝绸、黄金和珠宝的硬通货。[1] 西方引以为荣的玻璃更是丝路上的传奇。诞生于埃及与西亚的玻璃饰珠在 1 世纪经过古罗马吹制技术发展后，经由大秦（古罗马）向汉魏南北朝时期的中国出口了许多玻璃珠饰和玻璃容器。随着萨珊波斯"五色琉璃器"的大量出现，来自西方雕琢奢华的玻璃成为隋唐时代的装饰品。中国史书记载来自西方的象牙、玳瑁、犀角、琥珀、珊瑚、金银器、波斯锦等物品琳琅满目，制造技术和纹样图案成为东西方的共享，这次展览陈列的物品就是绝好例证。

从宗教共存来看，中哈吉三国在地理上是亚欧交通的十字路口，也是多元文化

---

[1]［美］劳费尔著，林筠因译《中国伊朗编》，商务印书馆，2001 年。

▲ 图9 公元前5世纪羽人金饰品，哈萨克斯坦中央博物馆藏

◀ 图10 江苏盱眙大云山西汉江都王陵出土裂瓣纹银盘，已知最早的域外银盘制品

▶ 图11 波斯阿契美尼德王朝的金制来通

◀ 图12 6世纪镶嵌红玛瑙虎柄金杯，1997年新疆伊犁昭苏县波马古墓出土

▶ 图13 1992年喀什亚吾鲁克遗址出土唐代二耳陶罐，连珠纹圈内有手持笸箩的酒神

图14 唐三彩骆驼俑，1963年洛阳关林出土

板块的接合部，自古以来宗教文化交会并存，被称为"世界宗教文化的大运河"。聚集在这一区域的粟特人、突厥人、波斯人、中国人和其他民族信仰着不同的宗教，祆教、景教、摩尼教、佛教和萨满教等互相渗透并存，教义的差异形成了信仰的独特，但求同存异、平和相处、融合荟萃，从而为后世留下了风格各异的文化宝库[1]。虽然各种宗教消长起伏，但这里展出的早期希腊化佛教石雕像、佛教舞伎供养壁画，长安大秦景教流行中国碑、洛阳景教经幢、景教叙利亚文十字墓石，祆教祭祀盘，龟兹摩尼教陶祖、摩尼教绘画文书，等等，都是东西方宗教文明格局的标志，也是世界级的经典见证。

从艺术纷呈来看，文明需要艺术，艺术传播文明，丝绸之路上的艺术丰富多彩，体现了文化精神产品的结晶，传播了民族文化艺术成就，从金怪兽、金虎牌圆饰到玉羽人奔马、草原游牧民族喜闻乐见的壮熊、奔鹿、双驼、鹰鹫、盘羊、翼马、对龙诸种形象一一出现；从乐舞陶扁壶、胡人说唱俑、胡腾舞俑到吹奏胡人俑、胡人头埙、戏弄俑，农业定居民族喜欢的异域艺术风格造型俯拾皆是。这其中既有贵族的高雅艺术，也有民间的习俗创作；它们不但是审美追求的精品力作，而且是胡汉相融的真实再现。

从文化交融来看，文化是东西方往来背景下的民族血脉，是不同民族的精神家园，也是国家强盛的重要支撑。例如此次展出的出土文物既有哈萨克斯坦考古出土的马具牌饰，又有吉尔吉斯斯坦出土的雪豹带扣；有新疆出土的格里芬噬虎金饰、鹰形金饰，也有源自伊朗的汉代羽人造型；有起源西方的怪兽艺术作品，也有西方传来的东罗马酒神银盘；有手持三叉戟胡人银箔饰片，也有胡汉争打马球壁画。多样化的文物反映了丝绸之路上的文化互鉴，它们是融合西方文化因素的遗产，也是外来文化与中华文化基因相协调的产物。

[1] 林悟殊《中古三夷教辨证》，中华书局，2005年。

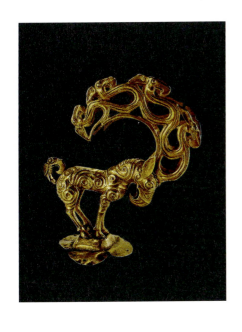

图15 西汉金怪兽，陕西历史博物馆藏

三 中西风物 天工巧匠

丝绸之路反映了横跨亚欧大陆的东西方文明的交融，最核心的推动力是货物贸易，道路的畅通为长途贩运的商队提供了便利，"物产于四方，货交于南北"。"丝绸"无疑是东西方都感兴趣的物品，但是陆上丝绸之路最早流通的货物可能是皮毛、马匹、骆驼、山羊等，甚至是"奴隶"，"丝绸"这种结合人类创造与自然生成的物品最早何时成为东西方贸易的主要内容，还在继续等待亚欧大陆上考古的新发现[1]。

核桃、石榴、无花果、蚕豆、豌豆、葡萄、苜蓿、菠菜、莴苣、黄瓜、芫荽、芝麻、大蒜等，这些源于食物供求需要的物品最容易被人们铭记，而香料、金银器、玻璃、棉布、罽锦等人工制品或其他技术领先的物品也迎合了人们的迫切需要，进入了中国人的知识谱系。然而千年之后遗存下来的物品自然也成为珍稀的文物，尤其是带有地域性的流行艺术品，更引人注目。

多年来出土的文物中，既有以前少见的印章、戒指、项链、带宗教铭文的十字铜扣，也有大型的壁画、石刻、雕塑，有些物品的制作完全是为了审美，东西方的能工巧匠创造出当时能够想象出的艺术风物，它们在人类对美的永恒探索中达到了当时的顶峰。

黄金以其耀目的色泽和稳定的特性很早就受到古代人类社会的青睐。欧亚草原古部族有意识地开采金矿、制作黄金制品约始于公元前3000年。自青铜时代以降，中亚草原的部族首领或贵族就形成了以黄金装饰人身、兵器、马具以象征地位和权势的习俗。哈萨克斯坦国家博物馆的金器提供了很好的线索，有益于比较中亚草原、中国北方农牧交错地带、中原地区在铜石并用时代至战国末期这一时段内金器的形制、功能、流行、演化等情况。中亚草原的用金习俗和黄金艺术在不同时

---

[1] ［法］魏义天著，王睿译《粟特商人史》，广西师范大学出版社，2012年。

图16 西汉鎏金铜蚕，陕西历史博物馆藏

期逐渐经过中国北方向中原地区传播、影响的过程，也是中国北方、中原地区对这些外来因素吸收、融合的过程。

1970年考古发掘的哈萨克斯坦"黄金武士"，也称为"黄金人"，其特有的原型来自古代斯基泰战士形象。整套盔甲由4000余片黄金经锻造、冲压、錾刻等加工工艺制造而成，已成为哈萨克斯坦国家历史的象征之一。其他高级墓葬中出土过金制耳环、手镯、发簪、衣服坠饰、狮子形象的小型圆雕，以及镶嵌绿松石和红玛瑙珠的金制酒杯，这些黄金制品主要是贵族日用的奢侈品，象征地位和财富，此外，还有宗教仪式中使用的祭祀品。相比之下，这一时期用黄金装饰人身的习俗在中亚草原地区已经形成。

中国是最早发明桑蚕丝织的国家，1984年出土于陕南石泉县的汉代鎏金铜蚕，呈昂首吐丝状，虽然全身九个腹节长5.6厘米，但鎏金工艺为这枚金蚕增色异常。距今3800多年前，地处关中周原的周人已经开始种桑养蚕、缀丝织绸，《诗经·豳风》中描述"女执懿筐，遵彼微行，爰求柔桑"，桑产业逐渐传入巴蜀等地，不久后遍及中国[1]。金蚕作为汉代丝绸之路开凿的文化符号和形象代表，成为西方地中海罗马人流传最久远的神秘幻想物。

1981年在开疆拓土的汉武帝的埋葬地——陕西兴平茂陵，出土了轰动一时的国家一级文物鎏金铜马，生动地展示了汉代皇室贵族对西域汗血宝马的爱好，上至汉武帝下到卫青、霍

图17 汉代希腊文铅饼，推测是帕提亚安息国人带来，甘肃平凉市灵台县出土

[1] 赵丰主编《丝绸之路：起源、传播与交流》，浙江大学出版社，2015年。

图18 《唐杜怀宝碑》,吉尔吉斯斯坦碎叶城出土

去病莫不如此。张骞出使西域的目的之一就是寻找良马,积极从西域引进马种以增强骑兵战斗力。汉朝屡屡遣使"持千金及金马"至大宛求马[1],并将长安鲁班门改名为"金马门"[2],这只金马可能是鉴定大宛马的"马式",确定选择良马的标准,汉代弥漫着追求"天马"的社会风习,为后代"既杂胡种,马乃益壮"铺设了道路。

丝绸之路上流通的货币亦是重新认识世界的重要物证。货币是交易的媒介,必须要投入一定的数量才能在贸易圈流通。大国铸币权是掌控国际贸易圈的重要手段。近一个世纪以来,在中国与中亚地区陆续发现了希腊铅币、罗马金币、波斯银币、拜占庭金币以及阿拉伯、嚈哒、贵霜、突厥等钱币,而在里海周边发现的中国汉代五铢钱、唐代开元通宝等,都说明随着货币本身的传播,不仅是货币相关文化符号的传布,而且真实反映了丝路经济圈中各国间的相互影响。展出的安息铅币、月氏货泉铜母范、汉佉二体钱都非常珍稀,特别是突骑施钱是吉尔吉斯斯坦考古发掘的货币,它受到中国外圆内方铜钱的影响,其本身体现着东西方经济文化交流的动态图景。

在丝绸之路上十分活跃的基督教东方教会聂斯托利派,东传进入中国后自称景教。2006年在洛阳发现的残存石刻经幢,为829年镌刻的《大秦景教宣元至本经》,并记载了洛阳信仰景教的教徒和神职人员一同为"安国安氏太夫人"立幢的事迹,

---

[1] 《史记》卷一二三《大宛列传》,中华书局,1959年,第3174页。
[2] 《后汉书》卷二四《马援传》,中华书局,1965年,第840页。

图19 北朝六马拉车太阳神锦,青海都兰热水墓地出土

其十字架艺术造型为中古外来宗教留下了凭吊的记忆[1]。

始建于5世纪的碎叶城,位于吉尔吉斯斯坦托克玛克西南,王昌龄诗云:"胡瓶落膊紫薄汗,碎叶城西秋月团",曾使多少人对这块土地魂牵梦萦,中国唐朝大诗人李白就出生在这里,它作为唐朝"安西四镇"之一,又曾是西突厥、突骑施和葛逻禄"三国演义"的中心。1982年出土于阿克贝西姆遗址的《杜怀宝敬造一佛二菩萨碑》,题铭上文字为"安西副都护、碎叶镇压十姓使、上柱国杜怀宝"。史书记载唐高宗、武则天时期杜怀宝曾为安西都护、金山都护、庭州刺史,他在主政碎叶城时期平定控制西突厥,并在遥远的边疆城镇为其母造像祈福。这块珍贵汉文碑刻现藏吉尔吉斯斯坦斯拉夫大学契古博物馆,是第一次到中国展出。

格外令人钦佩的是,早在汉代史书中就列出的奇宝异物,例如夜光璧、明月珠、苏合香、丹琥珀、骇鸡犀、火浣布、绿水晶等,今天都被人们逐步认识。巧夺天工的物品绝不是浪漫的幻想,匪夷所思的名称也不是古人奇幻的梦想,它们是源自地中海、小亚细亚、波斯湾等地的土产,玻璃器上的镀金工艺,金银器上的铸模镌刻,五湖四海的物质珍品,无不展现了工匠与大师的创造。同样,中国花纹紧凑

---

[1] 葛承雍主编《景教遗珍——洛阳新出唐代景教经幢研究》,文物出版社,2009年。

图20 3—4世纪毛麻混纺织物上收获葡萄酒节的丘比特,法国卢浮宫藏

的锦绣绢帛,眼花缭乱的漆器制品,独特纹饰的精美铜镜,出现在西方商贾云集的市场里,"丝国"富饶的物产使它们蜚声罗马。从东方的长安到西方的罗马,丝绸之路彰显的就是古典的全球化图景。[1]

我们所见的珍贵文物中,有汉元帝渭陵出土的玉翼人奔马,公元前39年的康居王使者册,乌孙的金饰生命树,哈拉和卓的魏晋木俑,706年洛阳胡人牵驼壁画,唐代高昌(今吐鲁番)去往京城的通行证——"过所",751年交河郡客使文书,西安何家村出土唐代"狮纹白玉"带銙和玉臂环,法门寺唐代地宫出土的八瓣莲花描金蓝色玻璃盘,以及诸多唐三彩的骆驼和良马,真是琳琅满目,精彩绝伦,都是国家一级文物,尽管它们的体量不是很大,但处处体现出历史的震撼与艺术的磅礴力量。

此次展览最突出的特色之一是形态逼真、栩栩如生的胡人俑。他们深目高鼻、满腮须髯,有的骑马狩猎,有的负囊贩卖,有的侍卫守护,有的弹奏演唱,传神写实,刻画入骨,仿佛还带着生前的体温,依稀让人感到当时的气息。真实的原物会让人们更加重视已经消失历史的演变。我们正是凭借胡俑讲述生命的历程,传

---

[1] 刘迎胜《丝绸之路》,江苏人民出版社,2014年。

图21 7—8世纪中亚琵琶女坐伎壁画,与克孜尔风格相似,美国赛克勒博物馆藏

递着千年以前的世界观照,这些出土文物既是艺术的底本,又是历史的证据,使我们体悟到当时胡汉相融的盛世,惊叹外来文明的时尚。

当站在一幅宏大的丝绸之路地图前时,我们再次意识到应该以不同的眼光看待文明的流动,文明的界限远比我们的想象阔大。

1959年新疆尼雅考古出土的蜡染棉布,不仅有希腊半裸女神堤喀手抱丰饶角的形象,还有希腊神话中与狮子搏斗的大力士赫拉克勒斯的形象,这是中国发现最早的蜡染棉布。1995年在新疆靠近楼兰的营盘墓地发掘的锦袍上,竟有希腊神话中手持剑与盾的爱神厄洛斯形象。很难想象,古希腊的艺术当时怎么传到中国成为精美纺织品上的珍稀图案。[1] 偶然的发现竟有如此丰厚的文化遗产,未发现的不知还有多少,这让我们更加相信,亚欧文明的联系绝不是简单的偶然接触。

围绕丝绸之路的地理发现,中国突破条块地域限制,推开了通向世界的大门,建立起对其他文明的认知,这是丝绸之路历史的正解。我们不赞成过分夸大这条路的价值,将一切东西方文明都归于丝绸之路。但是一粒沙看世界,一朵花看天堂,一百多年来丝路沿线出土的文物充分证明了各方的"文化认同点",精华文物复原的历史大时代和流动的丝绸之路,在人类发展史中留下了一个大版图。在"丝绸之路"命名的一百多年来,最初的历史概念已被真实的历史遗产所印证,它最终形成了一种更为开阔的世界观与相对平等的交流方式,促成了中国与其他文明之间长久

---

[1] 国家文物局编《丝绸之路》,文物出版社,2014年。

图22　6—7世纪波斯萨珊银质双瓶，瓶上形象传说是祆教女神安娜，美国赛克勒博物馆藏

图23　伊朗7世纪银碗，碗中央妇女手握花，旁边五幅为跳舞杂戏图，美国赛克勒博物馆藏

的互动。

在两千年的历史发展过程中，通过丝绸之路上不同的民族与部族的迁徙辗转与文化交融，贸易往来与宗教交会，中国不断发现着新世界，世界也逐渐认识着古中国。这是我们追忆文明、面向未来的目的，也是人类历史发展的共同坐标。

THE SILK ROAD IN
THE CHINESE MEMORY

2 中国记忆中的丝绸之路

中国记忆中的丝绸之路

"丝绸之路"是古代欧亚大陆之间进行长距离贸易的交通古道,也是人类历史上线路式文明交流的脐带,与世界历史发展主轴密切相关。它以中国长安与意大利罗马为双向起始点,横跨欧亚大陆东西万里,犹如一条大动脉将古代中国、印度、波斯—阿拉伯、希腊—罗马以及中亚和中古时代诸多文明联系在一起,沟通了欧亚大陆上草原游牧民族与农业定居民族的交流,促成了多元文化的发展。

探幽涉远,沧桑巨变,丝绸之路的起止点一直是人们关注的焦点。

仅从起点说,是西京长安还是东都洛阳,众说纷纭,争执不休。笔者始终不赞成"满天星斗多个起点"的观点,那样会造成无中心的认识混乱[1],引起国际学术界的质疑。历史文献开宗明义地指出长安是通往西域的起点,唐代诗人元稹《西凉伎》写道:"开远门前万里堠,今来蹙到行原州。"《明皇杂录》说,"天宝中,承平岁久,自开远门至藩界一万二千里,居人满野,桑麻如织"。《南部新书》载,"平时开远门外立堠,云西去安西九千九百里,以示戍人不为万里之行"[2],《资治通鉴》记载唐天宝年间"是时中国盛强,自安远门西尽唐境万二千里,闾阎相望,桑麻翳野"。开(安)远门外烽堠是唐长安通往西域的起点,洛阳、邺城、大同,韩国庆州与日本奈良、京都等都是延伸点,它们在一个王朝或某一时段成为中外交往的终点、起点或中转点,但其地位远不能和长安相比。

在另一端最符合丝绸之路终点条件的城市是罗马。罗马帝国有覆盖欧亚非的

---
[1] 葛承雍《谈汉唐丝绸之路的起点》,《华夏文化》1995年第1期,收入《唐韵胡音与外来文明》,中华书局,2006年,第36—42页。
[2] 钱易《南部新书》己卷,中华书局,2002年,第90页。

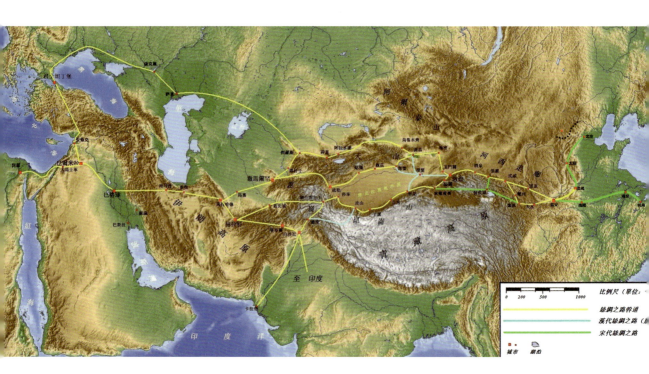

图 1　丝绸之路山川地貌示意图

图 2　北魏丝绸之路示意图

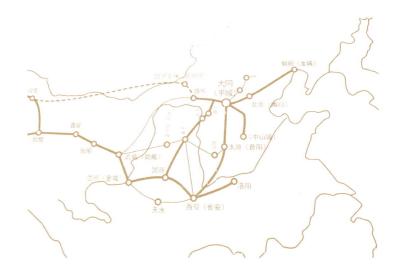

驿道网，这是进行长距离物资流通的基础。罗马有专门销售丝绸的多斯克斯市场（Vicus Tuscus）。公元前46年，恺撒将丝绸幕帘置于罗马剧场座席上使观众免遭阳光暴晒。此后，罗马贵族纷纷以穿丝绸为时尚，丝绸成为罗马人显示身份的一种标志。2世纪后，丝绸开始受到罗马平民的喜爱，罗马帝国对中国丝绸的需求量越来越大[1]，丝织品成为中国与罗马相互交往的桥梁。

根据近年考古新收获，古道沟通的东西方交流早在先秦时期就已存在。但由于当时贸易路线非常不稳定，民族部落争斗和国家政权变迁又非常频繁，所以东西方交往时隐时现。甘肃灵台白草坡西周墓葬、张家川马家塬战国古墓群出土过一些玻璃制品以及西亚风格的金银物品，证明早在公元前300年左右东西方就有了接触。而公元前8世纪斯基泰文化的马具、武器和动物纹已在欧亚草原上广泛流传，公元前4世纪又通过西戎贸易商道，使得许多异域外来的物品和艺术进入中国境内，包括戴尖顶帽的胡人形象[2]。

西汉张骞"凿空西域"，促进了汉朝与中亚各国的互信与交往，他是第一个代表国家出使的使节，将原来不稳定的民间贸易路线定型成为官方积极利用的外交大通道。汉晋隋唐之间，它成为承载着贯通中西物质和文化交流的古道。1877年，德国地理学家、东方学家李希霍芬首次为其冠名曰"丝绸之路"，之后德国东亚史专家赫尔曼与其他汉学家又进一步阐发，丰富了丝绸之路的内容。一个世纪以来，考古文物的不断出土，恢复了国家对丝绸之路的鲜活记忆。丝绸之路的历史作用获得全世界的肯定。

一 商道与驿站

关于丝绸之路，首先关注的是线路问题。古代交通线路最重要的标志是驿站，横跨欧亚大陆的线路历经两千多年的变化，许多已成为研究盲区，但是具有档案性质的简牍提供了汉代烽燧、驿站的资料。1974年出土的甘肃居延里程简和1990年出土的悬泉汉简，列出34个地名，分别记录了7个路段所经过的县、置之间的

---

[1] 杨共乐《古代罗马与中国的交往》，见《早期丝绸之路探微》，北京师范大学出版社，2011年，第64—66页。
[2] 王辉《甘肃发现的两周时期的"胡人"形象》，《考古与文物》2013年第6期。

驿站里程[1],清晰地描述了长安到敦煌的主干道路线与走向。由记载可知,中国境内分为官方控制的主线与遭遇战乱或政权更迭时使用的辅线,主线从长安出发沿泾河河道到固原,通过靖远、景泰、武威到张掖、酒泉、敦煌,辅线则是从长安出发沿渭河河道经宝鸡、天水、临洮进入青海,最后从索果尔到若羌,并可经青海扁都口到张掖。

敦煌悬泉置位于河西走廊西端,是公元前2世纪至公元3世纪的国家驿站与邮驿枢纽,其遗址出土了35000多枚简牍文书,记载驿站内常驻400余人,官吏82人,常备驿马120匹左右和50余辆车,日接待过往使节、商人一千余人。悬泉驿站从西汉昭帝时使用到魏晋时被废弃,前后400多年,唐代时又重新使用直到宋代彻底荒废。悬泉出土汉简保留了300多条与西域各国往来的记录,涉及楼兰(鄯善)、于阗、大宛、疏勒、乌孙、龟兹、车师等24国,尤其是中原与罽宾、康

[1]《居延新简·甲渠候官》(中华书局,1994年)上册,第174页;下册,第389页。

图3 沙漠商旅之路

居、大月氏、乌弋山离、祭越、均耆、折垣等中亚国家的关系,从丝绸之路邮驿的角度提供了新材料。[1]

甘肃玉门关遗址、锁阳城遗址都出土了与丝绸之路商贸活动相关的文物。北宋《南部新书》乙卷记录唐代"西蕃诸国通唐使处,置铜鱼雄雌相合十二只,皆铭其国名第一至十二,雄者留内,雌者付本国",外国境界"蕃中飞鸟使,中国之驿骑也"。由于胡商沿着丝绸之路驿站往来不断,唐代长安附近滋水驿(长乐驿之东)大厅西壁上专门画有胡人头像,唐睿宗未即位时路过驿站题诗"唤出眼何用苦深藏,缩却鼻何畏不闻香"[2],调侃胡人深目高鼻的怪异容貌。2005年,在洛阳发现的唐安国相王孺人唐氏壁画墓中,一组大型胡人牵驼载物匆匆赶路图[3],再次

---

[1] 张德芳、胡平生《敦煌悬泉汉简释粹》,上海古籍出版社,2001年。
[2] 《南部新书》戊卷,第72页。
[3] 洛阳古代艺术博物馆《洛阳古代墓葬壁画》下卷,图13、图23,中州古籍出版社,2010年。

证实了当时驿道繁忙景象。

新疆托克逊县阿拉沟发掘的唐代烽燧遗址，出土文书记载烽、铺、镇、所、折冲府以及戍守将士姓名，反映当时唐军的戍守系统能有效地控制与管理丝绸之路沿线要地，保障东西交通路线的畅通。隋唐政治、经济和文化的进步繁荣为中外商贸提供了稳定的环境，形成了敦煌至拂菻、西海（地中海）的北道，敦煌至波斯湾的中道，敦煌至婆罗门海（印度洋）的南道。比勘唐德宗贞元年间（785—805）宰相贾耽所撰《皇华四达记》与阿拉伯地理学家所记的呼罗珊大道，甚至能将唐朝安西（库车）至阿拔斯首都巴格达的路程一站站计算出来。文献与文物的互证，充分说明古代东西方由道路、驿站、绿洲城邦构成的交流网络一直延绵不断。

二　商人与贡使

中亚绿洲的粟特人是奔波在丝绸之路上最活跃的商人，他们以"善贾"闻名，被誉为"亚洲内陆的腓尼基人"。粟特人半农半牧，很早就活动在东西贸易交通线上。由于汉代重农抑商，魏晋至隋唐之间又限制汉地商品随意输出，包括各种精致的丝织品均不得度边关贸易，所以被称为"兴胡""兴生胡"的粟特人就成为转贩买卖的商人[1]，起到了国际贸易的中介作用。

被古人称为"华戎交会"的敦煌，至迟在4世纪初，就有来自康国的千人规模的商人及其眷属、奴仆。《后汉书·孔奋传》载："姑臧称为富邑，通货羌胡，市日四合。"1907年，斯坦因在敦煌西部古烽燧下发现的粟特文古信札，断代为4世纪初期，其中数封信内容是粟特商人从敦煌、姑臧（武威）向故国撒马尔罕（康

图4　胡人舞蹈铜像，1945年甘肃山丹出土

---

[1] 蔡鸿生《唐代九姓胡与突厥文化》，中华书局，1998年，第36页。

国）与布哈拉（安国）汇报经商的艰难情况[1]，并提到了黄金、麝香、胡椒、亚麻、羊毛织物等商品。

汉唐时期商胡贩客的贡使化，是当时习以为常的现象。粟特、波斯等国胡商通过"贡献"礼品实现"赐予"的商品转化，他们结成商侣积聚远至拂菻的珍宝，然后冒充"贡使"络绎不绝进入中国。《魏书·西域传》记载5世纪中期粟特"其国商人先多诣凉土贩货"。唐初玄奘《大慈恩寺三藏法师传》载："凉州为河西都会，襟带西蕃、葱右诸国，商侣往来，无有停绝。"吐鲁番出土文书有咸亨四年（673）"康国兴生胡康乌破延"在西州卖驼的市契，以及另一兴生胡康纥槎等向西州申请"将家口入京"的过所案卷。[2]《大唐西域记》卷一记载碎叶（在今吉尔吉斯斯坦）是一个"诸国商胡杂居"的商队城市，西域商胡在此积聚珍宝转运各地。历史文献和出土资料都证明，武威、高昌、库车、碎叶都是当时入贡的必经重镇。

《洛阳伽蓝记》卷三"城南宣阳门"条载："自葱岭以西，至于大秦，百国千城，莫不款附。商胡贩客，日奔塞下。所谓尽天地之区已。"商人都是成群结队，行止同步，《周书·吐谷浑传》记载西魏废帝二年（553），北齐与吐谷浑通使贸易，遭到凉州刺史史宁袭击，一次俘获"其仆射乞伏触扳、将军翟潘密、商胡二百四十人、驼骡六百头、杂彩丝绢以万计"。开元十年（722），一批达400人的毕国商人从中国负货而来，被大食督抚赦免。敦煌第45窟唐代观音普门品壁画描绘的"商胡遇盗"以及胡商膜拜菩萨图，都具有以图证史的价值。北朝隋唐墓葬中出土的背囊负包的胡商陶俑很多，但都是个体贩客。尤其是近年来出土的入华粟特人墓葬，如青州北齐傅家

[1]［英］辛姆斯·威廉姆斯《粟特文古信札新刊本的进展》，见《粟特人在中国——历史、考古、语言的新探索》，中华书局，2005年，第72页。
[2]《吐鲁番出土文书》第7册，文物出版社，1986年，第88—94、389页。

图5 西晋胡人骑狮青瓷器，2003年山东临沂王羲之故居出土

墓,太原隋虞弘墓,西安北周安伽墓、史君墓,登封安备墓等石棺浮雕画,都描绘了当时商人成群结队、骆驼载物的往来场景,给人们提供了粟特商队首领"萨保"活动的形象材料。[1] 令人疑惑的是,4—5世纪,整个粟特本土艺术均未见商人题材,甚至没有一个表现商旅驼队的文物出土,而在中国境内发现这么多粟特商队图像,充分说明中古时期粟特商人对丝绸之路的贸易控制。

三 运输与工具

首先是良马。汉唐之间,引进西域良马是当时统治者倍感兴趣的动议。汉朝要打败匈奴,就需要大宛汗血马作为种马装备军队,汉武帝更喜欢以"西极天马"作为自己的骑乘宝驹;唐朝反击突厥,亦需要大量西域优种骏马装备骑兵,从唐太宗的"昭陵六骏"到唐玄宗的"照夜白"无不是最高统治者喜爱的坐骑[2]。所以,仿造良种骏马形象的陶马、三彩马大量出现,栩栩如生,胡人马夫牵马侍立,几乎固化为模式,成为陵墓中陪葬的重要艺术品。骏马嘶鸣,于阗的"五花马"常常成为唐代画匠们表现的题材。可以说,丝绸之路与"良马之路"紧密相连,绢马贸易甚至是中唐之后长安中央政府与回鹘汗庭之间的经济生命线。

其次是骆驼。骆驼是丝绸之路上遥远路途负载重物的运输工具,也是穿越茫茫沙漠戈壁的主力。驼帮由各色人物组成,既有贵人也有奴婢,既有使节也有商人,他们在东西交通线上源源不断地来回奔波。汉代墓葬出土各类材质的骆驼艺术品还是少量的,从北朝到隋唐的骆驼造型艺术品则是大量的,不仅有陶骆驼、三彩釉骆驼,还有冶铸的金属骆驼。骆驼的驮载物往往是东西方商品的缩影,主要有驼囊货包、丝捆、长颈瓶、

图6 胡人戴八角毡帽骑驼俑,2004年西安蒲城唐惠陵李宪墓出土

---

[1] 荣新江《萨保与萨薄:佛教石窟壁画中的粟特商队首领》,见《粟特人在中国——历史、考古、语言的新探索》,第49页;《丝绸之路上的粟特商人与粟特文化》,见《西域:中外文明交流的中转站》,香港城市大学出版社,2009年,第75页。

[2] 葛承雍《唐昭陵六骏与突厥葬俗研究》,见《唐韵胡音与外来文明》,第158页。

金银盘、水囊、钱袋、织物、毡毯、帐篷支架以及干肉等，在驼背上还出现小狗、猴子与悬挂的死兔子、野鸡等，最典型的特征是以一束丝作为驼队运载商货的标志，这反映了丝绸之路上商人外出经商时商品丰富的情景[1]。至于骆驼背上还有琵琶和胡汉乐队的出现，吹奏演唱，虽有夸张，但却是漫漫路途上商人们边行边娱的生活写照。

四　丝绸与织物

丝绸是连接东西方古代文明最重要的物品。公元前1世纪至8世纪形成了从产丝地中国到消费地罗马的跨文明丝绸交易线路。2世纪以前，罗马人衣料主要是动物纤维的羊毛和植物纤维的亚麻，织物毛粗麻硬，色泽单调，而中国丝绸轻柔飘逸、色泽多样，成为罗马王公贵族享用的奢侈品，也成为贸易首选之物。20世纪40年代，在苏联戈尔诺阿尔泰地区巴泽雷克墓地发现的战国凤纹刺绣，说明早在秦汉之前，丝绸已传至外国。在罗马东方行省帕尔米拉和克里米亚，也出土了汉绮。据说公元前6世纪，在欧洲哈尔斯塔文化凯尔特人的墓葬中已发现了中国丝绸。[2]公元前5世纪，希腊雅典神庙命运女神像都穿有蚕丝衣料，所以，西方学者大胆推测，春秋战国时期中国丝绸已通过中亚传入希腊。

汉唐时期纺织品主要发现在新疆、甘肃、青海、陕西、内蒙古等地。吐鲁番出土的庸调布或绢上，明确写有来自中原地区的州县名，布绢

图7　胡人戴毡帽牵驼俑，2004年西安蒲城唐惠陵李宪墓出土

---

[1]《北齐东安王娄睿墓》，文物出版社，2006年，第31页线描图，彩图16"驼队图"，彩图129"陶卧驼"。
[2] 林梅村《丝绸之路十五讲》，北京大学出版社，2006年，第8—10页。

◀ 图8 胡人牵驼俑，2004年西安蒲城唐惠陵李宪墓出土

▶ 图9 胡人俑，大同北魏司马金龙墓出土

纱绫罗锦绮缣等反映了中原有规模的织作、色染以及官营作坊生产。从魏晋到隋唐的几百年间，纺织品主要有大小博山、大小茱萸、大小交龙、大小明光、凤凰锦、朱雀锦、韬纹锦等。随着丝绸之路大规模贸易的发展，异域的外来影响也极大地改变了内地的艺术风格，出土的纺织品明显带有西方题材的图案。高昌时期的双兽对鸟纹锦、瑞兽纹锦、对狮纹锦、鸟兽树木纹锦、胡王牵驼锦等图案新颖、色彩绚丽。唐西州时期的绿纱地狩猎纹缬、狩猎印花绢、连珠戴胜鹿纹锦等精致织品，显示了当时纺织技术的高超水平，连珠纹、猪头纹，孔雀、狮子、骆驼、翼马、胡商、骑士等西亚织造纹样栩栩如生，胡人对饮、对舞、对戏的图案极为生动，反映了东西文化的交流。[1]

在丝绸之路"青海路""吐谷浑道"上，都兰吐蕃墓出土北朝至中唐的丝绸品种非常丰富。其中，占总数85%的是中国产的织金锦、花绫、素绫、绗锦等，还有占总数15%的中亚、西亚织锦，例如图案精美、独具异域风格的粟特锦和波斯锦，8世纪的中古波斯钵罗婆文字锦尤为珍贵[2]。红地簇四珠日神锦，是中国境内所出日神锦中最典型的希腊题材织锦，太阳神赫利俄斯在六匹带翼神马驾车下于空中奔驰，有萨珊波斯风格的连珠纹，还有中国文字"吉""昌"图案，证明是综合了

---

[1]《丝绸之路——汉唐织物》，文物出版社，1972年。

[2] 许新国《都兰吐蕃墓发掘和研究》，见《7—8世纪东亚地区历史与考古论文集》，科学出版社，2001年，第29页。

图10 牵驼俑，山西大同北魏司马金龙墓出土

各种文化因素的中国产纹样锦。[1]

五 金银与钱币

如果说"丝绸西输"是影响西方世界贸易消费的大事，那么"黄金东来"似乎没有引起中国王朝的巨大反响。公元初年，古罗马著名人物老普里尼（Pliny the Elder, 23—79）曾经记载罗马帝国在与东方的贸易中支付了大量的黄金，虽然与东方国家贸易中交换的货物远不如黄金贵重，但罗马人为购进丝绸不得不付出东西方都能接受的硬通货——黄金。多年来，沿丝绸之路考古发现了许多波斯银币和罗马金币，但是西方学者多注意的是苏联中亚共和国地区出土的金币。1953年底，陕西咸阳隋独孤罗墓出土了东罗马金币，经夏鼐先生考证，确认是拜占庭皇帝查士丁二世（566—578年在位）时期的金币[2]，引起了海内外考古学界的关注。截至目前，中国境内已经出土拜占庭金币及仿制币50余枚，包括6—7世纪初制作精美的拜占庭金币（又称索里得，Solidus），6世纪中叶至8世纪中叶仿制的索里得，以及钱形金片。这些金币绝大部分出土于墓葬，全部发现于北方地区，宁夏固原北周田弘墓一次就出土5枚拜占庭金币，史氏家族墓地出土4枚仿制金币[3]。虽然关于墓葬中放置东罗马金币的习俗还有不同看法，但是原产于地中海东岸的拜占庭金币竟在万里之遥的中国内地安身，不能不使人感到东西方交流的巨大力量。

波斯萨珊银币除了在新疆地区集中出土外，还在陕西、甘肃、河南、山西等地陆续发现。6世纪，这种银币甚至还在河西地区通用，这一情况在中国境内延续了

---

[1] 赵丰《中国丝绸艺术史》，文物出版社，2005年，第140页。
[2] 夏鼐《西安土门村唐墓出土的拜占庭金币》，《考古》1961年第8期。
[3] 宁夏固原博物馆编《固原文物精品图集》中册，宁夏人民出版社，2012年，第164—166、247—249页。

350年左右，多是萨珊波斯卑路斯（Peroz，459—484年在位）以后至库思老二世（Khosrau Ⅱ，590—628年在位）式样[1]，说明北魏至隋唐时期波斯与中国往来非常密切。8世纪后，阿拉伯金币也传入唐朝。

丝路贸易的扩大促使贸易交换的货币作用愈发重要。许多绿洲城邦政权自铸货币，例如和田"汉佉二体钱"，造型上汲取汉五铢与希腊-贵霜钱币特点，塑造马纹或驼纹图案，被称为和田马钱。还有古龟兹国铸造的"汉龟二体钱"，仿汉五铢钱的圆形方孔，钱币铭文用汉文与龟兹文两种文字。

遗憾的是，古代中国没有流通外国货币的市场，中原人亦没有使用外国货币的习惯。无论是罗马金币还是波斯银币，除了被皇家作为珍稀物品收藏或是被达官贵人埋进墓葬作为口含，大量可支付的金银币估计都被销熔铸造成赏玩的金银器了，这反映的是东西方文化理念的差异。

六　玻璃器皿

公元前11世纪，西周早期墓葬中就发现了人造彩珠、管，因而传统观点认为中国很早就能烧制玻璃。但从玻璃成分分析，无论其外观或质量均有别于西方玻璃。在古代中国人眼里，精美的玻璃是一种出产在遥远地区的贵重奢侈品，是上层贵族最喜欢的贸易品，在西亚、中亚几条线路上都发现了罗马、萨珊波斯、伊斯兰等三种风格的玻璃器，贯穿东西方许多国家，因而这条贸易线路也被称为"玻璃之路"[2]。

20世纪20年代，阿富汗喀布尔贝格拉姆遗址就出土了公元前1世纪贵霜帝国时期的玻璃器皿以及腓尼基的玻璃器。实际上，汉魏精美的玻璃制品均来自罗马，玻璃业是罗马帝国最主要的手工业之一。广州汉墓出土有我国最早的罗马玻璃碗，洛阳东汉墓出土缠丝玻璃瓶属于地中海沿岸常见的罗马产品。[3]魏晋南北朝时期，人们已经充分认识到玻璃器的艺术价值，西晋诗人潘尼《琉璃碗赋》赞颂清澈透明的玻璃为宝物。辽宁北票北燕冯素弗墓出土5件玻璃器，其中鸭型玻璃器与1—

---

[1]　夏鼐《综述中国出土的波斯萨珊银币》，《考古学报》1974年第1期。
[2]　[日]由水常雄《玻璃传来之路》（上、下），均见《东亚的古代文化》1988秋·57号、1989冬·58号。
[3]　安家瑶《玻璃器史话》，社会科学文献出版社，2011年，第74页。

2世纪地中海流行的鸟形玻璃器造型相似。河北景县北朝封氏墓出土4只玻璃碗，其中一只精致的淡绿色波纹碗与黑海北岸5世纪罗马遗址出土的波纹玻璃器类似。

伊朗的萨珊玻璃在3—7世纪时期也大量进入中国，其凸起的凹球面在玻璃器上形成一个个小凹透镜，很有磨花玻璃的特色。1988年，山西大同北魏墓出土外壁有35个圆形凹面的白玻璃碗异常精美。1983年，宁夏固原李贤墓出土的凹形球面玻璃碗，质地纯净，有晶莹透彻之感。1970年，西安何家村唐代窖藏出土侈口直壁平底玻璃杯，也有24个凸圈，可见萨珊波斯玻璃器，为世人所爱。

8世纪以后，西方玻璃生产中心转向阿拉伯国家，工艺技巧又有新的发展。1987年，陕西扶风法门寺塔地宫出土的17件伊斯兰玻璃器，是唐朝皇家用品，刻画描金盘、涂釉彩绘盘、缠丝贴花瓶、模吹印花筒形杯等，都是罕见的玻璃精品，被认为是产于伊朗高原的内沙布尔。[1]1986年，内蒙古哲里木盟奈曼旗辽代陈国公主墓出土的6件伊斯兰玻璃器，虽然生产于10世纪末11世纪初，但带长把手的高杯、刻花瓶、刻花玻璃盘以及花丝堆砌成把手的乳钉纹瓶，都是来自埃及、叙利亚或拜占庭的艺术珍品。

七　金银器

与地中海沿岸和西亚、中亚相比，中国早期金银器制作并不发达，金银器皿出现较晚。虽然春秋战国墓葬中出现了一些金饰品，但很少是独立器物，目前所知的一批金器均是采用传统铸造工艺，与西方锤揲技术凸起浮雕纹样不一样。

汉代及早期输入中国的金银器主要有凸瓣纹银器与水波纹银器，这种锤揲技法源自古波斯阿契美尼德王朝，广州西汉南越王墓出土的凸瓣纹银盒、山东淄博西汉齐王墓随葬坑银盒，都是西亚波斯流行的装饰手法。3—7世纪的波斯萨珊王朝是金银器的兴盛时代，传入中国的金银器陆续被考古发现。1981年，山西大同北魏封和突墓出土萨珊银盘，装饰题材为皇家狩猎者在芦苇沼泽地执矛刺杀两头野猪。[2]近年来，刻有粟特文铭记的银器不断出土，西安鹿纹银碗、内蒙古猞猁纹银盘、河

---

[1] 齐东方《伊斯兰玻璃与丝绸之路》，见《伊朗学在中国论文集》第3辑，北京大学出版社，2003年。
[2] 马玉基《大同市小站村花圪塔台北魏墓清理简报》，《文物》1983年第8期。

北银胡瓶均有波斯风格的纹饰。[1]与此同时，西方的金银器也传入中国。1988年，甘肃靖远出土的希腊罗马风格银盘，周围为宙斯十二神，盘中间酒神巴卡斯持杖倚坐在雄狮背上，人物非常突出醒目。1983年，宁夏固原李贤墓出土的银壶瓶，瓶腹部锤揲出三组男女人物，表现的是希腊神话中帕里斯审判、掠夺海伦及回归的故事，有人说其属于具有萨珊风格的中亚制品[2]，但考虑到敦煌遗书P.2613号文书中称为"弗临银盏"，弗临就是拂菻，即来自罗马拜占庭的银杯，这就指明是西方输入的金银器。

唐代是中国金银器皿迅猛发展的时代，这与当时吸收外来文化有密切关系。西方的锤揲技术、半浮雕嵌贴技术等，都对中国工匠具有启发作用，所以出土的不仅有外国的输入品，还有中土仿制品，"胡汉交融"非常明显。1970年，山西大同出土的海兽纹八曲银洗，1975年，内蒙古敖汉旗出土的胡人头银壶，都是萨珊波斯金银器的造型与纹饰。尤其是1970年西安何家村出土的唐代金银器窖藏[3]，鎏金浮雕乐人八棱银杯的西方艺术特征异常明确，而受萨珊波斯—拜占庭式金银器物形制的影响而制作的各种外来纹样，例如海兽水波纹碗、鎏金双狮纹碗、鎏金飞狮纹银盒、双翼马首独角神兽银盒、灵芝角翼鹿银盒、独角异兽银盒等，顶部和底部中心有猞猁、狮子、双狐、角鹿、对雁、衔枝对孔雀等形象，周围绕以麦穗纹圆框为代表的"徽章式纹样"，兼收了粟特、萨珊波斯、拜占庭的艺术风格。

八　宗教与传播

绵延万里的丝绸之路上，随着商人、僧侣来华增多，传入中国的宗教，根据不同时期有佛教、景教、祆教、摩尼教等。1989年，在阿富汗发现的阿育王法敕铭文证明，阿育王时代佛教传教线路已经向中亚延伸。最早信仰佛教的西域胡人与印度南亚接壤，他们主导奉佛向外传播，佛教东渐传入中原后僧侣亦多为胡族。20世纪20年代，汉魏洛阳故城遗址出土的佉卢文（贵霜帝国官方文字，被定名为犍陀罗语）题记井阑石，铭刻的题记记载着179—190年东汉末期佛教僧团在洛阳聚

---

[1] 孙机《建国以来西方古器物在我国的发现与研究》，《仰观集》，文物出版社，2012年，第443页。
[2] 罗丰《北朝、隋唐时期的原州墓葬》，见《原州古墓集成》，文物出版社，1999年，第19页。
[3] 陕西历史博物馆《花舞大唐春——何家村遗宝精粹》，文物出版社，2003年。

集受人敬重的状况。1907年，敦煌出土的粟特文信札第2号记录了西晋末年"有一百名来自撒马尔罕的粟特贵族，现居黎阳（今河南浚县），他们远离家乡，孤独在外。在□有四十二人"。虽然不知是否胡商，但在保有西域礼俗的聚落中，奉佛胡人会建立佛寺。梁释僧祐《弘明集》卷一二记载晋人不奉佛事，"沙门徒众，皆是诸胡"。所以早期佛教在中国的传播，主要是在胡人聚居的市邑，高僧沙门也是外国人，而且他们与商人阶层存在密切联系[1]。佛教对中国的影响是多方面的，中国境内丝绸之路沿线留下了诸多石窟与寺院遗址，深刻反映了南亚、中亚宗教文化的印痕。

祆教是公元前6世纪琐罗亚斯德在波斯东部创立的善恶二元论宗教，后被定为波斯国教，传入中国称为祆教。4世纪以后，随着入华粟特人的增多和他们日益汉化，北魏时祆教已经在中土流传，北齐时在各地设置"萨甫"官职管理祆教祭祀等活动。敦煌唐写本残卷《沙

▲ 图11 童子骑羊琥珀，河南洛阳西朱村曹魏墓出土

图12 多股合珠玻璃项链，北魏墓葬出土，山西大同博物馆藏

图13 北魏狮子石灯，山西大同博物馆藏

▼ 图14 玻璃瓶，山西大同北魏司马金龙墓出土

[1] 季羡林《商人与佛教》，见《季羡林文集》第7卷，江西教育出版社，1998年，第177—197页。

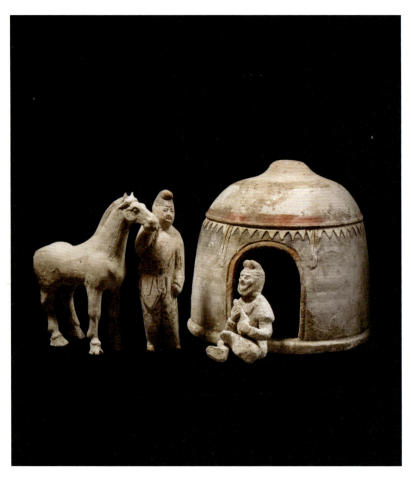

图15 唐代胡人俑，比利时布鲁塞尔皇家历史艺术博物馆藏

州伊州地志》记载了当地祆教绘有壁画的寺庙。西安发现的北周安伽墓、史君墓[1]，山西太原发现的隋虞弘墓[2]，河南登封发现的隋安备墓[3]，都以浅浮雕刻绘了火坛以及人头鸟身祭司点燃圣火的祭祀场景。

5世纪在东罗马帝国境内形成的基督教聂斯托利派，于431年在以弗所会议上被斥为异端后流亡波斯，贞观九年（635），经中亚传入唐长安，初称大秦教或波斯教，后称为景教。20世纪初发现的敦煌文书中有汉文景教经典和10世纪的基督画像，吐鲁番也发现有叙利亚语、婆罗钵语（中古波斯语）、粟特语和突厥语的福音书，景教寺院还残存有宗教壁画。除了最著名的建中二年（781）立于长安的《大秦景教流行中国碑》，2006年又在洛阳发现了镌刻十字架和景教经典的石头经幢[4]。

波斯人摩尼于3世纪创始的摩尼教，糅合了琐罗亚斯德教、基督教、佛教，武周延载元年（694）正式传入中国。19世纪末20世纪初，摩尼教大量遗址遗物先后在吐鲁番、敦煌以及欧亚其他地区出土。柏林博物馆收藏的8—9世纪高昌

---

[1]《西安北周安伽墓》图版15"门额火坛"，文物出版社，2003年。《北周史君墓》之祭司浮雕摹绘图，文物出版社，2014年，第88页。

[2]《太原隋虞弘墓》，椁座前壁浮雕下栏第三幅，文物出版社，2005年，第134页。

[3] 葛承雍《祆教圣火艺术的新发现——隋代安备墓文物新探》，《美术研究》2009年第3期；《隋安备墓新出石刻图像的粟特艺术》，《艺术史研究》第12辑，中山大学出版社，2010年。

[4] 葛承雍主编《景教遗珍——洛阳新出景教经幢研究》，文物出版社，2009年。

图16 曾经繁荣的高昌古城已经成为千年废墟

回鹘壁画残片和残卷插图,显示了摩尼教善于借用各种形象来表达自己的教义,尤其是用日月象征其追求的光明王国,以戴着装饰华丽高帽的摩尼像作为顶礼膜拜的宣传画,都成为透视摩尼教传播的证据。1981年,吐鲁番柏孜克里克千佛洞发掘出用粟特文写成的摩尼教经典写本[1],其中精美插图已被国际学术界认可为重要史料。

从波斯传入的"三夷教"曾在中国流传[2],虽经唐廷打击突然消失,但在中亚、西域及各地仍存活演变,其残迹遗痕和各种语言文献的补正,使我们了解到中西文化交流中宗教的影响之大,确是人类社会不可忽视的重要内容。

九 语言与文书

百余年来,丝绸之路沿线出土的用各种语言文字书写的文献,记录了不同族群和不同文化的相遇交流,也使古代世界的信息通过语言互相传递。仅就目前吐鲁番

---

[1] 柳洪亮主编《吐鲁番新出摩尼教文献研究》彩色图版,文物出版社,2000年。
[2] 林悟殊《唐代三夷教的社会走向》,见《中古三夷教辨证》,中华书局,2005年。

图17 新疆丹丹乌里克6世纪蚕种西渐传说图（木版画），大英博物馆藏

出土的文物来看，当时至少使用过18种文字、25种语言，多民族、多宗教的文化在这里汇聚交融。19世纪末20世纪初，西方考古探险家在新疆发现用吐火罗语与婆罗迷文书写的文献时间约从400年以前至1000年，内容从宗教文学作品到世俗文书，涉及种种史地难题。4—10世纪的于阗语文献，证实操东伊朗语的塞人部族曾在和田绿洲定居，建立了于阗王国。2—5世纪，用佉卢文书写的俗语成为鄯善国的官方语言，和田、尼雅、楼兰、巴楚、库车、吐鲁番等古遗址都发现有佉卢文写本及残片。[1]

自汉代以来，新疆地区长期使用汉语，现存大量汉语文书、经卷、碑铭等均为物证，还有汉语与其他语文合璧的文书，证明语言的双向交流绝非虚言。7—8世纪，吐蕃一度统治西域，大批藏文纸本文书存世，若羌、和田还有数量颇多的吐蕃简牍出土。操突厥语的回鹘人从9世纪中期起分三支从蒙古高原西迁进入新疆，建立的高昌回鹘王国（约850—1250年）留下了很多回鹘语文的书面文献，不仅说明回鹘文成为当时西域广泛通行的语言之一，而且可知回鹘人当时掌握有多种语言文字。11世纪信仰伊斯兰教的喀喇汗王朝上层流行阿拉伯文，为了减少民间使用的障碍，于是采用阿拉伯文字母拼写回鹘语形成维吾尔文，为当地居民使用。

有些外来的语言曾在丝绸之路上风行一时。西域寺院佛教经典多使用的属印度-雅利安语的梵文。往来于塔里木盆地各绿洲城邦的粟特人，他们以经商为主，留下了属东伊朗语的粟特语文献，包括信件往来以及佛教、景教、摩尼教内容的文书。在高昌古遗址出土有不少中古波斯语（婆罗钵语）和安息帕提亚语

---

[1] 徐文堪《略论古代西域的语言和文字》，见《语言背后的历史——西域古典语言学高峰论坛论文集》，上海古籍出版社，2012年，第229页。

（Parthian）文书，以摩尼教文献为主。用希腊字母书写的巴克特里亚语（Bactrian，大夏语）文献也有发现。被称为"基督教图书馆"的近千件景教文献在吐鲁番盆地的葡萄沟出土，使用了粟特语、中古波斯语、叙利亚语等。甚至以希伯来文字书写波斯语的文献也有发现。[1] 最近克孜尔石窟发现的古代龟兹语韵文题记，有被视为短诗的文学作品。所以，中古时期来往于丝绸之路上的商人、僧侣、平民、武士等人物受到多种语言信息的影响，他们留下的文献资料是研究多语言古代文献的宝贵文化遗产。

十　艺术与歌舞

丝绸之路上各种艺术交会互通，门类繁多。一个世纪前由西方探险家在新疆、甘肃等地考古大发现，掠走了众多艺术珍品，涉及石雕、彩陶、金银铜器、壁画、泥塑、木雕、木版画等，在海内外引起轰动。随着中国学者对西域艺术研究的推动，有关察吾乎史前彩陶、康家石门子岩画、草原动物纹样、尼雅木雕艺术造型、草原突厥石人与鹿石、龟兹乐舞舍利盒等出土文物都有了深入地探讨[2]。

宗教石窟以佛教壁画、彩塑为代表，既有犍陀罗的希腊风，也有世俗的汉风，"梵相胡式"和"西域样式"深受外来艺术影响，于阗、龟

---

[1] 伊斯拉菲尔·玉苏甫、安尼瓦尔·哈斯木《新疆发现的古文字》，《丝路考古珍品》，上海译文出版社，1998年。
[2] 周菁葆《丝绸之路艺术研究》，新疆人民出版社，1994年。仲高《丝绸之路艺术研究》，新疆人民出版社，2008年。

▲　图18　北凉胡人形象壁画，甘肃高台地埂坡出土

▼　图19　北凉胡人形象壁画，甘肃高台地埂坡出土

◀ 图20 6世纪鎏金铜碗,广东遂溪博物馆藏

▶ 图21 5—6世纪动物混合六角形纹银碗,韩国中央博物馆藏

兹、高昌、北庭、敦煌、麦积山、龙门等主要石窟寺院都留下了珍贵的艺术遗产。从汉代到唐代壁画的"游丝描""铁线描"层出不穷,飞天的创新更成为反映天国的景象。即使吐蕃统治敦煌时期,洞窟营建也创作有《各国王子举哀图》,反映了敦煌作为丝路重镇粟特艺术的繁荣。[1] 汉魏隋唐的墓葬壁画随着近年的不断出土,已是异军突起的艺术研究领域,著名的韦贵妃《胡人献马图》、章怀太子《蕃客使节图》、懿德太子《驯豹架鹰图》[2],以及《胡汉打马球图》《胡人乐舞图》等都是反映中外文化交流的杰作。太原北齐娄睿墓出土壁画《商旅驼运图》、洛阳唐墓壁画《胡商驼队图》都是丝绸之路上的真实记录。

张骞通西域后,沿丝绸之路进入中国的杂技幻人开辟了新的世界,史书记载有眩人、幻人表演的各种西域幻术。《后汉书·西域传》引《魏略》记载,大秦国"俗多奇幻,口中出火,自缚自解,跳十二丸,巧妙非常"。河南新野和山东嘉祥的汉代画像砖上都有深目高鼻、戴尖顶帽的胡人口吐火焰的形象。甘肃庆城唐穆泰墓出土的胡人杂戏俑,清晰地展现了当时外来艺人的表演状况。[3]

西域乐舞对中国文化的影响非常广泛。汉代传入的《摩诃兜勒》和"胡角横

---

[1] 沙武田《吐蕃统治时期敦煌石窟研究》,中国社会科学出版社,2013年,第209页。
[2] 《章怀太子墓壁画》,文物出版社,2002年,第42页;《懿德太子墓壁画》,文物出版社,2002年,第31页。
[3] 庆阳市博物馆、庆城县博物馆《甘肃庆城唐代游击将军穆泰墓》,《文物》2008年第3期。

吹"促进汉乐府更造新声。隋唐"胡乐新声"越发融会，不仅有白明达、康昆仑、曹妙达、安叱奴、米嘉荣等昭武九姓乐工，而且最著名的龟兹乐从4世纪晚期传入后凉、北魏后，在北方各地广泛流行。隋代九部乐中有五部属于西域乐，唐代十部乐中天竺、西凉、龟兹、安国、疏勒、高昌、康国等占了七部，苏摩遮、狮子舞、胡腾舞、胡旋舞等西域舞蹈异常流行。敦煌壁画中有大量乐舞伎艺术形象[1]，宁夏出土的胡旋舞门石，西安出土的胡旋舞壁画，都从图像、遗物、诗歌等角度印证了丝绸之路上曾流行的乐舞文化。

十一 天文与医学

天文算学是丝绸之路上传入中国最重要的科技成果之一。唐代历法深受天竺瞿昙、矩摩罗、迦叶三家的影响，印度天文学家瞿昙罗、瞿昙悉达、瞿昙撰世代担任司天监太史令，在唐司天台工作一百多年。唐朝几度修历，基本不脱离印度天文历法，瞿昙罗于唐高宗时进《经纬历法》9卷，武则天时又作《光宅历》。特别是开元九年（721），瞿昙悉达译出《九执历》（九曜历），对唐代以及后世天文历算影响深远。[2]《隋书·经籍志》著录的印度天文类《婆罗门天文经》以及历算类《婆罗门算法》甚至影响到民间占星术，胡名、波斯名、梵名的混合使用反映了天文历算交流的广阔天地。

1970年西安何家村出土的唐代窖藏中，有丹砂、钟乳石、紫石英、白石英、琥珀、颇黎（玻璃）、金屑、密陀僧、珊瑚等9种药物，多与贵族养生有关，但其中的舶来品说明当时外来药物的传入与流行。[3]据美国学者谢弗研究，中古时代外来药物在中国大量出现，印度传入质汗药、乾陀木皮、郁金等，拂菻传入底也迦，西亚传入胡桐树脂、安息香等，波斯传入芦荟、皂荚、胡黄连等，阿拉伯传入没药、乳香、阿勃参等。[4]因而唐朝出现郑虔《胡本草》、李珣《海药本草》，印度《龙树菩萨药方》《婆罗门药方》等专门介绍外来医药的著作，对隋唐"药王"孙思

---

[1] 史苇湘《敦煌历史与莫高窟艺术研究》，甘肃教育出版社，2002年。
[2] 薛克翘《中国印度文化交流史》，"瞿昙家族的贡献"，昆仑出版社，2008年，第200页。
[3] 耿鉴庭《西安南郊唐代窖藏里的医药文物》，《文物》1972年第6期。
[4] ［美］谢弗著，吴玉贵译《唐代的外来文明》第11章《药物》，中国社会科学出版社，1995年。

▲ 图22 胡人俑，河北磁县东魏元祜墓出土

▼ 图23 风帽俑，河北磁县东魏元祜墓出土

邈产生过很大影响，当时"胡方"流传东渐成为一种传奇[1]。

外来医学中最著名的还有眼科医术，杜环《经行记》记录大秦医生善医眼疾。唐高宗晚年"目不能视"，给他医治眼疾的秦鹤鸣就是来自大秦的景教医师[2]。《全唐文》卷七〇三记载，太和四年（830）李德裕在成都时被南诏俘掠走"眼医大秦僧一人"。给唐玄宗兄李宪疗疾的僧崇一、为鉴真和尚治疗眼疾的"胡医"，都是外来医生。印度的外科手术治疗在5世纪时已经相当成熟，眼科学《龙树眼论》译介传入中国，介绍了722种医治眼疾的方法，对唐代《治目方》影响很大。唐诗中有不少反映印度医师以金篦术治疗白内障的赞美诗句，白居易《眼病》、刘禹锡《赠眼医婆罗门僧》等都印证了印度医师在华活动的轨迹。

十二　动物与植物

丝绸之路上外来贡品五花八门，有的虽不算商品贸易，但"异方宝货"却引人注目。史书记载中亚诸国多次进贡狮子、名马、骆驼、名犬、鸵鸟、猎豹等珍禽异兽，反映了特殊贡品的复杂性与多样性。

---

[1] 陈明《中古医疗与外来文化》第三章，北京大学出版社，2013年，第224页。

[2] 黄兰兰《唐代秦鹤鸣为景医考》，《中山大学学报》2002年第5期。

汉唐之际，狩猎广泛流行于上层贵族阶级，是身份、地位和荣誉的象征之一，鹰、隼、猎豹、猞猁等被驯化的动物帮助贵族狩猎成为一项重要活动。西安金乡县主墓出土的整套陶俑中，可看到胡人猎师携带猎豹、手举猎隼的形象[1]。张广达先生提供了唐代贵族使用中亚引入猎豹的文化传播实例。[2]《旧唐书·西戎传》记载唐武德七年（624）高昌王麹文泰贡献一对雌雄高六寸、长尺余的小狗，"性甚慧，能曳马衔烛，云本出拂菻国。中国有拂菻狗，自此始也"。这种聪慧可爱的拂菻狗曾是希腊妓女和罗马贵妇的宠物，引入唐朝后也备受王公贵妇宠爱。1972年，吐鲁番阿斯塔那唐代高昌古墓出土的黑色拂菻狗残画，描绘了两个孩童抱狗嬉戏的场景。传世的唐代周昉《簪花仕女图》也描绘了拂菻狗在升平气象下"拂地行"的形象。蔡鸿生先生的《哈巴狗源流》解读了这种西域引进新物种的演变。[3]

沿丝绸之路传来的外来植物中，肉桂、胡椒、苜蓿、安石榴等奇花异果名目繁多，其中影响最大的是葡萄。《史记·大宛列传》记载葡萄"汉使取其实来，于是天子始种苜蓿、葡萄肥饶地。及天马多，外国使来众，则离宫别观旁尽种葡萄、苜蓿极望"。汉唐文物中有许多葡萄纹样装饰的精品，新疆民丰尼雅出土的夹缬蓝印花棉布上，有手持盛满葡萄丰饶角的希腊女神，大同出土的北魏葡萄纹鎏金高足杯，北朝隋唐葡萄藤蔓纹饰石刻遍及各地，唐代的锦绫采用葡萄纹饰很普遍，海兽葡萄样式铜镜更是众人皆知。其他像新疆营盘出土东汉石榴纹饰锦罽袍，唐代椰枣树对狮纹锦，长沙窑流行的椰枣树贴塑装饰，都是西来植物深入中国文化的典型事例。

唐代海上贸易日益频繁，宋代进入高潮。目前南海已出水的瓷器、石雕、铜钱等文物，时间涵盖了南朝、唐、宋、元、明、清，印证了早期文献关于南海航路的记载。

在阿拉伯帝国阿拔斯王朝（黑衣大食，750—1258）取代倭玛亚王朝（白衣大食，661—750）之后，哈里发宣称要展开贸易活动与遥远的中国接触。巴格达市场充满了来自东方的货物，阿拉伯学者贾希兹（al-Jahiz，776—868）编纂的《商务观察》所列中国输出巴格达的有丝绸、瓷器、纸墨、马鞍、剑、香料、麝香、貂皮、肉桂以及孔雀等，丝绸中的高档锦缎尤受欢迎。

---

[1] 西安市文物保护考古所《唐金乡县主墓》图版75—80，文物出版社，2002年。
[2] 张广达《唐代的猎豹——一个文化传播的实例》，《唐研究》第7卷，北京大学出版社，2001年。
[3] 蔡鸿生《哈巴狗源流》，见《中外交流史事考述》，大象出版社，2007年，第163页。

▲ 图24 山东青州龙兴寺北齐卢舍那佛界格画像中的两个胡人

▼ 图25 山东青州龙兴寺北齐卢舍那佛界格画像中的三个胡人

盛唐天宝年间，广州"江中有婆罗门、波斯、昆仑等舶，不知其数；并载香药、珍宝，积载如山。其舶深六七丈。师子国、大石国、骨唐国、白蛮、赤蛮等往来居住，种类极多"[1]。波斯、阿拉伯商人从东南沿海深入长安，贩卖香料、象牙、珠宝、药材等。同时，长沙窑瓷器异军突起，占领了外销市场极大份额。1998年，印度尼西亚海域发现的"黑石号"沉船，出水中国瓷器和金银器多达6万余件。在印度、波斯湾、埃及等古港口都发现有中国的外销瓷，是中国古代先民到达南海诸岛以及转销阿拉伯世界的明证，反映了当时海上贸易的多样性。

多年来，丝绸之路的经典形象早已留驻在各国人民的脑海中。在中国记忆中，汉代以来"胡人"的外来形象已经遍及石刻、陶俑、壁画、铜塑等艺术品中[2]，一直到宋元仍不断涌现[3]，大漠孤烟中驼铃声声，长河落日下商旅凄凄，使我们不由想到唐朝诗人张籍的《凉州词》："边城暮雨雁飞低，芦笋初生渐欲齐。无数铃声遥过碛，应驮白练到安西。"[4] 随着丝路沿线考古新发现不断面世，举办一次大型丝绸之路展览无疑是非常必要的，人们可以从各类文物中体悟古代东西交通的巨大影响，也从不同角度关注从历史到现实的包容精神。

2014年6月22日，由中国、哈萨克斯坦和吉尔吉斯斯坦联合申报的"丝绸之路：长安—天山廊道的路网"被第38届世界遗

---

[1][日]真人元开撰，汪向荣校注《唐大和上东征传》，中华书局，1979年，第74页。
[2] 郑岩《汉代艺术中的胡人形象》，《艺术史研究》第1辑，中山大学出版社，1999年。
[3] 葛承雍《元代出土胡人俑研究》，《文物》2014年第10期。
[4] 张籍《凉州词三首》，《全唐诗》卷三八六，中华书局，1983年，第4357页。

产大会宣布列入世界遗产名录，但是33处遗产点（中国境内22处）远远不能代表整个丝绸之路沿线所呈现的文明。例如，波斯人既喜欢希腊的艺术创作，又引进中国的独特技术，没有伊朗汇入丝绸之路文化遗产显然有缺环。

图26　都管七国六瓣银盒，陕西历史博物馆藏

又如，土耳其是欧亚大陆交会地区和丝绸之路重要节点，穿越时空缺少它的遗产联合申报也不完善。中外文明交流历来是两种趋势：冲突、矛盾、疑惑、拒绝，但更多的是学习、消化、融合、创新。前者以政治、民族为主，后者以文化、生活为主。

　　从更广阔的背景看，在丝绸之路交流史上，中国境内无疑是一个以世界文明交会为坐标、以民族多元文化为本位的地域，是一个文明共存之地。两千多年来，驿站网络畅通，商人积极转输，商品种类丰富，宗教信仰传入，移民聚落增多，互通婚姻融合，可以说最初的商业世界早已变成了各民族文明延伸的长廊，经过碰撞、交锋、包容，最后走向交流、融合、多彩，这是人类文明的基本框架和理想样貌，人类一切文明都因交流互通而共融，包容互鉴才有转化发展的动力。

　　丝绸之路带来的多元文明，启迪人类世界，只有互动交流、汇聚辐射，才能延绵不断，百川归海，进入更高的文明时代。

TRACING EURO—ASIA CULTURAL EXCHANGES FROM THE UNEARTHED OBJECTS OF THE HAN THROUGH TANG DYNASTIES

3

从汉唐之间出土文物看欧亚文化交流遗痕

从汉唐之间出土文物看欧亚文化交流遗痕

持续数千年的人类文明是一部绵长而值得尊敬的历史，有人认为公元前800年至前200年之间，是人类文明的"轴心时代"，各个文明地区都出现了精神领域的重大突破，例如古希腊有苏格拉底、柏拉图、亚里士多德，以色列有犹太教的先知，古印度有释迦牟尼，中国有孔子、孟子、老子、庄子等，他们提出精彩学说和思想原则，塑造了不同的文化传统，但是由于时代、地域、民族、语言的界限制约，很长时间内并没有出现跨文化的交流。

然而，反映思想文化的物质文明随着人类的迁徙而移动，动物考古、植物考古、金属考古等成果不断提示我们，东西方交流绝不是封闭隔离的。欧亚大陆上的先祖们从偶遇分散到相遇重逢，都留下了许多未解的谜团，只有陆续出土的文物正在为揭示人类文明进化而提供线索。

一 早期西方文物传入对汉代的崭新影响

公元前334年，希腊马其顿国王亚历山大大帝率军东征，在灭掉波斯以后于公元前326年，到达古印度西北地区，古代称为犍陀罗，在这里建立了希腊人统治的国家，从而使希腊艺术得以广泛传播。希腊文化结合印度佛教，发展出具有本土风格的雕塑艺术，被称为犍陀罗艺术。佛教北传进入中亚与东亚的过程中，希腊艺术最擅长的人像和神像雕造也与佛教艺术结合，形成佛陀、菩萨等带有希腊风格的半神半人艺术形象，这是佛教造像受希腊文化影响最显著的特点之一，这类造像在中国境内新疆地区的早期佛寺遗址内被屡屡发现。

1. 希腊神像式菩萨。犍陀罗艺术以希腊雕塑手法创造出佛教菩萨形象，最终解决了佛教赋予佛陀的人形问题。此前佛教流行印度600多年并无造像，约在公

图1 新疆舒尔楚克星宿窟佛教天神像

元前2世纪孔雀王朝时期才有了脚印、法轮、宝座、菩提树等象征。1世纪前后,以巴基斯坦白沙瓦为中心的犍陀罗"希腊化时代"出现的佛陀、菩萨都明显具有希腊诸神的风格,例如穿希腊式希通的释迦牟尼佛像、面相酷似希腊神的菩萨像。随着佛教在中亚和中国新疆的传播,头发卷曲、眼深额高、眉骨高耸、头顶束发为馒头肉髻的石雕佛像迅速传播,这些佛像脱胎于希腊神像,在残存的寺院遗址中已被多次发现。[1] 通过对佛像坐姿、通肩袈裟、面相庄严、上唇留髭、波浪发式等观察,无论是白膏泥塑、岩石雕刻,还是壁画、木版画,都具有希腊艺术风格的影响,甚至佛教神灵诃利谛母雕像直接借用了希腊丰收女神的样式,佛像下的供养人形象更具有写实性,杏仁大眼和红色小嘴,透露出异域的艺术风格,被称为"中业佛教中的晚期古希腊罗马艺术"[2]。

2. "马人"武士壁挂。1984年,新疆洛浦县山普拉墓地1号墓中,出土1—2世纪(约为东汉)人首马身的"马人"图案的彩色毛织壁挂,这就是希腊神话中吹奏竖笛的半人半马怪(Centaur)。整幅壁挂图案中,上部为马人双手持长管乐器吹奏,肩头扬起的狮皮隐喻着勇敢,手中号角象征着对荣誉的宣扬,马的四蹄比喻正在奋勇地启程。下部为武士右手握矛像,高耸的鼻梁与额头垂直,这与20世纪初斯坦因在楼兰所获彩色缂毛残片上赫尔墨斯(Hermes)头像相似,是十足的希腊罗马式图案[3]。这类公元前2世纪至5世纪的古希腊毛织品均为古代东西交通大道上传入中国的商品,具有很高的艺术价值。

---

[1] 孟凡人编著《新疆古代雕塑辑佚》,新疆人民出版社,1987年。贾应逸、祁小山《印度到中国新疆的佛教艺术》,甘肃教育出版社,2002年。

[2] [德]阿尔伯特·冯·勒柯克、恩斯特·瓦尔德施密特著,管平、巫新华译《新疆佛教艺术》,新疆教育出版社,2006年。

[3] 新疆维吾尔自治区《丝路考古珍品》图版65,上海译文出版社,1998年,第153页。

3. 希腊丰收女神图。在新疆尼雅遗址 2 世纪东汉晚期一座墓葬中，曾出土蓝白印花棉布残片，一块 32 厘米见方的方框画内，有一个袒露胸怀的半身女神像。虽然女神上身赤裸，侧身斜视，但神态安详恬静，身后有圆形光环。她的脖颈和手臂上都戴有装饰品，手中持有一个角状长筒容器，内盛满果实。[1] 最初，人们以为这是印度佛教传入的菩萨像，后来学者认为是希腊神话中手持丰饶角的丰收女神堤喀（Tyche），也有学者认为是希腊神话中大地的化身女神盖亚（Gaea）与谷物女神得墨忒尔（Demeter）的混合体，还有学者认为是中亚贵霜丰收女神阿尔多克洒（Ardochsho）的像[2]。不过仅从裸体艺术来说，应是希腊罗马制作的棉布精品。

4. 凸瓣纹银盒。1978 年，山东淄博西汉齐王墓和 1983 年广州南越王墓都发掘出凸瓣纹银盒，这种用锤揲技法在银器表面打压出相互交错、明暗辉映的凸瓣纹，与中国当时用陶范或蜡模铸造纹饰的工艺传统完全不同，图案像水滴又像花瓣，是典型的外来器皿。有学者认为，这种器皿通称为筐罍（Phialae），是西方人自古希腊语中借用的词汇。其技术源流可上

[1] 李遇春《新疆民丰大沙漠中古遗址墓葬区东汉合葬墓清理简报》，《文物》1960 年第 6 期。

[2] 孙机《建国以来西方古器物在我国的发现与研究》，《文物》1999 年第 10 期。

▲ 图 2　汉蓝地人首马身纹缂毛残片，1984 年新疆山普拉出土

▼ 图 3　希腊丰收女神图，新疆尼雅出土

◀ 图4 凸瓣纹银盒，1978年山东临淄辛店西汉齐王刘肥墓出土

▶ 图5 凸瓣纹银盒，1983年广州南越王墓出土

溯到两河流域的古亚述，盛行于古波斯阿契美尼德王朝时期（前6世纪—前4世纪），并在安息王朝继续发展，是通过中亚从安息输入中国的。[1] 也有学者认为，这两件汉代银盒来自地中海地区的罗马，经海路传入中国。但无论来自域外何处，都说明汉代审美中有了外来文化的实物见证。

5. 西方双翼天使画像。20世纪初，英国探险家斯坦因在古于阗和高昌两大佛教圣地的中间地段——若羌的米兰遗址佛寺中，发现了6幅有翼天使画像，引起东西方学术界关注。80多年后，1989年新疆又发现两幅有翼天使画像。[2] 这种肩生双翅的人物形象，来自古希腊罗马文化东渐过程中的传播。古希腊神话中爱神厄洛斯肩背生有双翼的艺术形象深入人心，曾作为肩长翅膀能在天空飞翔的美少年而被人们崇拜为神，罗马人将厄洛斯（丘比特）孩童形象改变成高大严肃的青年形象，作为爱的化身广为流传。公元前后，中亚巴克特里亚地区希腊化佛教融进了有翼天使形象，这一形象出现在3—4世纪的新疆南部佛寺中，从而使古希腊神祇与早期佛教神灵融为一体。

有人认为，新疆米兰佛寺壁画中的双翼天使应为中国的"羽人"。1964年，

---

[1] 孙机《凸瓣纹银器与水波纹银器》，载《中国圣火》，辽宁教育出版社，1996年。
[2] 王炳华《丝绸之路考古研究》，新疆人民出版社，1993年，第22—24页。

图6 魏晋带翼飞天人像壁画，新疆若羌米兰遗址出土

西安汉城遗址出土汉代青铜双翼羽人，相貌怪异，两耳竖长，肩部双翼，跪膝垂羽。而洛阳出土的东汉青铜双翼羽人，也有类似"胡人"相貌，这种"羽人"作为汉代有翼神物，实际都是来自西方艺术的影响。[1] 据笔者所知，早在公元前3000年伊朗东北部就出土了与此羽人基本相似的翼人，在中亚巴克特里亚地区，也出土过一个有翼神灵塑像，其大眼高鼻、肩生双翼的特征即明显承袭了美索不达米亚的艺术传统。林梅村指出，羽人阿胡拉·玛兹达是伊朗火祆教的主神[2]，如果这个认识无误，就为汉代羽人受外来宗教影响提供了新的线索。

以上文物的出土说明，早在公元前后，欧亚文明已经有了广泛的交流，西方舶来品被赋予了别样的生命力。当时汉朝人对西方大国"大秦"有了初步的了解，《后汉书》《三国志》注引《魏略》都记载了大秦国的城郭大小规模、人物衣食习俗、王宫居住建筑、官府办公方式等，特别记载了大秦国的珍贵物品和商业贸易[3]。虽然

[1] 葛承雍《汉帝国宏观历史下"胡风渐入"的微观变化》，见黎明钊编《汉帝国的制度与社会秩序》，（香港）牛津大学出版社，2012年，第503页。

[2] 陈健文《汉代长鼻胡人图像初探》，《欧亚学刊》第9辑，中华书局，2009年，第247页。林梅村《吐火罗艺术在中国北方草原的传播》，见《古道西风——考古新发现所见中西文化交流》，生活·读书·新知三联书店，2000年，第32页。

[3] 《后汉书》卷八八《西域传》（中华书局，1965年，第2919页）记载，大秦国"土多金银奇宝，有夜光璧、明月珠、骇鸡犀、珊瑚、琥珀、琉璃、琅玕、朱丹、青碧"。

人们不知遥远国度的信息来源于何处，但是外来艺术和器物对中国汉代已经产生极大影响，也促使人们对以"大秦"为代表的庞大罗马帝国有了更深地认识。

二 西方文物对魏晋南北朝的间接影响

▲ 图7 铜羽人（背面），1964年西安汉城出土

图8 东汉铜羽人，1988年河南洛阳出土

▼ 图9 伊朗东部出土羽人银像，公元前2000年初，日本美秀美术馆藏

东汉以后，中国人开始称古罗马为拂菻，拂菻是拜占庭人对君士坦丁堡的简称，传至中国第一次出现在《太平御览》卷七五八所载《前凉录》中："张轨时，西胡致金胡瓶，皆拂菻作，奇状，并人高，二枚。"此事发生在晋愍帝建兴元年（313）。又引《西域记》"疏勒王致魏文帝金胡瓶二枚，银胡瓶二枚"，说明魏晋时产于拂菻被称为"金胡瓶"的金质酒器已经在中国流行。同书卷七八七《晋起居注》记载晋穆帝时罗马使者到达东晋建康，"兴宁元年闰月，蒲林（拂菻）王国新开通，前所奉表诣先帝，今遣到其国慰谕"。此事发生在363年，是历史文献中双方官方使节正式往还的初次记录。梁武帝大同七年（541）《职贡图》题记"拂菻"，专门画出拜占庭贡使形象。

当时，拂菻的名称是由丝绸之路沿途各国传入中国的，但是拂菻的"宝主"形象在中国古籍文献中屡屡出现。尤其是外来的奇异珍宝和拜占庭风格的文化新风，赢得了贵族上层的喜爱，开阔了

◀ 图 10 女仆托盘铜烛台,辽上京遗址出土

▼ 图 11 罗马风格雕像枝形铜制烛台,传为魏晋墓出土

中国人的艺术题材和审美眼界。

1. 雕像枝形铜烛台。魏晋时期曾出现的穿短袍少年雕像铜制烛台,发表者认为是"波斯杂技俑"[1],实际上是流行于希腊罗马的枝形烛台,少年是希腊罗马神话中的家庭保护神——拉瑞斯[2]。这座典型的罗马风格造型烛台,台座为棕榈叶三点艺术立角,两个少年支撑着上部的圆台。在希腊罗马神话里,拉瑞斯是家庭兴旺与富裕的保护神,他们一般成对出现,这尊小型青铜雕像既作为灯柱中心,又延伸出长枝繁叶的支架,最高处分叉出左右两个罗马罐造型烛台,用花枝装饰不仅构思巧妙而且显得异常优美。罗马生产的烛台或灯具行销于地中海地区,是当时著名的商品,叙利亚出土4—6世纪枝形青铜烛台(Candelabrum)底部甚至还铸造有十字架[3]。

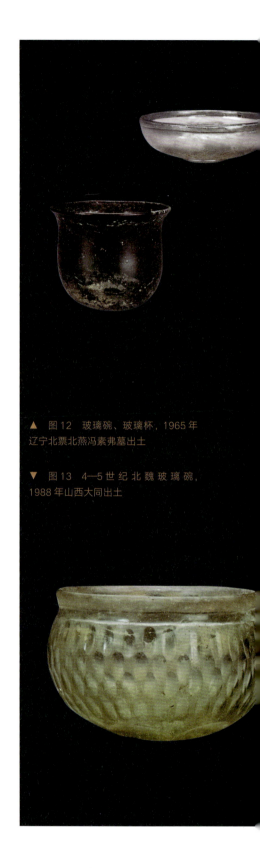

▲ 图12 玻璃碗、玻璃杯,1965年辽宁北票北燕冯素弗墓出土

▼ 图13 4—5世纪北魏玻璃碗,1988年山西大同出土

---

[1] 关蔚然编《丝绸之路》,文物出版社,1986年,第42页。这件文物来历不详,公布者注明"魏晋墓中出土",不排除为私人非法藏品。

[2] [德]奥托·泽曼著,周惠译《希腊罗马神话》,上海人民出版社,2005年,第192页。

[3] *The Exhibition of Great Civilization of Syria*, Syrian Christianity 235, Japan NHK, 1988. 该文物现收藏于大马士革博物馆。

2. 古罗马玻璃器。玻璃器在中国古代被视为宝物，是财富和地位的象征，来自西方异域的玻璃器更是受到上层社会的珍爱与追捧。1954年，广州横枝岗西汉墓出土的三件蓝色玻璃碗，是中国所见最早的罗马玻璃器。1965年出土于辽宁北票北燕冯素弗墓中的鸭形玻璃注，质薄透明，表面微见银绿色锈透，吹管法成型，非常精美，但究竟是蔷薇水瓶还是罗马香油瓶，仍无定论。有人考证它原产于叙利亚至地中海沿岸一带的古罗马帝国，认为这种造型奇特而罕见的早期玻璃器目前全世界仅此一件，是研究草原丝绸之路的物证。[1] 1987年，洛阳东郊东汉墓出土的一件黄绿色长颈玻璃瓶，自口沿至底，瓶通体旋绕白色条纹，是典型的罗马搅胎吹制玻璃器，与埃及出土的1世纪搅胎玻璃瓶和大月氏王陵出土的30年罗马搅胎玻璃瓶十分相似[2]，用于盛香水，造型非常美观。魏晋南北朝时期，罗马玻璃与萨珊波斯玻璃共同向中国出口，所以在出土文物中曾同时并存。双方装饰工艺各具特点，如南京东晋墓中出土的带磨饰的筒形杯玻璃器[3]，磨花技法是罗马工匠所熟练掌握的，虽然质地不见得比萨珊波斯玻璃纯净透明，但萨珊波斯的玻璃又比不过罗马玻璃装饰的意匠。磨花玻璃作为罗马传来的舶来品，是当时中西双方往来的见证。

内蒙古哲里木盟奈曼旗辽代陈国公主墓出土有

▲ 图14 希腊酒神银盘，甘肃靖远出土

▼ 图15 辽代陈国公主墓乳丁纹高颈玻璃瓶，内蒙古哲里木盟奈曼旗出土

---

[1]《辽宁博物馆》，（香港）伦敦出版公司，2008年，第247页。黎瑶渤《辽宁北票县西官营子北燕冯素弗墓》，《文物》1973年第3期。

[2] 徐苹芳《考古学上所见中国境内丝绸之路》，《燕京学报》新1期，1997年。

[3] 南京市博物馆《南京北郊东晋墓发掘简报》，《考古》1983年第4期。

▲ 图16 鎏金银壶，1983年宁夏固原北周李贤夫妇墓出土

▼ 图17 海伦回归图案胡瓶，宁夏固原北周李贤夫妇墓出土

伊斯兰玻璃器6件，其中花丝柄乳钉纹瓶为埃及或叙利亚产品，特别是刻花玻璃盘，无色透明，腹外壁刻出一周28个四棱锥形饰，专家认为它是世界上独一无二的拜占庭艺术珍品[1]。

3. 希腊罗马式金银器。西方的金银器传入中国不晚于西汉。1983年，广州南越王墓出土有焊珠工艺的金花泡饰品就是来自西方的工艺品。5—8世纪受到中亚嚈哒、西亚波斯文化的影响，中国社会上层贵族开始流行使用金银器，可以确定为希腊罗马式的金银器已有不少发现。

1988年，甘肃靖远北滩乡出土一件鎏金银盘，圆银盘内底錾刻青年神祇——酒神巴卡斯，头发卷曲，上身裸露，肩扛权杖，倚坐在一头狮形神兽上，周围为宙斯十二神，外圈是十六组缠枝葡萄纹图案。许多学者探讨过这件银盘的产地[2]，有人说是4—6世纪意大利、希腊或土耳其的产品，有人认为是3—4世纪东罗马的产品，或是2—3世纪罗马东方行省北非或西亚的产品，林梅村依据盘上大夏铭文认定是希腊人长期居住的巴克特里亚的大夏银器[3]。不管最终产

---

[1] 安家瑶《试探中国近年出土的伊斯兰早期玻璃器》，《考古》1990年第12期。
[2] 初师宾《甘肃靖远新出土东罗马鎏金银盘略考》，《文物》1990年第5期。
[3] 林梅村《中国境内出土带铭文的波斯和中亚银器》，见《汉唐西域与中国文明》，文物出版社，1998年，第157页。

地确定为何方，银盘工艺风格主流是希腊罗马式的。

1983年，宁夏固原北周李贤夫妇合葬墓出土的鎏金银胡瓶，更是一件众说纷纭的珍贵文物。这件鎏金胡瓶高足修颈，鸭嘴短流，圈足底座突出一周大粒连珠球，弧形手柄上端铸造有戴圆毡软帽人头像，有人判断是萨珊波斯人，有人说是中亚巴克特里亚人。精彩的是，瓶腹上锤揲出三组男女人物浮雕像，分全裸与半裸，有人认为这是构成希腊神话——金苹果故事的连环画，有人认为表现的是希腊神话中的帕里斯审判、掠夺海伦及回归的故事。笔者赞同孙机先生的意见，他

图18 拜占庭金币，1996年宁夏固原田弘墓出土

认为由于宗教信仰的隔阂，这类希腊题材绝无出现在萨珊波斯银器上的可能，所以不是萨珊波斯作品。[1] 尽管目前对鎏金胡瓶产地尚未取得一致意见，但是希腊神话传播的影响可见一斑。

4. 拜占庭金币。希腊人习惯在死人嘴里放进一枚小小的金币，有传说认为这是付给阴间冥河艄公夏翁的摆渡钱，其实往死者嘴里放硬币，最初是因为想买下死者的地产[2]。这是古希腊人和罗马人对彼岸生活和死者居住地的设想，与中国秦汉时期墓葬简牍中记载死者留下的买地契约一样，都是对阴间冥府生活占地的想象。

在中国境内出土和发现的拜占庭金币，一种类型是君士坦丁堡冲压的真正的索

---

[1] 孙机《建国以来西方古器物在我国的发现与研究》，见《仰观集》，文物出版社，2012年，第440页。
[2] 《希腊罗马神话》，上海人民出版社，2005年，第183页。

▲ 图19 汉晋时期罗马风格毛织罽袍，1995年尉犁县营盘墓地出土

▼ 图20 新疆营盘墓地出土羊毛织品，有长翼裸体小童子图案

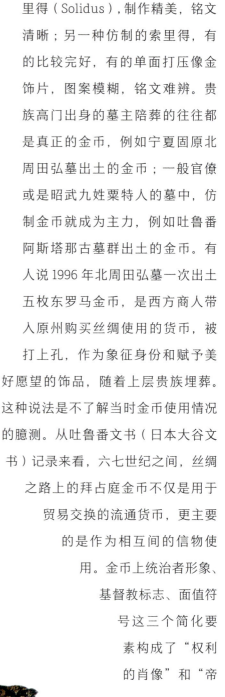

里得（Solidus），制作精美，铭文清晰；另一种仿制的索里得，有的比较完好，有的单面打压像金饰片，图案模糊，铭文难辨。贵族高门出身的墓主陪葬的往往都是真正的金币，例如宁夏固原北周田弘墓出土的金币；一般官僚或是昭武九姓粟特人的墓中，仿制金币就成为主力，例如吐鲁番阿斯塔那古墓群出土的金币。有人说1996年北周田弘墓一次出土五枚东罗马金币，是西方商人带入原州购买丝绸使用的货币，被打上孔，作为象征身份和赋予美好愿望的饰品，随着上层贵族埋葬。这种说法是不了解当时金币使用情况的臆测。从吐鲁番文书（日本大谷文书）记录来看，六七世纪之间，丝绸之路上的拜占庭金币不仅是用于贸易交换的流通货币，更主要的是作为相互间的信物使用。金币上统治者形象、基督教标志、面值符号这三个简化要素构成了"权利的肖像"和"帝

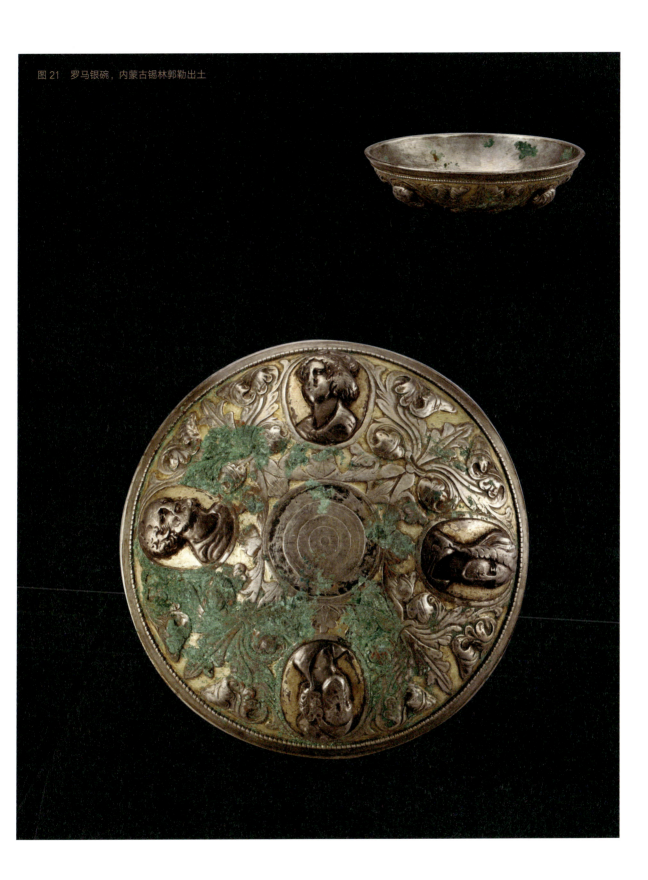

图 21　罗马银碗，内蒙古锡林郭勒出土

▲ 图22 北魏四人头像鎏金银碗，1988年山西大同出土

图23 北魏四人头像鎏金银碗，1970年山西大同出土

▼ 图24 4—5世纪动物与人形鎏金立杯，1970年山西大同出土

国的象征"[1]，作为传播政治权威的金钱流行了几个世纪。唯有如此，才能在皇亲贵勋墓中发现这类赏赐的贡物金钱。

5. 罗马风格毛织罽袍。新疆尉犁县营盘汉晋墓地处于丝绸之路"楼兰道"要冲之地，1995年在15号墓中出土了长约110厘米的罽袍。这件约为1—5世纪的精纺花罽，为红地对人、对兽和树纹，每一区由六组石榴树或无花果树为中轴组成图案。黄色显花的纹样上有两两相对卷发、深目、高鼻的裸体人物，肌肉发达，肩上披风吹起，一对裸体青年男子手持短剑和盾牌，似乎相向对刺训练或格斗姿态，另一对裸体青年男子手举短矛，正要刺向地面异物，还有连续的对羊、对牛，前蹄腾空，动感形象横贯整幅纹样。[1] 按照艺术特征，整体纹样体现出浓郁的希腊罗马风格，也有人认为对兽是波斯装饰常见题材，所以这是希腊与波斯两种文化相互融合的毛织物，这种说法暂且存疑。在另外一座墓中采集到的鹰蛇飞人罽[2]，裸体对人背后还有双翅膀，一手持雏鹰，一手拿短棒，更具有希腊罗马文化的特色。

---

[1] 林英《拂菻金币考辨》，见《唐代拂菻丛说》，中华书局，2006年，第57—91页。

[1] 新疆维吾尔自治区文物局、上海博物馆编《新疆维吾尔自治区丝路考古珍品》，上海译文出版社，1998年，第316页。

[2]《锡林郭勒文化遗产》，文物出版社，2014年，第79—83页。

6. 四人头像罗马银碗。2010 年，锡林郭勒正镶白旗伊和淖尔墓葬地一座北魏墓葬中发现了髹漆柏木棺，清理出金器、银器、青铜器、天青色玻璃碗等 192 件文物，推测应为北魏平城太和年间镇守北方六镇的官吏所有。其中最精彩的是鎏金头像银碗[1]，银碗外部对称装饰有四个人头像，一男三女，脸部特征明确显示为深目高鼻的西方人，头像之间装饰花卉卷草旋涡纹，装饰艺术母题应为希腊罗马式的神话人物。北魏为实现经营西域的战略，与偏居河西姑臧与高昌（吐鲁番）的卢水胡沮渠氏北凉政权有十多次往来，北凉也"频遣使朝贡"。439 年，北魏灭北凉，统一中国北方后，俘虏了大量来凉土贩货的粟特胡商，西域三十六国皆称臣贡献，所以通过姑臧至平城的贡使络绎不绝，带来了通过丝绸之路转售的东罗马金银器物作为贡品。伊和淖尔墓葬出土的玻璃器、鎏金铜器等与山西大同北魏司马金龙墓所出文物形制基本一致，但这件希腊风格银碗与大同北魏城址出土波斯鎏金圆形錾花银碗并不相同[2]，虽均有半身人物侧面像，但一深一浅的形制还是颇有差别。

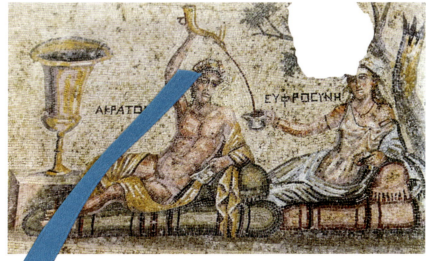

图 25　唐兽首玛瑙杯，西安何家村出土

图 26　圆箍形金冠饰，宁夏固原九龙山墓出土

图 27　马赛克夫妻对饮画，土耳其出土

---

[1] 钱伯泉《从新疆发现的有翼人像看希腊、罗马文化的东传》，《丝绸之路》1995 年第 5 期。

[2] 《大同南郊北魏墓群发掘简报》，《文物》1992 年第 8 期；《大同市小站村花圪塔台北魏墓清理简报》，《文物》1983 年第 8 期。

图28 罗马金币，2004年宁夏固原九龙山隋唐墓出土

三 拂菻（拜占庭）文化对隋唐社会的直接影响

中国的隋唐时代国力强盛，积极对外拓展。唐代继续称呼继承东罗马帝国遗产的拜占庭为拂菻。606年，隋代裴矩撰《西域图记》专门记叙了7世纪的"拂菻道"，这是唯一明确记载中国与拜占庭之间交通路线的文献。当时，西突厥为了控

制丝绸贸易，与波斯交恶，室点密可汗听从粟特商胡建议，直接同拜占庭建立外交关系。从643年拜占庭第一次遣使长安谒见唐太宗，到742年前后共有七次使节来到中国。有学者判断其中至少有三次是通过景教传教士与官方接触，希望双方结成联盟，共同夹击阿拉伯大食帝国的扩张，但均是无功而返。[1] 相对稳定的东亚格局，为各国商贸提供了一个有益的国际环境，因此西方精致奇巧的奢侈品通过丝绸之路源源不断进入中国。

1. 兽首玛瑙角杯。1970年，西安何家村窖藏出土大批唐代器物，其中有酱红色地缠橙黄夹乳白缟带材质的镶金兽首玛瑙杯。这种弯角弧形酒杯，状若羚羊兽角，光泽晶莹鲜润，一端圆雕为大口，光滑流畅，另一端雕琢有流的兽嘴，流口外有金盖帽，流口可插细长中空插管，供人饮用美酒。这种角杯起源于希腊酒器——"来通"（rhyton），词源自希腊语"流出"。希腊克里特岛在公元前1500年已经出现这种角杯，是向酒神致敬的圣物。[2] 所以，尽管有人认为它是8世纪唐人的仿制品，但是在7世纪前中国从未出现此物，没有制造这种外来酒器的传统。仅从红色玛瑙产自西亚以及波斯曾遣使贡献玛瑙制品，可认为它的器物造

---

[1] 张绪山《中国与拜占庭帝国关系研究》，中华书局，2012年，第161页。
[2] 孙机《玛瑙兽首杯》，见《仰观集》，文物出版社，2012年，第293页。

型、制作工艺和艺术装饰都是希腊罗马的典型风格，即使是波斯或粟特仿制品，原型也应是由希腊罗马逐渐东传的器物。

2. 圆箍形金冠饰。2004年，宁夏固原九龙山隋唐墓出土的金冠饰，用金箔制成，带饰中央饰半月形环抱太阳状，半月下向左右伸出类似飘带物，在带饰左右有对称的类似天鹅造型，还有小半月型环抱的小球形，其后有对称的小形卧鸟。整条带饰边沿全部以连珠纹装饰[1]，这是典型的萨珊波斯王朝吸取希腊风格后创造的日月型冠带。希腊罗马时期扎束在勇士或英雄额头上的长带，后来演变为国王、王子或其他贵族头上圆箍形的冠带，象征着王权和胜利。《旧唐书》卷一九八描述拂菻王"其王冠形如鸟举翼，冠及璎珞，皆缀以珠宝"，拜占庭发带式皇冠装饰有羽毛和下垂珠串，以便与其他人的帽饰区别开来，成为确定首领身份的一个标志。这件圆箍形金冠饰进一步证实了西亚波斯"萨珊式"和中亚"粟特式"的金冠饰其原型都来自东罗马"拂菻王"的冠带。

3. 东罗马金币仿制品。隋唐时期拜占庭金币在中国北方多有发现，有学者认为，在6世纪中叶以后的一个世纪中，拜占庭金币可能成为高昌地区流行的国际标准通货，足见当时通往拜占庭的经贸活动非常繁盛[2]。1982年，宁夏固原南郊史氏墓地出土了4枚东罗马金币仿制品；2004年，固原九龙山隋唐墓又出土剪边东罗马金币，正面国王头像，头戴王冠，额头上装饰一周连珠纹，冠顶翎羽耸立，两侧飘带垂于双耳之下，右手举起上插十字架的小球，身着竖条铠甲。金币背面中央伫立着胜利女神，左手平托圆球，右手握长十字架，下缀八角芒星，身体两侧羽翼合拢下垂，身着长袍，脚踩横杠，一副庄严神圣的形象。[3]这些工艺欠佳的仿制品金币不断出现，不仅说明当时欧亚大陆国际货币缺乏，不能满足贸易需要，而且证明拜占庭帝国的主导地位直接影响人们对货币的选择，是中西交通日益发达的实物证据。

从20世纪60年代到目前为止，中国境内北方墓葬出土的拜占庭金币以及仿制品已经有50多枚，时间大体集中在6世纪后期到8世纪，宿白先生指出，"5世纪迄6世纪中期所铸东罗马金币多出现在北朝遗址中，而6世纪至7世纪中期

---

[1] 宁夏固原博物馆编《固原文物精品图集》下册，宁夏人民出版社，2013年，第15页。
[2] 姜伯勤《敦煌吐鲁番文书与丝绸之路》，文物出版社，1994年，第7—13页。
[3] 宁夏固原博物馆编《固原文物精品图集》中册，第247—249页；下册，第13页。

◀ 图29 唐代景教十字架，美国纽约怀古堂藏

▶ 图30 元代青铜带链耶稣受难十字架，内蒙古赤峰松州古城出土

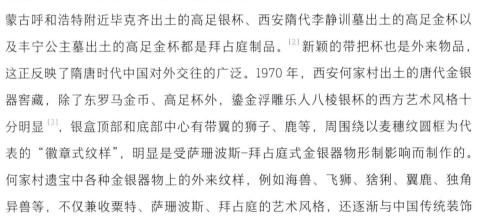

所铸金币，多出在隋唐遗址中"[1]。这说明东西方的交流在此时期达到了高潮，金币成为一种物质载体和文化符号，给中国人以深刻的印象。

4.隋唐西方金银器。金银器的原产地在欧亚大陆上星罗棋布，除了近年作为研究热点的粟特银器外，高足杯是罗马帝国广泛使用的器物。内蒙古呼和浩特附近毕克齐出土的高足银杯、西安隋代李静训墓出土的高足金杯以及丰宁公主墓出土的高足金杯都是拜占庭制品。[2] 新颖的带把杯也是外来物品，这正反映了隋唐时代中国对外交往的广泛。1970年，西安何家村出土的唐代金银器窖藏，除了东罗马金币、高足杯外，鎏金浮雕乐人八棱银杯的西方艺术风格十分明显[3]，银盒顶部和底部中心有带翼的狮子、鹿等，周围绕以麦穗纹圆框为代表的"徽章式纹样"，明显是受萨珊波斯-拜占庭式金银器物形制影响而制作的。何家村遗宝中各种金银器物上的外来纹样，例如海兽、飞狮、猞猁、翼鹿、独角异兽等，不仅兼收粟特、萨珊波斯、拜占庭的艺术风格，还逐渐与中国传统装饰

---

[1] 宿白《中国境内发现的东罗马遗物》，见《魏晋南北朝唐宋考古文稿辑丛》，文物出版社，2011年，第194页。
[2] 齐东方、张静《唐代金银器皿与西方文化的关系》，《考古学报》1994年第2期。
[3]《花舞大唐春——何家村遗宝精粹》，文物出版社，2003年，第80页。

图案融为一体，形成了中国化的制造模式。

5. 东罗马银腰带。青海省博物馆收藏的唐代包金西方神祇人物连珠饰牌银腰带，95厘米×33厘米，据说来自都兰墓地[1]。银腰带共有九个连珠牌饰，其中七个原镶嵌有宝石，拱形门带扣上有手持长矛的武士，身穿罗马短袍，紧身裹腿，昂然守门。还有一对背后长双翼的女神，一手举麦穗，一手捧酒杯，大概是丰收女神的形象。这种源于希腊罗马的优美造型与纹饰，通过丝绸之路青海道传来，显然吸引了吐谷浑或其他民族的上层贵族，成为他们墓中随葬物质享受和精神生活的代表作。实际上，1978年在阿富汗黄金之丘4号墓中曾发现这种希腊艺术的腰带[2]，97.5厘米×2.0厘米，由八段镶嵌编带组成柔曲腰带，交错着9个勋章狮形项圈链，希腊酒神狄俄尼索斯举着大酒杯倚坐在狮形神兽身上，现收藏于阿富汗国家博物馆。这件1世纪左右的黄金腰带与青海银腰带艺术造型相似，充分说明中国王公贵族对外来物品的心驰神往，使得许多艺术性很高的输入品担当了文化传播的角色。

6. 景教石刻艺术。景教即原为拜占庭帝国基督教聂斯托利派，431年作为异端受到迫害后向东迁徙。六七世纪时，景教在波斯继续东渐，在中亚木鹿、哈烈、撒马尔罕均建有大主教区。传入中国后，唐代西州（吐鲁番）曾是一个景教传播中心，在这里发现过叙利亚文、中古波斯文、粟特文的景教经典残页，特别是景教带有明显拜占庭艺术风格的教堂壁画于1904年被发现，展示了景教徒过"圣枝节"（Palmsunday）的情景，城里三个女性信徒手持棕榈枝叶欢迎耶稣进入耶路撒冷城，旁边还有残缺的动物腿蹄画面，推测为耶稣所骑的毛驴。在高昌故城发现的手持十字架基督像残存绢画，以及向基督忏悔的女人像，都生动地再现了当时高昌景教的历史风貌，景教在高昌一直流行到11世纪。1900年在敦煌发现并复原的景教基督绢画，表明景教确实在一定范围内盛行过。2006年在洛阳发现的景教经幢，是继明朝末年发现《大秦景教流行中国碑》后的又一重大收获，经幢是一种雕刻艺术与文字为一体的石刻建筑形式，景教吸取了佛教自我宣传的手段方式，采用了经幢石刻形式，彰显十字架光耀四方的信仰，并有天使类人物的飘逸形象，对景教经

---

[1] 甘肃博物馆《丝绸之路——大西北遗珍》，文物出版社，2014年，第196页。
[2] *Afghanistan——Hidden Treasures from the National Museum ,Kabul*（《阿富汗——来自喀布尔国家博物馆的隐藏珍宝》），National Geogrephic，Washington D.C.，2008。

图31 戴狮皮帽三彩俑，1985年西安洪庆乡韦思谦墓出土

幢的解读正在研讨中[1]。

7. 武惠妃石椁拂菻线刻画。唐代对拜占庭宝物的喜爱涉及对希腊罗马绘画艺术的临摹与新技法的发展。唐初裴孝源《贞观公私画史》中记载："拂菻图人物器样二卷，鬼神样二卷，外国杂兽二卷，右六卷，西域僧迦佛陀画，并得杨素家。"这明确指出，来自拂菻的"画样"已经在隋朝皇族王公家中使用。画样在唐代叫"粉本"，中国传统画家构图往往以粉本为依据。苏东坡《阎立本职贡图》诗曰"粉本遗墨开明窗"。唐代画坛曾流行过拂菻画风，王维画过《拂菻人物》，张萱、周昉也画过《拂菻妇女图》。《宣和画谱》记载，五代王商画有《拂菻仕女图》，北宋李公麟画有《拂菻天马图》《拂菻妇女图》。2010年，唐武惠妃（贞顺皇后）线刻画石椁展出，集中表现了拜占庭继承希腊艺术遗产的特点，有四幅"勇士与神兽"浅浮雕主题画，勇士们头戴希腊诸神标志性束发饰带，卷发下披，与古希腊描绘狄奥尼索斯形象非常相似[2]。其他如动物献祭、鲜果献祭、祭司献舞、骑狮勇士、裸体童子、双翼怪兽、狮扑盘羊等画面，都凸显希腊罗马神话传说的艺术风格，这是中国古代墓葬文化吸取西方文化前所未有的巅峰创造。[3]

8. 唐狮皮帽武士俑。希腊雕塑艺术对中国古代的影响是潜移默化的，常常在

---

[1] 葛承雍主编《景教遗珍——洛阳新出唐代景教经幢研究》，文物出版社，2009年。
[2] 葛承雍《唐贞顺皇后（武惠妃）石椁浮雕线刻画中的西方艺术》，载《唐研究》第16卷，北京大学出版社，2010年。
[3] 葛承雍《再论唐武惠妃石椁线刻画中的希腊化艺术》，《中国国家博物馆馆刊》2011年第4期。

图32 唐代包金西方神祇人物连珠饰牌银腰带,青海省博物馆藏

人们不注意的陶俑、石刻、壁画、器物中再现。邢义田先生曾以赫拉克勒斯（Heracles）的艺术造型,解读其在东方的流播与变形。赫拉克勒斯是希腊、罗马神话中救灾解厄、超人勇力的半人半神英雄,他凭借智慧和勇猛征服了旷野上的凶猛霸王狮子,将狮子勒死后顺便把狮皮披在自己肩上,巨颚狮头成了他的头盔。所以,拥有神赐的棍棒和两个前爪交叉系于胸前的狮皮帽,成了赫拉克勒斯的造型特征,这一形象出现在公元前6世纪希腊、罗马的陶瓶、壁画、钱币、饰物上[1]。随着公元前后罗马帝国的扩张,亚历山大大帝自诩是赫拉克勒斯化身,其形象也传遍地中海地区以及印度、中亚地区,成为征服怪物与解除灾难的崇拜对象,虽然他在各地的身份和外形不断变化,但"狮皮与棍棒"的特征都被保留下来。犍陀罗艺术使赫拉克勒斯变成了佛教执金刚神,棍棒变成金刚杵,狮皮盔成为虎头帽,4—6世纪克孜尔石窟、麦积山石窟护法天王和7—9世纪隋唐墓葬中武士俑,均有头戴狮皮帽或虎皮帽的形象[2]。邢义田研究的关键环节、途径、证据是令人信服的,众多狮皮帽武士俑造型清晰地反映了流传千余年的古希腊罗马文化,以变形姿态进入中土的历史。

从汉唐与罗马、拜占庭的互动关系看,很多西方器物传入中国后只是在贵族王公阶层作为奢侈品和艺术品被占有欣赏,在民间由于遗物稀少,反响甚小,其原因既有艺术审美的差异,也有宗教信仰的隔阂。但是遥远的信息并没有完全隔绝,例如,东汉辛延年《羽林郎》曾描写长安胡姬耳戴"大秦珠",就是西方典型的彩色镶嵌玻璃珠;《后汉书·西域传》记载大秦产珊瑚、琥珀等"大秦宝物"都曾在中

---

[1] 根据希腊神话,特拜城创立者卡德摩斯也是身穿狮皮紧身衣,盗取金羊毛的伊阿宋则肩披豹皮,酒神狄俄尼索斯则是头戴葡萄藤做的环装头饰,肩垫猞猁皮。身披狮皮、豹皮、猞猁皮,表示依次减低与猛兽搏斗的勇猛程度,亦是英雄排座次的标志。

[2] 邢义田《赫拉克勒斯（Heracles）在东方》,载荣新江、李孝聪编《中外关系史——新史料与新问题》,科学出版社,2004年,第15页。

图33 和田8—9世纪丝绸碎片，柏林博物馆藏

国汉墓中被发现，这为研究罗马商人在东西方的交流活动提供了证据；《旧唐书·西戎传》记载武德七年（624）高昌国献拂菻狗，贞观十七年（643）拂菻王波多力遣使献赤玻璃、绿金精等物，开元天宝间拂菻国王遣大德僧朝贡，又献拂菻绣氍毹，这些都陆续在考古文物中直接或间接展现。至于拂菻乐传进中国，对隋唐燕乐、雅乐都有过影响，曲目演奏创作均参考了"拂菻"乐。还有拂菻建筑技术、大秦眼医等，拂菻文化对中华文化可谓影响广泛。总之，西方文明通过丝绸之路，穿越欧亚大陆，流传于中国境内，地域广泛、影响深远，值得反思。

一个多世纪以来，我们对欧亚大陆文化交流的认知经历了一个由片面而全面、由浅层而深层的过程。以往东西方文化交流的研究中，学者们持审慎态度无可厚非，随着考古新发现的不断增多，释读文物的水平越来越高，我们将会有更多拓宽视野的共识。但是，文化交流绝不是单向碎片化的或是所谓的"以欧释中"，百年来考古出土文物引发的种种鲜活话题，将会深化、细化我们对人类世界共同进步的新认识。

ON THE INTERNATIONALITY OF THE TANG DYNASTY

4

论唐朝的世界性

论唐朝的世界性

图1
唐朝外来使节礼宾
图壁画，1971年
陕西乾县章怀太子
墓出土

学术界往往爱将秦汉与隋唐类比，特别是"汉唐"作为同一循环的连称，频频使用于历史文化的学术著述中。因为汉与唐同为中国古代具有代表性的统一王朝，如果说汉朝是杂糅春秋战国时代产生的各种要素，继秦帝国之后将各种矛盾化解在统一基础上建立的王朝，那么唐朝则是融合南北朝时代产生的各种要素，在隋帝国统一南北基础上建立的又一个王朝，所以汉唐确有许多相似之处。

但从立足于当时"超级大国"的世界性来观察,就会发现汉与唐在本质上是差别很大的王朝。其差别是:汉是以汉民族为中心的朝代,由境外迁入的人口很少,混杂周边其他民族血液的人口也较少;而唐则是南北朝"五胡融华"后大幅度民族更新的朝代,仅北方境外部族内迁移民就至少在二百万以上,唐人血管中流淌着其他民族的血液。汉代经常遭到匈奴的侵扰,但匈奴掠夺后还会回到草原上生活;唐朝也不断受到突厥等边族的抢掠,可是周边邻族纷纷内附迁徙中原聚居。汉朝还没有强大的威慑力和文明魅力,建立对周边诸国的宗主权、仲裁权,其史书记载的"天下国家"有着较具体的意义;而唐朝以强盛的综合国力,不仅建立了皇帝与"天可汗"的双重崇高地位,而且有足够的魅力吸引各国首领前来贡拜。汉朝国力富足是以官方积聚为代表,《汉书·食货志》载:"京师之钱累百钜万,贯朽而不可校;太仓之粟陈陈相因,充溢露积于外,腐败不可食。"唐朝国力强盛则是民间普遍充足,《新唐书·食货志》记载玄宗时:"海内富实,米斗之价钱十三,青、齐间斗才三钱,绢一匹钱二百。"汉代管理西域设"都护""长史",统领督察诸国,范围最远到达葱岭;唐代统治西域也设有安西四镇和都护府,安西都护府稳定地设在龟兹王城近百年之久,范围越过葱岭以西到达吐火罗和波斯以东。

以上这些差别不仅是由于汉唐两个时代的国际关系不同,也是由于汉人与唐人对周边各族的民族意识不同。天可汗唐太宗曾宣称"自古皆贵中华,贱夷狄,朕独爱之如一,故其种落皆依朕如父母"[1],并在不同场合宣扬"四海一家""混一戎夏"的思想,打破了传统的歧视偏见和民族界限。这也正是我们要用"世界性"来表述唐朝的关键,因为"世界性"不仅指要开放实际的国境边界,也指要摧毁心理上的观念和民族间的壁垒。从世界整体结构来看,各民族的互相影响和各国间的自由交流,既可以使一些中心强国自身综合实力得到增长,也可以推动邻近国家社会文化各方面的发展。超级"帝国"唐朝在亚洲正是起了这样的巨大作用。

让我们对唐帝国的世界性做一具体的分析。

笔者认为,唐朝广阔的疆土,使它在战略上必须重视民族关系和国际格局的变化,不仅要建立防守反击的边界体系,还要以综合国力参与境外角逐,甚至争夺亚洲霸主地位。作为当时的一个"超级大国",唐朝非常注意中外交流,密切国与国之间的联系。除与中亚的康国、安国、石国、曹国等维持朝贡关系外,新罗使节

---

[1]《资治通鉴》卷一九八,贞观二十一年(647)五月条,中华书局,1956年,第6247页。

到唐长安89次，阿拉伯大食使节进入长安有39次，拂菻（拜占庭）使节有7次，师子国（斯里兰卡）使节有3次，日本遣唐使有14次，林邑24次，真腊11

图2 北朝时期东罗马金币，1973年吐鲁番阿斯塔那墓地191号唐墓出土

次，至于史书记载次数不详的朝鲜（高丽、百济）、婆罗门（印度）、泥婆罗（尼泊尔）、骠国（缅甸）、波斯以及西亚、北非诸国，遣使来朝也非常普遍，因此唐人的视野比之前任何一个时期都更为开阔。唐朝法令规定："凡蕃客至，鸿胪讯其国山川、风土，为图奏之，副上于职方，殊俗入朝者，图其容状、衣服以闻"[1]，并要求外国使者说明道路远近、国王姓名等。对外国使节的往来迎送也有明确规定："诸蕃使往来道路，公私不得养雇本蕃人及畜同色奴婢，亦不得充传马子及援夫等"[2]，不允许唐朝地方政府和私人雇用外国使臣携带的随从以及侍候奴婢，这样既保证外国使节的旅途往来人力，又防止向外国泄露唐境内重要情况。

唐政府也频繁地派出使臣出访周边各国，并划拨政府专项费用给予支持。武后圣历三年（700）诏令："东至高丽国，南至真腊国，西至波斯吐蕃及坚昆都督府，北至契丹、突厥、靺鞨，并为入蕃，以外为绝域，其使应给料，各依式。"[3]开元四年（716），唐朝廷又规定："靺鞨、新罗、吐蕃先无里数，每遣使给赐，宜准七千里以上给付也。"[4]唐朝出使北天竺（印度北部）的王玄策，出使日本的郭务悰，出使吐蕃的李道宗等，都是著名的外交家。

唐长安设有外交机构鸿胪寺和专门接待外国宾客的礼宾院，不仅负责一切接待事宜，而且在使节入唐后负责资粮供给。《唐会要》卷一〇〇记载证圣元年（695）敕令："蕃国使入朝，其粮料各分等第给，南天竺、北天竺、波斯、大食等国使宜给六个月粮。尸利佛誓、真腊、诃陵等国使，给五个月粮。林邑国使，给三个月

---

[1]《新唐书》卷四六《百官志》"兵部职方郎中"条，中华书局，1975年，第1198页。
[2][日]仁井田陞著，池田温编集代表《唐令拾遗补》，东京大学出版会，1997年。
[3]《唐会要》卷一〇〇"杂录"，上海古籍出版社，1991年，第2136页。
[4]《唐会要》卷一〇〇"杂录"，第2136页。

粮。"对西南海路来访的使节，唐朝还供给海程粮。正是这种大国优惠政策，使唐朝出现了"万国来朝"的盛况，远交近访频繁不断。唐朝的世界性主要表现在以下几个方面。

第一，允许入境居住。

唐代是南北朝和隋朝之后又一次大规模的民族迁徙时期，各民族进入唐境分为被迫内迁和寻求保护两种，因仰慕唐朝经济文化生活先进而零散入境的人也很多。贞观四年（630），唐打败东突厥，15万突厥人南下归附，入居长安的近万家。[1]天授元年（690），西突厥可汗斛瑟罗率残部六七万人徙居内地，斛瑟罗后死于长安。此后，突厥人大批入境，被安置在丰、胜、灵、夏、朔等州以及河套地区。总章二年（669），高丽人二万八千二百户迁徙至江淮以南及并州、凉州之地安置。开元十年（722），唐朝允许河曲六州五万余异族人内迁中原。西域胡人中以昭武九姓的粟特人入居最多，在敦煌、肃州、甘州、凉州、原州、长安、洛阳等地都有其聚落，从西北辗转到范阳、营州等东北之地的粟特人也很多。西安出土的康法藏、康志达、安万通、安元寿、米继芬、何文哲等人墓志中，都反映了昭武九姓在京师居住的情况。特别是在长安经商的西域胡人很多，"酒家胡"和侍酒的"胡姬"比比皆是，安史乱后胡商归路断绝，仅长安客省居住者"常有数百人，并部曲、畜产动以千计"[2]，不少为冒充回纥使者的粟特商人。广州、洪州、敦煌、登州、楚州、洛阳、扬州等城市也是外国人集中的地方。因朝觐、侍卫、求学、传教、行艺、避难而入居长安的西域人也不少。如武德时期疏勒王裴纠来朝，拜为鹰扬大将军，"留不去，遂籍京兆"[3]。咸亨时期波斯王子卑路斯因国亡求援于唐，入长安授以右武卫将军，随行的波斯王室成员和贵族子孙有上千人，皆流寓长安。为帮助唐朝平叛入居的柘羯军也多留居中原，于阗国王尉迟胜率五千人赴难，后皆留居长安纳入唐籍。

唐政府对外国人移居中国，曾在开元二十五年（737）制定出专门的优惠政策，规定归化中国的外来者，一方面具状送官府奏闻，一方面所在州镇给衣食并于宽乡附贯安置，另外，还可免去他们的十年赋税。[4]这对外国移民具有巨大吸引力，是

---

[1] 吴兢《贞观政要》卷九《安边第三十六》，上海古籍出版社，1978年，第275页。
[2] 《资治通鉴》卷二二五，大历十四年（779）七月条，第7264页。
[3] 《新唐书》卷一一〇《裴玢传》，第4129页。
[4] "外蕃之人投化者复十年"，见《通典》卷六《食货六》，中华书局，1988年，第109页。

图3 胡人献马图，陕西礼泉唐昭陵韦贵妃墓出土

粟特、新罗、大食、波斯等移民社区形成的重要因素，如登州的"新罗坊"，青州的"新罗馆"，敦煌、凉州的"昭武九姓"等。唐文宗时房千里撰写的《投荒杂录》记载了广州的"蕃坊"，内有外国居民自己选出的"蕃长"，负责贸易事务、宗教祈祷仪式、司法诉讼处理以及与中方官员的联络等工作。岭南节度使往往兼任市舶使，专门处理外国居民在中国境内的各类事务。晚唐黄巢之乱时，广州有一二万外国人被杀，说明入境居住的外国人数量之多。

第二，允许参政做官。

唐王朝从中央政府到地方州县，都有外国人或异族人担任官职，如京畿道委任的715人次刺史中，异族有76人次，占十分之一强，尚不包括早已同化者。安国人安附国其父胐汗曾任维州刺史、左武卫将军，后迁升为右监门卫大将军，封定襄郡公。安附国本人为左领军府左郎将，后授上柱国，封驺虞县开国男。他的两个儿子分任右铃卫将军和鲁州刺史，一家三代在唐朝做官。康国商人康谦在唐玄宗时被授予安南都护，后又为试鸿胪卿，专知山南东路驿。高丽人高仙芝在唐官至开府仪同三司、武威太守、河西节度使，为唐开拓西域立过大功。另一高丽人王毛仲，也官至辅国大将军、左武卫大将军，进封霍国公，曾是唐玄宗时皇家禁军的首领。日本的阿倍仲麻吕留居中国50年，改汉名为晁衡，曾任左补阙、左散骑常侍、安南都护、镇南节度使、光禄大夫兼御史中丞等职。龟兹人白孝德，因累立战功，官至安西北庭行营节度、鄜坊邠宁节度使，历检校刑部尚书，封昌化郡公。波斯人后代李元谅曾为华州刺史，兼御史大夫、潼关防御、镇国军节度使，检校工部尚书。越南人姜公辅，在唐德宗时担任翰林学士，曾一度担任同中书门下平章事，官居宰相。新罗人金允夫、金立之等也都在长安宿卫任官，金云卿曾任兖州司马、淄州长史等。唐朝大胆起用外族和外国人入仕任官，采取"兼容并包"的用人政策，无疑是其国际性眼光的表现。

第三，重用蕃将统军。

唐朝前期开疆拓土和后期平叛定难，大都通过提拔与重用各民族"蕃将"。《新唐书·诸夷蕃将传》列入许多著名人物，出土的"蕃将"墓志也很多，如阿史那社尔、阿史那忠、执失思力、哥舒翰、白元光等为突厥人，契苾何力、契苾明、仆固怀恩、浑瑊、李光进、李光颜等为铁勒人，泉男生、泉献诚、王毛仲、高仙芝、王思礼、李正己及其子孙李纳、李师古、李师道等为高丽人，黑齿常之为百济人，突地稽、李谨行、李多祚、李怀光等为靺鞨人，论弓仁、论惟贞祖孙为吐蕃人，尉迟胜、尉迟敬穗、尉迟青、尉迟伏阇信等为于阗人。来自昭武九姓诸国的更多，如安金藏、安禄山、史思明、康日知、李抱玉、李抱真、白孝德、何进滔、何弘敬等。此外，还有出身党项、沙陀、契丹等民族的蕃将。这些在唐朝任职的武将，有的人朝听命中央调遣，有的为边疆都督、都护或节度使，担任一方军事长官。唐玄宗时以外族将领32人代替汉将，更是将他们作为支撑帝国大厦的重要柱石，肩负着内护京师、外备征御的重任。东突厥汗国的阿史那社尔等，铁勒的薛咄摩支等，契丹的李楷固等，百济的沙吒忠义等，都担任过朝廷禁军高级将领，连西域诸国和新罗、渤海等入侍质子也都配授禁军诸卫郎将。如蕃王子弟婆罗门（北印度）翟昙金刚、龟兹王子白孝顺，吐火罗（今阿富汗）王那都利第仆罗、于阗王尉迟胜等都在长安朝廷留充侍卫，官至大将军等。许多蕃将及其后裔被唐王朝"处之环卫，委以腹心"，不仅赐姓封王，赐婚尚主，而且陪葬帝陵，官爵世袭。唐代的军事活动，动员了很多外来民族的"降户"或"归化人"，在蕃将率领下防守反击，这是唐朝"羁縻"政策为其国际战略服务的特征。

第四，法律地位平等。

按《唐六典》记载，盛唐时有70多个国家与唐王朝经常往来，外国人在唐朝居住者众多，难免有违法犯罪现象。唐朝对外国侨民在中国领土上所发生的法律纠纷，有专门的法律规定："诸化外人，同类自相犯者，各依本俗法，异类相犯者，以法律论。"《唐律疏议》解释，化外人，即谓"蕃夷之国，别立君长者，各有风俗，制法不同。其有同类自相犯者，须问本国之制，依其俗法断之。异类相犯者，若高丽之与百济相犯之类，皆以国家法律，论定刑名"[1]。这就明确表明，凡是外国人，同一国家侨民之间的案件，唐朝政府尊重当事人所在国的法律制度和风俗习惯，根据他们的俗法断案，享有一定的自治权；而对于来自不同国家的侨民在唐境内发生的纠纷案件，则按唐朝法律断案，在法律地位上与汉人完全平等，没有特别的治外法权。这种涉外立法，分别体现了当代立法的属人主义和属地主义的原则，具有深远的历史意义。

第五，保护通商贸易。

贞观元年（627），唐朝开放关禁："使公私往来，道路无壅，彩宝交易，中外匪殊。"[2]贞观四年，西域各国派遣商使入唐，由于"听其商贾往来，与边民交市"[3]，此后，沿丝绸之路而来的西域、波斯、大食等国商旅源源不断进入河西

---

[1]《唐律疏议》卷六《名例》"化外人相犯"条，中华书局，1983年，第133页。
[2]《册府元龟》卷五〇四《邦计部·关市》，中华书局，1960年，第6047页。
[3]《资治通鉴》卷一九三，贞观四年（630）十二月条，第6083页。

图4 波斯萨珊王朝银币，1959年新疆乌恰县出土

与长安，海上商船也长久不息地到达中国。唐王朝对通商贸易非常重视，采取措施保护利用，不仅在西域驻扎军队保护商旅安全，而且收取较低的商税。开元七年（719），唐朝规定："诏焉耆、龟兹、疏勒、于阗征西域贾，各食其征，由北道者轮台征之"。[1]这是指关税，而商税一般为2%—3%，可能实行每千文征收过税二十、住税三十的制度[2]。S.1344 号《唐户部格残卷》记载垂拱元年（685）敕："诸蕃商胡，若有驰逐，任于内地兴易。"开元二十五年，又在《关市令》中规定各国蕃客往来中国，根据其装重，在第一道入关口检查后，其余关口再个必重复检查。至于外国商人在边境互市，要由互市官司检验，交易时官司要先与外商核定物价，检查商品，然后交易。中唐时期，唐政府对海上贸易也采取轻税保护政策，太和八年（834），唐文宗下诏对"南海舶"，"接以恩仁，使其感悦"，"其岭南、福建及扬州蕃客，宜委观察节度使常加存问，除舶脚、收市、进奏外，任其往来流通，自为交易，不得重加率税"[3]。大批外国商人经由陆路海道来到长安、洛阳、广州、泉州、扬州等地，运来香料、药材和珠宝，带走丝绸、陶瓷等物品。刘展反叛，入扬州大肆抢掠，"杀商胡波斯数千人"[4]，可知胡商聚市人数不少。

在长安的许多胡商以经商致富而闻名，如敦煌文书记载："长安县人史婆陀家兴贩，

---

[1]《新唐书》卷二二一《西域传》，第 6230 页。
[2] 李明伟主编《丝绸之路贸易史》，甘肃人民出版社，1997 年，第 471 页。
[3] 文宗《太和八年疾愈德音》，《全唐文》卷七五，上海古籍出版社，1990 年，第 342 页。
[4]《新唐书》卷一四四《田神功传》，第 4702 页。

资财巨富，身有勋官骁骑尉，其园池屋宇、衣服器玩、家僮侍妾比侯王。"[1] 史婆陀就是世居长安的粟特人。正因为唐王朝对外商持优惠政策加以保护，有时甚至给予特殊照顾，鼓励交易，每年冬季都要给"蕃客"供应三个月柴炭取暖[2]，所以胡商乐不思蜀，"安居不欲归"。长安有胡商以十万贯买武则天青泥珠[3]，有商胡以一千万买宝骨[4]，西市成为外商的聚居区，他们不仅有自己的店肆铺邸，还举质取利放高利贷。唐文宗时曾责令汉人偿还"蕃客本钱"，不得停滞交易，使外商遭受损失，"方务抚安，须除旧弊，免令受屈"[5]。对于外商的遗产处理，唐廷也是尽力保护，按规定外商死后，官府照管其资产；如满三月无妻子诣官府认领，则没入官库。这都说明唐政府对来华贸易的外商是采取一些保护性措施的。当时除不得在边境诸州进行冶炼钢铁，开采矿业以及弓箭兵器等贸易外，其余物资都可以通过正常贸易进出口。但为了防止外商走私关塞偷渡，扰乱国际贸易秩序，杜绝利用秘密婚姻等不正当手段进行贸易，朝廷于开元二十五年、建中元年和开成元年多次诏令：诸丝绫罗锦、珍珠、银铜铁与奴婢买卖等，"不得与诸蕃互市，又准令式，中国人不合私与外国人交通买卖婚娶往来，又举取蕃客钱以产业奴婢为质者，重请禁之"[6]。但政府的禁令只是防范走私，并不阻止中外贸易。

第六，允许通婚联姻。

异国或异族通婚是打破"华夷之辨"的一个重要表现。贞观二年（628）六月，唐廷敕令："诸蕃使人，所娶得汉妇女为妾者，并不得将还蕃。"[7] 唐律令格式中也有类似规定："诸蕃人所娶得汉妇女为妻妾，并不得将还蕃内。"[8] 这仅仅是指外族男子不能将汉族妻妾带走，并不禁止外族与汉族的通婚，相反，唐律允许外国人入朝常住者，娶妻妾共为婚姻。从出土的唐代墓志可以看出，昭武九姓粟特人安氏、曹氏、何氏、石氏、

---

[1]〔日〕池田温《中国古代籍帐研究》，第319页录文，P.3813号《唐（七世纪后半？）判集》，东京，1979年。
[2]《唐六典》卷七"虞部郎中员外郎"条，日本广池学园刊行本，1973年，第167页。
[3]《太平广记》卷四〇二引《广异记》，中华书局，1961年，第3237页。
[4]《酉阳杂俎》续集五《寺塔记》上，中华书局，1981年，第1845页。
[5] 文宗《禁与蕃客交关诏》，《全唐文》卷七二，第329页。
[6]《册府元龟》卷九九九《外臣部·互市》，第11727页。
[7]《唐会要》卷一〇〇"杂录"，第2136页。
[8]《唐律疏议》卷八《卫禁》，第178页。

康氏等与汉族刘氏、韩氏、高氏、罗氏等异族联姻非常普遍。[1]特别是散居内地者更容易胡汉联姻，如从河西走廊到关洛、太原等地区分布着一连串的粟特移民聚落，长安、蓝田、户县、周至等京畿地区胡汉杂居，通婚嫁娶自属常理。虽然唐朝律令中严格限制偷渡入境者私自与境内妇女结婚，但境外诸族内迁则可以结婚联姻同化。至于胡汉联姻之外的异族通婚，更是比比皆是，如突厥、粟特、契丹、沙陀等，一直到唐末之后，沙陀建立的后唐、后晋、后汉三朝君主的后妃仍有一些出自安氏、米氏、何氏、曹氏等。《资治通鉴》卷二三二记载唐德宗贞元三年（787）时，"胡客留长安久者，或四十余年，皆有妻子，买田宅，举质取利，安居不欲归"。为了减轻政府供给负担，朝廷下令将检括的四千多胡人遣返回国，不愿归者则入籍为唐人予以安置，结果无一人归返，全部加入神策禁军。这些人事实上已变为长安居民的一部分，其胡汉联姻已不止一代。即使建中元年（780）唐朝曾一度禁止中原汉人与域外人通婚，但也是针对当时京城侨民通婚过多、仰靠政府供给衣食过重而采取的权宜之计。所以，向达先生说："有唐一代对于汉女之适异族，律并无禁。"[2]《东城老父传》记载元和年间"北胡与京师杂处，娶妻生子，长安少年皆有胡心矣"。据史书统计，唐高祖19女中有7位嫁给胡族，太宗21女中有8位尚异族驸马，玄宗30女中有5位嫁给胡族大臣。大臣中如裴行俭、张说、唐俭、于休烈、史孝章等人皆是胡汉联姻。还有许多"杂胡"通婚于汉人的事例，如武周时游击将军孙阿贵夫人竹须摩提，乃印度女子等等。

第七，文化开放互融。

西域与外国文化在唐长安长期流行，并成为时尚。舞乐最为突出，宫廷十部乐中，除燕乐、清商乐之外，龟兹、西凉、天竺、安国、疏勒、高昌、康国、高丽均为外来乐曲，竖箜篌、琵琶、觱篥、都昙鼓、毛员鼓、羯鼓等乐器皆为波斯、印度等地传入。软舞曲中的苏合香、回波乐等，健舞曲中的柘枝、胡旋、胡腾、拂林、阿辽、达摩支等，都是具有外国特色和异族风格的舞蹈，歌舞戏类的拔头、骠国乐、南诏奉圣乐等亦是外邦传入，至于吸收外来乐舞而新创作的霓裳羽衣舞、菩萨蛮舞、醉浑脱等更是中外文化交流互融的结晶。长安乐府中有许多乐工是外国世家，如来自曹国的琵

---

[1] 周绍良主编《唐代墓志汇编》，上海古籍出版社，1992年。参阅李鸿宾《唐代墓志中的昭武九姓粟特人》，《文献》1997年第1期。
[2] 向达《唐代长安与西域文明》，生活·读书·新知三联书店，1957年，第6页。

图5 北齐凤首龙柄壶，故宫博物院藏

琵名手曹保保、曹善才、曹纲，祖孙三代相传，其后还有曹触新、曹者素等。米国的米嘉荣、米和郎父子与米禾稼、米乃槌等都以擅长婆罗门舞蹈见长。康国的康昆仑、康迺、康洽也是长安的琵琶名手，安国的安叱奴、安万善、安辔新则是舞蹈家。中宗时一度风行于长安的泼寒胡舞原出自康国，玄宗时流行的柘枝舞原出自石国，演艺者皆为"肌肤如玉鼻如锥"的外国男女。唐长安还盛行来自外国的娱乐，如"婆罗门胡"表演的拂菻幻戏，宫廷和民间都喜欢打的波罗球，以及每年正月十五夜晚"西域灯轮千影合"的游乐活动。长安画坛上别树一帜的于阗画家尉迟跋质那、尉迟乙僧和康国画家康萨陀等，他们传入印度画法和西域凹凸画派，朱景玄《唐朝名画录》中称："功德、人物、花鸟，皆是外国之物像，非中华之威仪"，异域传入的绘画技艺对当时中原绘画艺术产生了深远的影响。

第八，衣食住行混杂。

唐人大规模穿戴外国异族服饰，并成为当时社会的流行风尚，这是其他朝代比较少见的现象。刘肃《大唐新语》卷十记载："武德、贞观之代，宫人骑马者，依《周礼》旧仪多着羃䍦，虽发自戎夷，而全身障蔽。永徽之后，皆用帷帽、施裙，到颈为浅露。"高宗显庆年间虽下诏禁用帷帽，"神龙之末，羃䍦始绝"，但"开元初，宫人马上始着胡帽，靓妆露面，士庶咸效之。天宝中，士流之妻，或衣丈夫服，靴衫鞭帽，内外一贯矣"。京城长安里"胡着汉帽，汉着胡帽"，非常普遍，胡汉风俗融会的结果竟使司法参军无法捕捉"胡贼"。所以史书称开元以来"太常乐尚胡曲,贵人御馔尽供胡食,士女皆竞衣胡服"[1],当时从贵族到士庶皆以穿胡服为时尚,来自波斯、印度妇女的步摇、巾帔等佩饰也流行一时。中唐以后,长安又流行"回鹘衣装回鹘马,就中偏称小腰身"[2]。唐人还仿效过吐蕃赭面、堆髻的"时世妆":"妍媸黑白失本态,妆成尽似含悲啼。"[3] 可以说,唐长安是一个兼容外来服饰文化的中心。

至于"胡食",在长安也比比皆是。东市和长兴坊有专门的毕罗店,日本僧人圆仁《入唐求法巡礼行记》中记载长安:"(开成六年正月)六日,立春节。赐胡饼、寺粥。时行胡饼,俗家皆然。"白居易的《寄胡饼与杨万州》更是众口传知:"胡麻饼样学京都,面脆油香新出炉。"长安里坊"酒家胡"开设的酒店颇有特色,"胡姬"更是有名。

唐人住宅内,从王珙家西域、波斯传来的"自雨亭子",以及玄宗宫内的自雨亭凉殿,都与《旧唐书·拂菻国传》里记载的一样:"盛暑之节,人厌嚣热,乃引水潜流,上遍于屋宇"。

街衢上女子骑马是一般民众都能够见到的景致,连贵族妇女亦挥鞭走马。近年来,西安地区考古出土胡装女子骑马俑和胡人三彩俑等文物不胜枚举,正反映了当时社会生活的"胡化"状况。

第九,允许外国僧侣传教。

唐朝对宗教传播并不严厉限制,外国诸宗教的僧侣都可以进入唐境,特别是对佛教僧侣开放最大。唐高祖武德九年(626),中天竺高僧波罗颇迦罗密多罗,到长安大兴善寺译经传法。高宗时,天竺僧人慧智父子世居长安慈恩寺传经。开元四年(716),中天竺僧人善无畏携带梵本经从吐蕃来到长安,开元七年(719),南天竺僧人金刚智也携弟子北天竺人不空(智藏)由海道经广州、洛阳到达长安,此三人前后寓居长安达四五十年之久,历经玄宗、肃宗、代宗三朝,号称"开元三大士"。众多外国高僧汇集长安,翻译佛典,传播佛法,如唐中宗时义净在长安大荐

---

[1] 《旧唐书》卷四五《舆服志》,中华书局,1975年,第1958页。
[2] 花蕊夫人《宫词》,《全唐诗》卷七九八,中华书局,1983年,第8978页。
[3] 白居易《时世妆》,《全唐诗》卷四二七,第4705页。

福寺设翻经院,参加译经的有吐火罗沙门达摩来磨,中印度沙门拔弩,罽宾沙门达磨难陀,东印度居士伊舍罗、瞿昙金刚,迦湿弥罗国王子阿顺等。据佛教史书记载,唐代外国僧侣来华非常普遍,有些只知僧名不知国籍。

仅次于佛教的是史称"三夷教"的祆教、景教、摩尼教,唐朝对这三个外来宗教僧侣,早期颇为宽容优待,故三教一度在长安等地广为流行。贞观五年(631),"有传法穆护何禄将祆教诣阙闻奏,敕令长安崇化坊立祆寺,号大秦寺,又名波斯寺"[1]。同年,唐太宗还允许大秦国景教上德阿罗本携带经典入长安传教,贞观十二年下诏于义宁坊造大秦寺一所,度僧 21 人。武后延载元年(694),摩尼教高僧波斯人拂多诞持《二宗经》到达两京,进行宣教传经。据林悟殊考证[2],长安有 6 所祆祠供西域移民作为宗教活动场所,而景教高僧更是进入皇宫宣讲,吸引了许多贵族,景僧伊斯甚至成为唐代名将郭子仪的副手。会昌五年(845)灭佛时,"勒大秦穆护祆三千余人还俗,不杂中华之风"[3]。可见"三夷教"人数不是寥寥无几。现在西安碑林所留存的《大秦景教流行中国碑》,用古叙利亚文记载了 119 个景教僧侣,说明唐代景教在中国内地二百多年的传教历程。撰于唐咸通十五年(874)的苏谅妻马氏墓志,用波斯婆罗钵文和汉文合刻,记载了波斯祆教徒长安受到的宽容。唐朝还允许摩尼教于 768 年在长安及外地建寺传教,统称大云光明寺,其僧大多是粟特人或波斯人,在长安摩尼师的人数也不少。三夷教是西域移民和外国侨民的精神支柱,也是利用宗教联络团结外来人的中心,唐政府允许三教僧侣入华留居传教,正反映了长安国际性都市的性质。

图 6 犍陀罗贵霜帝国公元前 1 世纪希腊铜瓶饮酒把手,平山郁夫丝绸之路美术馆藏

---

[1] 姚宽《西溪丛语》卷上,中华书局,1993 年,第 42 页。
[2] 林悟殊《波斯拜火教与古代中国》,台湾新文丰出版公司,1995 年,第 147 页。
[3]《唐会要》卷四七"毁佛寺制",第 984-985 页。

图7 东罗马金币（4—7世纪），陕西西安出土

第十，留学人员云集。

唐朝经济强大，文化繁荣，对周边诸国有着极大的吸引力，于是一批批外国学子泛海越岭到中国留学。《资治通鉴》卷一九五记载，唐太宗贞观十四年（640）长安国子监增筑学舍和增加学员，"于是四方学者云集京师，乃至高丽、百济、新罗、高昌、吐蕃诸酋长亦遣子弟请入国学，升讲筵者至八千余人"。此后，来自周边国家的留学生络绎不断，据日本学者木宫泰彦考证[1]，日本入唐留学生有姓名者为149人，学有成就的有阿倍仲麻吕、吉备真备、大和长冈、橘逸势、僧空海等。新罗入唐习业的留学生更多，仅唐文宗开成二年（837），就有216人。唐政府对留学生给予优待，补助日常生活费用，四季发放被服，允许他们在国子监太学、四门学等一流学校读书。特别是科举考试入仕方面，为了照顾外国和其他各民族的学生，唐廷特设"宾贡进士"，以示区别。据严耕望考证[2]，仅新罗人就有23人登宾贡进士科，如金云卿、金夷吾、金可记、崔慎之、崔利贞、朴孝业、李同等，最著名的是崔致远，他12岁离家入唐，经过六年游学，于唐僖宗乾符元年（874）19岁时考取唐宾贡进士后在唐朝入仕做官，官至侍御史、内供奉。新罗人崔彦为18岁中宾贡进士后，在唐滞留二十余载，直至42岁时才回国。此外，大食人李彦升，渤海国人高元固、乌炤度、乌光赞等皆以外国留学生身份考中进士。据《唐会要》卷三五"学校"条记载，"新罗、日本诸国，皆遣子弟入朝就业"，仅太学诸生即有"三千员"。由于留学生的生活费主要由唐政府负担，所以不允许他们无限期留居中国，超过九年的就要另谋出路了。各国入唐留学生对国际交往起了巨大推动作用，他们在长安招聘人才，交结其他国家使节，搜集或出资购买书籍，特别是他们将学习了解到的唐文化与典章制度传播于各国，有的新罗、高丽留学生通过唐朝前往西域、印度，有的波斯、

---

[1]［日］木宫泰彦著，胡锡年译《日中文化交流史》，商务印书馆，1980年，第150—152页。
[2] 严耕望《新罗留唐学生与僧徒》，见《唐史研究丛稿》，香港新亚研究所，1969年，第432页。

中亚、印度留学生则通过唐朝到达日本，更增加了唐帝国的国际色彩。

以上所举仅仅是唐帝国世界性表现最显著的几个方面，但足以说明唐朝是当之无愧的世界中心国家，

图8 唐代阿拉伯彩釉琉璃盘，陕西扶风法门寺地宫出土

特别是唐长安不只是单纯的帝国首都，也是东亚的文明中心和国际化都市，从而成为外国人云集聚居的魅力之都。值得骄傲的是，唐帝国之所以能吸引邻近民族和各国人士蜂拥而至，不单是它具有开放性，更重要的是它具有文明世界的优越性，即物质生活的富裕、典章制度的完善、中央朝廷的权威、军事实力的强大、宗教理性的宽容、文学艺术的发达、科学技术的领先，甚至包括服饰发型的新潮。没有政治、经济、文化等各方面走在世界前列的优越性，没有巨大活力的"盛唐气象"，单凭所谓的"开放性"仍不能形成国际化的特性，也不可能吸引和影响周边邻族和东亚诸国。

诚然，主流之外有支流，清流之外有浊流，大唐帝国对外的政策并非没有局限性。在当时辽阔版图的封建大国中，民族不可能完全平等，尤其是在漠北各族的侵扰、吐蕃贵族的扩张、中亚绿洲诸国的争夺以及内徙胡人的反叛情况下，唐王朝要维持国家的安全稳定也确有不少强硬的措施，再加上唐王朝"以夷制夷"的手段和军将、官吏对异族的防范苛求，都使唐帝国的世界性形象大打折扣。安史之乱以后，唐人对外国异族有一种厌恶和防范情绪，胡人被视为乱华的重要因素，排斥外来文化的倾向随之产生，甚至传统的"华夷之分"思想又有强烈回潮。但这只是唐朝走向衰落时一部分朝廷官员狭隘保守的错觉，大唐帝国已没有强盛时的世界性形象，但民间社会仍是"胡音胡骑与胡妆，五十年来竞纷泊"（元稹《法曲》）。我们也没必要将唐王朝近三百年的历史理想化，只是在世界历史上以及与中国其他朝代相比起来，唐帝国的世界性显得非常宽容和突出，在这种意义上说"条条道路通长安"反映了唐朝世界性的特征。

THE SILK ROAD AND THE CENTRAL ASIA IN THE PAST AND TODAY

5

丝绸之路与古今中亚

丝绸之路与古今中亚

一

中国古代有两大举世皆知的伟大史迹,一是凝固的万里长城,一是流动的丝绸之路。蜿蜒的万里长城是中国内部分裂时期的战争掩体,漫长的丝绸之路则是沟通东西方经济文化交流的大动脉。直至今天,人们仍爱用丝绸之路作为开放欧亚大陆桥的象征。

丝绸之路的中心地段是位于亚洲腹地的中亚,历史上广义的"西域"指的就是这一地区,包括哈萨克斯坦、吉尔吉斯斯坦、塔吉克斯坦、土库曼斯坦、乌兹别克斯坦和中国的新疆地区,现代中亚还包括阿富汗和伊朗。[1]这里有河流、湖泊和水草丰茂的牧场,更有无边无垠的沙漠瀚海,帕米尔高原以西的青黑色大沙漠和以东的土红色大沙漠,都散布着一片片绿洲草原。大致沿东西方向分布着昆仑山、阿尔金山、天山、喀喇昆仑山、兴都库什山、帕鲁帕米苏斯山、厄尔布尔士山等,犹如连绵不断的天然屏障,完全隔绝了来自海洋的影响,导致中亚降雨稀少,气候干燥,与外界的联系充满畏途险道。但高大山脉上融化的雪水,是沙漠边缘绿洲居民的生活基础,山脉的走向也决定了丝绸之路的走向,古代商旅越过山隘,沿着绿洲和草原,进行着漫长的旅程。人类正是以不畏艰险、坚忍不拔的开拓进取精神和巨大的文化辐射能力,穿透了中亚封闭的地理屏障,从而使这个广袤的地带成为各民

---

[1] [英]加文·汉布里主编,吴玉贵译《中亚史纲要》原序,商务印书馆,1994年。作者认为作为地理概念,"中亚"一词很难有一个精确的定义。这本书中的"中亚"主要是指苏联的哈萨克斯坦、吉尔吉斯斯坦、塔吉克斯坦、土库曼斯坦、乌兹别克斯坦和蒙古国以及中国的新疆、内蒙古、西藏三个自治区。

族、各区域经济文化交流的广阔舞台。

沿着中亚山脉的走向,形成了中亚丝路主要站点的位置。科彼特山脉,把伊朗东部的呼罗珊省与中亚西部低地分隔开,阿姆河与锡尔河流经这个低地,其北分布着尼撒、马里等重要交通枢纽,通向伊朗东北的内沙布尔,并进入阿姆河上游以经商为主的粟特人发祥地,这里曾经有过许多居民城镇。从马里向南,则可到达印度西北犍陀罗,穿越荒无人迹的兴都库什山后,进入喀布尔山谷,分布着白沙瓦、塔克西拉、贝格拉姆(迦毕试)、巴克特利亚(巴尔赫)等过去的重要文化中心。在阿姆河下游的呼罗珊地区,又有布哈拉、撒马尔罕等一系列绿洲城市,再向东就可以到达塔什干(意为"石头城"),然后选择天山南北的路线,北部有疏勒、龟兹、焉耆(今库车)、车师等城市,南部有喀什、莎车、于阗(今和田)、尼雅、楼兰等城镇,继续向东延伸通向敦煌,最终到达长安。至于里海横断北路的哈萨克草原丝路,则从巴尔喀什湖沿着伊犁河东进,沿途有千泉(今明布拉克)、怛逻斯、碎叶、弓月(今阿力马里)、双河(今伊克尔格孜)等中心城市。

由于中亚特殊的地理位置,从伊朗东部高原向西可以到达叙利亚、埃及亚历山大港或地中海港口,或是向东可以延伸到中国西部的戈壁沙漠,这些都使它处在东西方交通的咽喉位置,既是亚洲腹地的中心枢纽,又是中亚古文化荟萃之地,其特点就是将伊朗、印度和中国的文明结合成一体,而它本身却不是一个单一的文化区。中亚可分为北部游牧区和南部农耕区,其分界线大体在天山—锡尔河一线。中亚历史上南北关系的突出特点是:北方游牧民族一浪又一浪地南下,给中亚注入新鲜的血液,而南部最早的土著先祖塔吉克人不是被挤向更南方,就是失去自己的语言,成为泛指一切操突厥语的"突厥人"。目前仅在中亚地区就有24种语言文字在使用。[1]

公元前7世纪后期,古希腊诗人阿里斯铁阿斯曾到中亚旅行,写下了叙述其见闻的长诗《独目人》。公元前5世纪时的古希腊历史学家希罗多德对中亚北部做了一些描述,记载了三个民族,秃头的阿尔吉帕人、伊塞顿人和独目的阿里马斯普人,分布在哈萨克丘陵、伊犁河与楚河流域、阿尔泰山麓。中国先秦典籍也有对中亚的记录,最重要的是公元前3世纪战国魏王墓中出土的《穆天子传》,其成书不晚于公元前4世纪的春秋时期,叙述了阿尔泰山和额尔齐斯河上游的地理、民族

---

[1] [德]克林凯特著,赵崇民译《丝绸古道上的文化》,新疆美术摄影出版社,1994年,第8页。

状况，并对西王母之国做了神化的夸张描述，与希罗多德所传的阿里马斯普人居地非常相似。

传统说法认为，西汉张骞出使西域大月氏、大宛、大夏、康居等国之后，才开创了丝绸之路。实际上，考古学家根据已发现的文物判断，早在公元前6世纪就存在着一条横贯欧亚大陆的东西商道，当时黑海北岸的斯基泰人从阿尔泰山贩运黄金，而东方的中国人从阿尔泰山贩运玉石。公元前5世纪巴泽雷克（今俄罗斯戈尔诺阿尔泰省乌拉干河畔）古墓群出土了刺绣着凤凰图案的中国丝绸，证明当时已经有了丝绸之路的联系。[1]公元前4世纪的古希腊古典著作中称中国为"赛里斯"（丝国），在中亚、印度、德国等地公元前4世纪前后的古墓中，也都发现有精美的中国丝绸残片，说明穿越中亚的丝绸之路绝不是起始于中国的西汉时期。

图1 萨珊波斯库思老二世（590—628年在位）银币，1965年长安县天子峪国清寺出土

在中亚，多个不同民族曾在这里生活，种族非常庞杂，大规模的游牧民族迁徙运动从公元前7世纪就揭开了历史序幕，种族的分裂、消失、融合也频繁发生，从黑海东部草原到阿尔泰山麓，从锡尔河到波斯东部高原，都呈现出多元文化的面貌。仅从中亚墓葬考古来说，欧罗巴人种与蒙古利亚人种的混杂非常普遍[2]，中国史书中记载的"昆仑""狗国""渠搜""塞人""月氏""狐胡"等，到底是民族还是国家？在中亚还是在其他地域？这些均是研究者的难题，只留下令后人梦幻般的思古幽情。

二

中亚"丝路"地区最大的特点是没有一个大国曾在这里长期存在过，也从未曾形成过一个统一强大的国家。草原游牧民族建立的国家，通常过几代之后就灭亡

---

[1] 戴禾、张英莉《先汉时期的欧亚草原丝路》，载张克尧主编《草原丝绸之路与中亚文明》，新疆美术摄影出版社，1994年，第13页。
[2] 韩康信等《丝绸之路古代居民种族人类学研究》，新疆人民出版社，1993年，第155页。

图 2 5—7 世纪狩猎餐宴图陶壶，土库曼斯坦国立历史博物馆藏

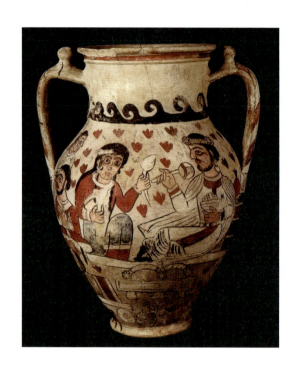

了。而绿洲定居的城市国家又常常经不起游牧民族金戈铁马的冲击，也受不了东西方大国兵临城下的威胁，它们不得不用夯土与土坯筑成高墙进行防卫，并屈身于某个大国的藩属之下，借以保护自己，仿佛是波涛汹涌的大海中的一个个孤岛。

早在公元前 6 世纪，波斯帝国居鲁士大帝将其统治推进到中亚，占领了锡尔河北部地区，在锡尔河与阿姆河之间建立了一些城市，每年在中亚各地征收贡赋与黄金，其最深远的经济后果是促进了农业的发展。公元前 330 年，希腊马其顿国王亚历山大穿过里海门户，很快就战胜了波斯阿契美尼德王朝，在追击大流士三世时又征服了中亚，并在中亚西部建立起一批希腊统治的城市，使希腊文化对中亚产生了广泛影响，公元前 1 世纪，希腊人将版图扩展到印度西部。其间，中亚战争频繁，分立出若干国家，塞种、月氏、乌孙、匈奴等游牧部落联盟喑呜叱咤、纵横捭阖，纷纷占据过一个时期的主导地位。贵霜帝国（前 1—3 世纪）诞生后，成为中亚最有影响的文明强国，其版图除阿姆河流域外，还包括现今的阿富汗、巴基斯坦和印度北部。锡尔河流域则属于康居统治。生活在这个地带的各个民族无不烙有很深的草原文化印迹。

在这些中亚王朝频繁更替的同时，丝绸之路成为一条重要的东西交通线。活跃在中亚的大月氏、匈奴、乌孙等草原游牧民族都期望通过"关市"，从汉朝获得丝绸交易的好处，并源源不断地将丝绸转手销往西亚、罗马。尤其是安息（帕提亚）波斯商人，为了垄断丝绸贸易，素来不愿汉朝与大秦（罗马）建立直接联系，采取种种手段阻挠双方的直接贸易。东汉班超派甘英出使大秦，甘英抵达波斯湾，受到安息人的阻挠和欺骗，只好怅然而返。在古代丝绸贸易中，垄断与反垄断的斗争是很激烈的，每一方都想独占贸易的利润。中亚历史上许多国际纠纷实根源于此。匈

奴被汉朝打败西逃后，仍不愿放弃有巨额利润的丝绸贸易，继续在伊塞克湖以西和康居等地抢夺控制丝绸之路。在新疆尼雅、楼兰等地发现了汉代织有"万事如意""延年益寿大宜子孙""五星出东方利中国"等汉字字样的丝绸织物，而汉五铢钱、青铜镜、铁器等物品在中亚也陆续出土，这从一个侧面说明了汉朝丝绸贸易的影响及其与中亚经济文化交往之密切。此外，中亚的良种马、毛织品、葡萄、苜蓿、石榴、胡桃、胡椒、胡麻等也传入中国，推动了中西贸易的不断发展。当然，丝绸之路不是任何时候都畅通无阻的，而是充斥着自然灾害和攻击抢掠。既要抵御天灾，又要派兵护送，远途需要几年

图3　乌兹别克斯坦出土2—3世纪王子头像俑，塔什干艺术科学研究所藏

时间才能到达目的地，因而大多数商人不愿贸然穿越整条丝绸之路，他们往往在中亚将自己的商品卖掉，转手购买自己需要的商品返程，所以中亚成了东西方商人的贸易转运站和中介地。令人吃惊的是，三国分立时，在诸葛亮首次北伐曹魏的军队中，竟有二十多名康居、月支等中亚将领参加援助[1]，可见中亚与中原来往的密切。

四五世纪时期，中亚希腊罗马化国家的急剧衰落，使基达里特人、希奥尼特人、嚈哒人等北方游牧民族入侵中亚，呼罗珊被纳入萨珊波斯王朝，共同夹击嚈哒，并以阿姆河为界瓜分了中亚领土。这一时期，中亚大大小小的半独立王国趋于封建化，但其分散状态使得阿拉伯人在7—8世纪时轻易地入侵中亚，与突厥人展开了争夺，中国唐朝、吐蕃、回鹘、西突厥突骑施部落等也在中亚进行了争夺控制权的厮杀，烽火狼烟连绵不绝。终于在751年，唐朝军队与大食（阿拉伯帝国）军队在怛逻斯城（今哈萨克斯坦江布尔）爆发了著名的遭遇战。

中亚成为兵家必争之地，其原因不仅取决于宗主国藩属的控制关系，也取决于获得巨大利润的丝绸之路贸易。中国隋唐王朝统一西域后，塔里木盆地南北道的丝

---

[1] 马雍《东汉后期中亚人来华考》，见《西域史地文物丛考》，文物出版社，1985年。

绸大道和草原商道更加发展，唐朝安西都护府下辖的20个都督府中，有16个在葱岭以西，即今天的"中亚五国"、阿富汗、伊朗、巴基斯坦境内。据史书记载，"自葱岭已西，至于大秦，百国千城，莫不款附，商胡贩客，日奔塞下"，长安、洛阳成为各国商人荟萃之地，"天下难得之货，咸悉在焉"，从安西四镇（碎叶、龟兹、疏勒、于阗）到隋唐国都，"西域胡往来相继，所经郡县，疲于送迎"。考古学家甚至在里海西岸北高加索地区库班河上游发现了8世纪买卖丝绸的汉文账单，这都足以说明当时丝绸贸易的兴旺繁荣。中亚波斯、粟特侨民纷纷东迁中国，从河西走廊到长安、洛阳形成了一个个侨居区，阿拉伯帝国的珠宝、香料、药材，中亚、南亚的音乐、舞蹈、绘画、雕塑、建筑等艺术和天文、历算、医药等科技知识，以及佛教、祆教、摩尼教、景教等宗教也传入中国，并产生了很大的文化影响。古代文化传播常与商业活动、宗教活动结合在一起，今天在长安、洛阳等地出土的许多金银器、玻璃器、金银币或其他稀世珍宝，都是中亚、西亚甚至欧洲的古代遗物，引起人们很大的震动。

9—10世纪后，阿拉伯哈里发帝国对中亚的统治越来越徒具虚名，实际上政权已经逐渐转移到当地王朝手中，例如呼罗珊的塔赫尔王朝、乌维里纳尔的萨曼王朝、花剌子模的马孟王朝都只是名义上尊奉哈里发为宗主，实质上，它们是中亚各行其是的独立政权。但靠军事维持的这些王朝很快陷入内乱，11和12世纪中亚地区的突厥成分日益加强，新兴的以喀喇汗王朝、塞尔柱王朝和花剌子模为代表的突厥王朝则建立了强盛的苏丹国家。有趣的是，中国的游牧民族契丹建立的辽朝

图4 6—7世纪宴会壁画（片段），乌兹别克斯坦历史博物馆藏

被女真族建立的金朝灭亡后，其残部越过中亚，控制了衰落的喀喇汗王朝版图，建立了喀喇契丹王朝。13世纪，蒙古军队在成吉思汗及其儿子们的指挥下，以秋风扫落叶的攻势占领了中亚，蒙古人虽然对中亚文化发展未能起到升华的作用，但他们创建了一条沟通欧亚大陆的游牧帝国道路，保障了东西方商路的畅通，并在中亚建立了金帐汗国、察合台汗国和窝阔台汗国等。元代回回商人在丝绸之路上异常活跃，成为中亚与中国之间新的经纪人。14世纪后半叶，依靠征服和掠夺其他国家而建立起来的帖木儿帝国，以首都撒马尔罕为中心向中亚辐射，在一个多世纪里，其工商业和宫廷文化得到空前发展，并与中国明朝恢复与发展了商贸和外交关系，但其内部群雄割据，混战不息。[11]到16世纪，乌兹别克人建立的昔班尼王朝征服了中亚，随后17世纪的阿什塔尔汗王朝继续保持着乌兹别克人的统治，但并没有给摇摇欲坠的封建社会注入新的活力，领主间旷日持久的内讧、对内对外的战争、统治者的贪婪奢侈，这一切导致了18世纪整个中亚陷入严重的分裂危机之中。事实上，由这些骑马游牧征服者建立的封建"汗国"或"帐"，在相当程度上总是带有昙花一现易于瓦解的性质，他们只关心为自己提供赋税的领地，而对国家管理建设毫无兴趣，没有制度完备的中央集权，稍遇灾难威胁即四分五裂。

丝绸之路一直是中亚绿洲城市繁荣的重要源泉，这些城市存在的首要理由就是有商队贸易，中亚统治者的主要收入来源是靠征收商品过境税，因此丝绸之路的通畅与安全就是中亚各国和各个王朝息息相关。16世纪初，欧洲航海家达·伽马通航印度后，促进了欧亚海路商业关系的发展，同时也导致了中亚丝路地位的下降，预示着中亚经济的衰退。两个世纪后，当俄国恢复了与中国的陆路贸易时，商人们已通过西伯利亚和蒙古的北方草原商道进行买卖，中亚丝路已失去原来的风貌，中亚不仅遭遇了财富上的巨大损失，而且国力衰退，在很大程

图5 柏孜克里克石窟33窟出土9—10世纪商人供养壁画（片断），俄罗斯圣彼得堡艾尔米塔什博物馆藏

[11] 王治来等编著《中亚国际关系史》，湖南人民出版社，1997年，第83页。

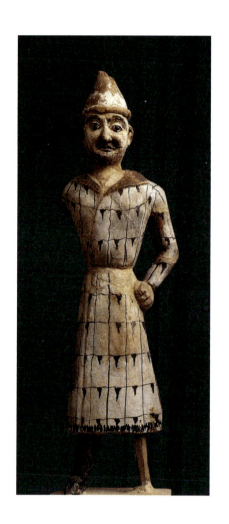

图 6　新疆库车出土 6—7 世纪商人立俑，俄罗斯圣彼得堡艾尔米塔什美术馆藏

度上与东西方世界完全隔绝了[1]。18 世纪与 19 世纪之交，接二连三建立的各个艾米尔国和汗国更趋于衰落，它们相互攻伐，浩罕汗国（以费尔干纳盆地为中心）与布哈拉汗国几乎年年发生战争，造成极大毁坏，中亚曾经闻名于世的绿洲城市已鲜为人知，宏伟的布哈拉、撒马尔罕等城市已变成破败不堪的小城镇[2]，只剩下一些伤痕累累的残垣断壁，令人伤感。沙皇俄国经过两个世纪有步骤的军事入侵，到 19 世纪中叶，实现了对中亚永久性的征服，并乘清朝政府腐败无能之机，侵占了伊犁河上游的中国领土。此外，英国在取代印度莫卧儿帝国之后，也开始向阿富汗、帕米尔等地区入侵，试图建立自己的殖民附庸政权。曾对世界命运产生巨大影响的中亚在近代失去了它的活力，丝绸之路也因中亚的封闭衰退而被迫中断。

三

　　近两百年历史中的中亚政治、社会、经济和文化极为复杂。自 19 世纪下半叶，沙俄完成对哈萨克草原的兼并和对中亚的武力征服后，中亚由此并入俄罗斯帝国的版图。俄国人与历史上的征服者一样都是从北方进入中亚的，但它不是传统的民族迁徙，而是与殖民主义相联系的政治、军事、经济、文化扩张；它也不是游牧"蛮族"对高于自身文明的人们的征服，而是在经济、文化上远远超过

---

[1] 项英杰等著《中亚：马背上的文化》，浙江人民出版社，1993 年，第 324 页。
[2] [法] 勒尼·格鲁塞著，魏英邦译《草原帝国》，青海人民出版社，1991 年，第 531 页。

当地的近代资本主义侵入；它更不像古代征服者游牧民那样，为被征服者文化所征服，而是给农奴制改革后的俄国工商业开辟了原料市场和销售市场的新天地。俄国的战略目标一是南下印度洋，二是向中国新疆挺进。虽然沙俄的沉重民族压迫给中亚人民带来无穷灾难，引起过中亚各地的暴动和起义，但中亚地区被人称为"一堆混杂的民族碎片"，不可能从根本上动摇沙俄的残暴统治。

图7 唐代胡人弹琵琶青玉带板，陕西西安韩森寨唐墓出土

十月革命后，苏俄在中亚推翻了浩罕自治政府、布哈拉汗国和希瓦汗国，扫除了乌兹别克"巴斯奇"（盗匪），并在中亚进行了民族识别，以此为基础组建了乌兹别克、土库曼、哈萨克、吉尔吉斯、塔吉克等五个民族共和国。新的中亚五国建立，名义上是按民族划分，实际上是受政治意识形态左右，民族识别与疆界划定都是通过政府行政方式人为制定的，不仅近百个民族成分构成混乱，而且划界不顾自然地理与经济发展实际，这就势必为民族矛盾留下隐患，为中亚五国留下矛盾的祸根。特别是苏俄全盘集体化和定居化，导致20世纪30年代中亚出现饥寒交迫的局面，至今使人记忆犹新。

在苏联高度中央集权的计划经济体制下，中亚的经济虽与俄罗斯连成一体，但实际上仍有很大差距，并且愈来愈依赖俄罗斯。在政治上，苏联一直鼓吹中亚五国"自愿归并"，全面肯定沙俄在中亚的扩张政策，实际上，泛伊斯兰主义、泛突厥主义时时膨胀、沉渣泛起。随着苏联对阿富汗入侵的失败、苏联的解体和独联体的建立，中亚作为当时苏联的一部分，也经历了经济危机、社会危机、政治危机和民族危机。后来中亚各国形势虽然好转，经济生产开始复苏，粮棉农业生产也不再严重下滑，但原潜伏的民族矛盾依然凸显，哈萨克斯坦、乌兹别克斯坦都发生过民族冲突的骚乱，极端的伊斯兰政治运动也开始抬头，塔吉克斯坦甚至发生了内战，有"中亚贝鲁特"之称。现在中亚各国政治体制不一，对外关系亲疏不一，经济发展速度不一，有的找到了一条符合本国国情发展的改革道路，有的仍处于不容乐观的探索之中，如何冲出重重障碍，与世界发展潮流相融，仍需时间检验。

但是，中亚的资源极为丰富。哈萨克斯坦有石油、铁、锌、铜和煤；吉尔吉斯斯坦有黄金、汞、铀和煤；乌兹别克斯坦有天然气、石油、铜、金、银、锌和煤；塔吉克斯坦有天然气和石油。这里主要的农产品是棉花，乌兹别克斯坦是世界第三大产棉国。这里的工业也有一定的基础，工人和管理人员也都受过一定的培训。现在的问题是这些资源都没有充分发挥作用，因为中亚对俄罗斯过于依赖，它的产品缺少销售市场，连国家安全也严重依靠俄罗斯充当守门卫士。另外，从计划经济下的集体化向市场经济下的私营化过渡，引发了贫富悬殊、贪污腐败、官僚推诿等社会不正之风的滋生蔓延，加上走私、偷税、漏税严重和黑社会的犯罪活动，给中亚与周边各国跨地区、跨国界的经济活动蒙上了阴影。

中亚诸国都是内陆国家，没有出海口，如果想复兴崛起，恢复古代历史上的丝绸之路无疑是最有效的途径。这就是建设东起中国连云港、西抵荷兰鹿特丹港的欧亚大陆桥，或是东起天津港经过新疆和哈萨克斯坦直通西欧的铁路计划。一万多公里的欧亚大陆桥不仅能够运送东西方急需原料和产品，还能够增加一倍以上的运量，如果再建设几条从中亚到东亚沿海的输油管线就更加锦上添花了。当前和今后，中国、日本和其他东亚国家对中亚的资源需求量很大。中亚地区的石油、天然气与海湾地区的资源储量相同，具有诱人的前景，引起东亚国家的广泛兴趣。按照古代丝绸之路的走向建设欧亚大陆桥，可以说是解决长期以来东西方国际贸易运输问题的一个有效办法。丝绸之路历史本来就是风迎八方、应变融会、勇于创造的历史。

纵观欧亚大陆历史，可以看到丝绸之路的开放曾推动了中亚的发展，繁荣了中亚的绿洲城市，16世纪以后，人为的障碍关闭使中亚衰败下去，并由此导致中亚文化的沉落窒息。近几年来，中亚成为周边各国关注的焦点，也是东西方各种势力竞争的一个主要地区。重开丝绸之路将会使这片古老的广袤大地再次崛起，高扬生命的火把，这就是由中亚丝绸之路历史推导出来的历史规律和必由之路。

ON THE STARTING POINT OF THE HAN-TANG SILK ROAD

6 谈汉唐丝绸之路的起点

谈汉唐丝绸之路的起点

汉唐丝绸之路研究自20世纪以来受到国内外学术界的关注，最近几十年随着考古学新一轮的发现，汉唐丝绸之路研究更成为国际性学术研究的热点，但由此产生的汉唐丝绸之路起点究竟在哪里，却众说纷纭、莫衷一是。

笔者认为，汉唐长安作为丝绸之路起点和古代东亚文化中心，有着举世皆知、不可动摇的地位。虽然洛阳、邺城（今河北临漳）、大同、北京以及韩国庆州、日本京都和奈良等城市都与丝绸之路有过直接或间接的联系，但皆是丝路开辟后的延伸与广义上扩展的文化范围。正如由"丝绸之路"引出的"绿洲路""草原路""海洋路""西南路""佛教东传路"等一样，彼此交叉并无绝对的界限，它只是一种中西交通或亚欧大陆联系的文化辐射圈，而其起点不仅应该是一个国家政治、经济、文化综合实力汇聚的中心——首都，而且应该具有起源早、根系大、脉络清、延续长、生命强、影响广的特点。

一

长安是中国古代13个王朝的首都，在中国历史上建都时间最长（共1100多年），经历的王朝中西周、秦、西汉、北周、隋、唐最为强盛，特别是西周为中国青铜文化和奴隶社会的第一个兴盛期，秦是中国古代第一个统一专制王朝，西汉是中国汉文化形成发展和疆域扩展的第一个高峰，隋唐是中华民族融合和综合国力强大的第一个盛世。作为倾全国之力建设的汉唐首都长安，是东方世界最繁荣的城市，当时只有东罗马帝国首都君士坦丁堡可与其媲美。

汉唐首都长安作为丝绸之路起点，源远流长，容纳丰富。西汉昭、宣时期匈奴

◀ 图1 胡俑，陕西乾陵章怀太子墓出土

▶ 图2 胡俑，陕西乾陵章怀太子墓出土

纳质后西域36国"修奉朝贡，各以其职"，大宛、康居、乌孙、龟兹、莎车、焉耆诸国皆与长安保持着朝贡关系。汉武帝至汉元帝时有三位公主和两位宫女嫁到西域，匈奴呼韩邪单于亲赴长安只得到"赏赐"五名宫女，汉朝重视对西域的远交可见一斑。

隋代大业年间，吐火罗、俱虑建、忽论、诃多、沛干、龟兹、疏勒、于阗、安国、曹国、何国、穆国等30余国遣使至长安。唐代"四夷大小君长争遣使入献见，道路不绝，每元正朝贺，常数百千人"[1]。仅据《唐六典》卷四记载，唐朝曾与70多个国家与地区交往，有大批外国人来到长安。他们不但引进异域物产、传播文化宗教，以长安为中心，将其辗转流传到中国各地与东亚各国；与此同时，他们也将中国的工艺技术和文化，沿着丝路传到欧亚多国，造就了世界文化的大交流。根据近年的考古发现和历史文献的印证，可证明汉唐长安不仅有着国际都会的风貌，而且是名符其实的"丝路之都"。

二

长安周围地区是中国最早的桑蚕与丝绸发源地之一，距今3000年左右，气候温暖潮湿，是采桑养蚕的故乡。《诗经·豳风·七月》记载了周人祖先在长安西北（今陕西彬县、旬邑）采桑情景："女执懿筐，遵彼微行，爰求柔桑。春日迟迟……蚕月

---

[1]《资治通鉴》卷一九八，贞观二十二年（648）二月条，中华书局，1956年，第6253页。

条桑，取彼斧斨……载玄载黄，我朱孔阳，为公子裳。"1975年，在宝鸡茹家庄西周墓室内，发现了一批模仿真蚕雕刻的玉蚕，并发现有四种颜色的丝绸物印痕。1975年，在秦咸阳宫遗址窖穴中，发现一包已经炭化的丝绸衣服，有平纹绵、绢、绮等品种。汉代丝绸生产更发达，长安城内有东西织室，上林苑内有蚕室、茧馆。1984年，陕西石泉县前池河出土的鎏金铜蚕，昂头蠕动，形态逼真。由于中国丝绸光洁柔软，质细耐磨，容易吸汗，适宜做成各种衣料，所以远在两千年前就源源不断被转销到波斯、罗马等地，受到西方人的欢迎和赞美。

尽管现代学者很难断定西汉以前中国丝绸输往西方是经过怎样的交通路线，但俄罗斯戈尔诺阿尔泰地区乌拉干河畔巴泽雷克古墓发现相当于中国春秋战国时凤凰图案的丝绸，西伯利亚阿泰山地区派济里克古塞人墓葬群发现公元前5世纪中国丝绸遗物，黑海北岸克里米亚地区古希腊殖民地遗址中也发现中国丝绸，这均说明春秋战国时已有对外贸易交往，而进行交往的人极有可能是地处西陲的"戎狄"——周人与秦人。周穆王两次西征和秦穆王称霸西戎十二国的传说，是中原其他诸侯国所不见的。如果说汉以前就有一条"皮毛之路""玉石之路"将新疆的皮毛、玉石运输到长安地区，那么近年来西安周秦墓葬中出土的和田玉石、皮甲等实物就是很好的证明。[1]

公元前202年，汉朝新建的周长为25.5公里的长安城成为国都，它与西方的罗马城并称为当时世界最大的都城。为了组成反击北方草原游牧民族匈奴的联盟，公元前138年和前119年，陕西城固人张骞奉汉武帝之命，两次出使西域，足迹踏遍今新疆、中亚地区，经过13年艰苦卓绝的奋斗，终于返回长安。他将西域各国物产、地理、风光、民情，详细汇报给汉政府，见于《汉书·西域传》，成为世界上最早记载丝绸之路的重要历史文献。从此，汉长安与西域通过丝绸之路将双方的贸易物品、工艺技术和文化艺术大规模交流起来，汉长安城内曾发现有西汉晚期13枚安息货币，铭文为希腊化时代的字母。[2] 汉长安应该是丝绸之路的首先得益者，波斯鍮石、大宛天马、安息鸵鸟、西域狮子、大秦珊瑚以及石榴、胡麻、胡桃、胡豆、胡瓜、胡荽等纷纷传入，丝绸之路沿途各民族都将中国称为丝国——"赛里斯"（Seres），将长安称为"胡姆丹"（Khumdan），传遍亚欧诸国。

---

[1]《沣西西周玉器地质考古学研究》，《考古学报》1993年第2期。
[2]《西安汉城故址出土一批带铭文的铅饼》，《考古》1977年第6期。

三

长安是中国古代外国侨民居住集中的城市。1980 年，在陕西扶风西周宫殿基址中，发掘出活动在中亚地区的"塞种"人的蚌雕人头像，高鼻深目，头戴硕直高顶帽子，这证明在公元前 8 世纪已有中亚人迁徙到长安周围。汉代将匈奴击败远遁后，西域诸国的使节、商人纷纷进入长安，在皇宫和市场上有罗马的火浣布、夜光璧，安息（今伊朗）的香料、毛毯，印度的马鞍琉璃、火齐屏风等奢侈品。西方风格的飞翼禽兽、裸体人像、孔雀和忍冬草等动植物图案，都变成汉文化的题材与造型。

魏晋南北朝时期，西域各国通过经商、联姻、战争、传教等途径，沿丝路移民于长安。特别是中亚粟特人（原居锡尔、阿姆两河之间）的"昭武九姓"，他们大量迁移至长安附近。虽然当时战乱频繁，各族政权更迭不断，但许多侨民宁愿被俘也不愿离开，并渐渐与关陇汉人融合。据《北史》传记检索，康、曹、何、穆、史、安、米、石等姓氏的人，多是中亚诸国的后裔，他们在长安娶妻生子，安家落户，完成了胡汉民族融合，如唐代白居易家族就是龟兹王族白氏的侨居后代。近年西安北郊连续考古发现的北周安伽墓、史君墓、康业墓都是中亚粟特人移民的典型实例。

隋唐时期的长安是世界东方的最大城市，每年都有大批外国人到此活动。外国使团到长安的计有：东罗马帝国 7 次，大食（阿拉伯帝国）39 次，波斯 29 次，日本 14 次。天竺（今印度）、高丽、新罗等国更是有大批侨民在长安居住。630 年，突厥颉利可汗率领部众一万家至长安定居，其中混杂不少中亚胡人；679 年，波斯王子泥涅师自长安统率回国的波斯人就有数千人；787 年，长安检括出 4000 余"胡客"充实神策禁军，其中有许多"胡客"居住竟长达 40 年以上。1955 年，西安发现的唐苏谅妻马氏婆罗钵文墓志，就是波斯人移居长安后在神策军任职的证明。[1]

几十年来，长安隋唐墓葬中出土的高鼻深目、满脸胡须或穿胡服、戴胡帽的外国人陶俑比比皆是，数量之大令人瞠目，甚至还有一些"卷发黑身"来自南海的"昆仑奴"陶俑，这都为长安曾大规模居住外国侨民提供了珍贵的实物例证。

---

[1]《西安发现晚唐祆教徒的汉·婆罗钵文合壁墓志》，《考古》1964 年第 9 期。

图3 骨雕胡人头像,陕西周原出土

四

唐朝是丝绸之路的极盛时期,长安自然成为东西方文化交流种类最全、水平最高、规模最大的"丝路都会",其特征如下:

在服饰上,长安居民(包括上层贵族)深受西域风气感染,波斯缯帛大帔、吐谷浑长裙缯帽、吐火罗长裙帽、中印度女子披肩巾、回纥小腰身装、吐蕃赭面豹皮帽、中亚折襟贯头衫等,都曾在不同时期内流行。

在饮食上,中亚与印度的毕罗(抓饭)、馄饨、胡饼、烧饼、搭纳(油酥饼)、烤肉片等传入长安街肆。高昌的葡萄酒、波斯的三勒浆、西域的龙膏酒等成为长安的名酒,西市的"酒家胡""胡姬"被文人们屡屡咏诗赞叹。

在建筑上,长安有些宫室府宅采用西亚的建筑风格、运用西亚建筑材料,如唐玄宗的凉殿模仿拜占庭宫殿建筑引水上屋,飞激扇车,四隅积水成帘飞洒。太平坊王珙私宅中有自雨亭,檐上飞流四注,暑夏入座犹如深秋。宰相宗楚客、杨国忠、元载等都用西域香料泥墙饰壁,其装修方法与阿拉伯帝国哈里发宫殿基本相同。

在交通上,长安男女盛行骑马,从墓葬出土的三彩马、陶马形象看,大都为西域、中亚优良马种。特别是各种造型生动的三彩骆驼,仰天嘶鸣,胡俑牵拉,再现了丝绸之路上商队运输行进的场面。

除了衣食住行等以外,长安还具有一些其他城市所没有的特点:

在宗教上,大批印度和西域佛教僧侣汇集于长安译经弘法,规模最大的佛寺

图4 唐代三彩马，西安文物保护与考古研究院藏

都在京城，使长安成为全国向往的"佛都"。长安坊市里还设有多座胡寺祆祠，号称"三夷教"的景教、祆教、摩尼教均在此得到传播，《大秦景教流行中国碑》只可能竖立在国都，而其他城市至今没有发现。

在乐舞上，长安宫廷里流行着中亚西域诸国的乐舞，集中了一批独具异国风情的音乐家。他们演奏《龟兹佛曲》《罗刹末罗》《苏莫剌耶》《达摩支》《讫陵迦胡歌》《阿固盘陀》《悉尔都》等胡乐，在天宝时被统统改名为皇家太常署与教坊的国粹。"肌肤如玉鼻如锥"的西域舞蹈家，更是将胡腾、胡旋、柘支等"胡舞"推向坊里民间。

在艺术上，寺庙绘画采用从中亚、南亚引进的希腊罗马凹凸画法，目前所见的隋唐墓葬壁画大多集中在长安，不仅图画内容丰富，而且品味高雅，外国朝拜的《客使图》只有西安地区存在。唐昭陵雕刻的十四宾王像和乾陵六十四宾王像所表现的外国首领也是他处未见的。

在民俗上，长安每年正月十五布置西域格调的灯轮，狂欢的士民与皇家贵族一同共庆节日。长安上层贵族喜好由波斯传来的马球，民间则流行"互相泼水、鼓乐伴舞"的乞寒胡戏与"苏摩遮"，源于西域的杂技幻术也获得长安百姓的欢迎。

目前，西安出土的希腊文铅饼、拜占庭金币、阿拉伯金币、波斯银币和日本"和同开珍"银币已有近百枚。这一切都说明长安是丝路东端的国际性大都市，是中西文化交流的中心，被誉为"亚洲东西文化十字路口的古都"，一点都不过分。

五

据《南部新书》记载，在唐长安开远门外建立有夯土筑成的"堠"——地标数字里程碑，上书"'西去安西九千九百里'，以示戎人不为万里之行"，安西即今新疆库车。唐代诗人元稹在《西凉伎》中写道："开远门前万里堠，今来蹩到行原州。"原州指今宁夏固原，近年在这里考古发现了东罗马金币和玻璃器。《资治通鉴》卷二一六记载天宝十二载(753)"是时中国盛强,自安远门西尽唐境万二千里,闾阎相望,桑麻翳野,天下称富庶者无如陇右"。因此,自古以来,人们一直把长安安远门作为丝绸之路的起点,历史文献记载的首发之地非常明确,不可能轻易改变。

　　日本学者根据奈良东大寺正仓院所藏西域风格文物和考古资料,认为日本平城京是丝路的东延伸点。中国一些学者依据洛阳曾是东汉、曹魏、西晋、北魏首都,并一度成为隋唐陪都,以及当地丰富的出土文物,认为洛阳应是丝路起点。[1]这些扩大丝绸之路概念和提高当地知名度的用心是好的,我们并不否认其他城市在丝绸之路文化交流史上曾发挥过的重要作用,也不排斥其他城市与丝绸之路交通往来的地位,但没必要随意"放大"或"夸大"。按科学的观点来全面分析,开通丝绸之路年代最早,外国侨民来华居住最多,西域文化影响最深,国都建立时间最长,丝路畅通时国力最强,考古文物种类最全,出土文物水平最高,现存名胜古迹最广……这些条件综合起来,能够达到要求的只能是汉唐长安。长安在历史上所具备和所代表的中心性、兼容性和世界性的特点,是其他任何地方无法比拟的,确定丝绸之路起点的根据只能以此为客观标准。一些地方分散的考古成果并不能完全改变历史,只是接近与补充历史的原貌。

　　一些学者认为提出汉唐丝绸之路起点的争论是毫无意义的,因为丝绸之路不是地理学或交通意义上的某条道路,而是欧亚大陆的一种区域经济环境和一种文化交流系统,其起点只要是能代表中国文明或生产力水平的中原地区就可以。也有一些专家采取齐头并进的调和做法,认为长安、洛阳都是丝绸之路起点,可按朝代前后和建都地点随时调整,只要是海内外认可就成立。

　　笔者不赞成汉唐丝绸之路"多个起点满天星斗"的观点,也不同意某一处地方发现若干与外来文明有关的文物就宣称自己是"起点"的说法,那样只会混淆人们对丝绸之路最高文明水平与最具代表性城市的认识,造成无标准的"文明"泛滥,引起国内外学术界的茫然和无所适从。笔者的观点是"一个起点,几条分布,多种传播",尊重和恪守已有历史记载的客观定论,不要为此无端争论、再起风波了。

---

[1]《丝绸之路东端起点洛阳论研究综述》,《中国史研究动态》1993年第3期。

THE STEPPE ROUTE AND WORLD VISION

7 草原丝绸之路与世界视野的遗产

草原丝绸之路与世界视野的遗产

草原丝绸之路不是孤立的一条路,而是一个网络状的连接带,中国古代正是通过一个大的网络推动了古代人类文明的交流,促进了欧亚文化发展与经济繁荣。研究草原丝绸之路是为民族留下文明交流的记忆,那些千年以前远去的历史并没有被淡忘,今天依然是敲击人类灵魂的重锤。

从新石器时代、青铜时代,到匈奴、鲜卑、柔然、敕勒、突厥、回鹘、契丹、女真统治北方时期,直至元代,北方种族分布与民族融合总是占据着欧亚大陆舞台

图1 草原丝路 新疆阿尔泰

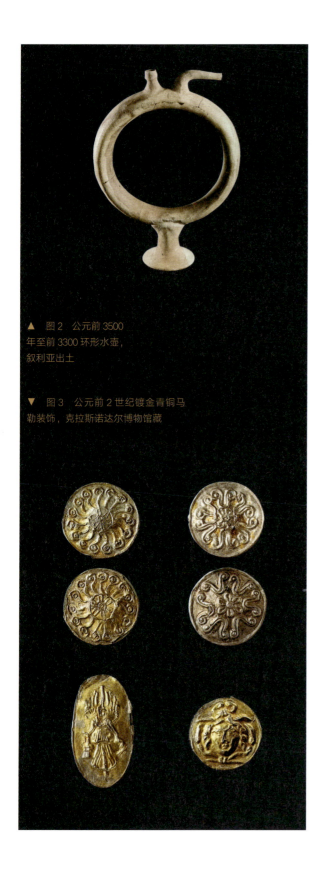

▲ 图2 公元前3500年至前3300环形水壶，叙利亚出土

▼ 图3 公元前2世纪镀金青铜马勒装饰，克拉斯诺达尔博物馆藏

的主角。北方草原民族与安息（帕提亚）、康居、贵霜、嚈哒、萨珊（波斯）、粟特、阿拉伯帝国、拜占庭帝国、萨曼、西喀喇汗、花剌子模以及察合台、帖木儿、布哈拉汗国等都有过交织。本文希望通过游牧民族的视角和欧亚世界的视野，呈现给大家清晰明确的历史脉络，而不是粗放含混的笼统印象，尽可能以细节还原历史真相。

笔者认为研究草原丝绸之路上的世界遗产应重点关注以下几个问题。

一　网状线路

草原丝绸之路与绿洲丝绸之路一样，是一个不断被发现、优化、选择的过程。据美国社会学家珍妮特·阿布-卢戈德等学者确定，欧亚之间有八条相互重叠的贸易回路，尤其在13—14世纪由蒙古保护下繁荣发展，跨越地理疆界和政治边界，向四处传播。在过去的两千多年里，人们不断寻找最便捷、安全、畅通的路径，它们在任何时候都不是一条固定不变的道路，而是一个适应变化的庞大路网。一旦因王朝政治、战争劫掠、自然条件等社会环境的变动，造成道路阻隔或是路线中断的时候，很快就会有其他线路继续发挥着作用，从而保持草原丝路的畅通。目前，一般将中国境内的草原丝路从新疆伊犁、吉木萨尔、哈密，经额尔济纳、呼和

图4 公元前4世纪塞人狮头鎏金铜腕轮（局部），俄罗斯圣彼得堡博物馆藏

浩特、大同、张北、宁城、赤峰、朝阳、义县、辽阳，甚至远及朝鲜至日本。国外有学者认为，韩国和日本发现4世纪以来的西方玻璃器与金银器，可能是通过北方草原丝绸之路输入的，这一线路是连接西亚、中亚、东亚的横贯线。但是，中国疆域之外的丝路走向是怎么连接的还需要很多的考古实物来印证。在11世纪的辽代和13世纪的元代，草原丝绸之路是向北移动的。因此，笔者不赞成用一条线路，而是要用多线条路网式来勾画草原丝绸之路。

依据目前考古发现的资料，草原丝绸之路早在公元前2000—前1000年已逐步形成，是欧亚草原游牧民族往来迁徙的大通道。这条道路在中国商周时出现，沿黄河中游，从鄂尔多斯、蒙古草原，越过阿尔泰山山脉进入哈萨克草原，再经里海北岸、黑海北岸到达多瑙河流域。俄国学者论证了从伏尔加河流域到中国安阳出土的青铜匕首、饰品等风格相似的物质文化，说明马文化刺激推动了文化交流。[1]中国学者也利用考古出土的塞伊玛-图尔宾诺文化铜器，以倒钩铜矛等实物的传播事例来说明阿尔泰山北麓与乌拉尔山之间的民族迁徙，研究了公元前2000年欧亚草原文化与史前丝绸之路。[2]

---

[1]《中亚文明史》第1卷《文明的曙光：远古时代至公元前700年》第二十章《公元前一千纪初的畜牧与游牧部落》，中国对外翻译出版公司、联合国教科文组织，2002年，第353—357页。
[2] 林梅村《塞伊玛-图尔宾诺文化与史前丝绸之路》，《文物》2015年第10期。

图5 公元前4世纪斯基泰战士形象银制壶，1911年门耶巴罗-沃内兹发掘出土，俄罗斯圣彼得堡博物馆藏

可以说，欧亚大陆上几次带有世界性的大迁徙活动，如雅利安人的东迁与斯基泰人、匈奴人、嚈哒人以及突厥系民族的西徙，都发生在欧亚草原丝绸之路上。

人们对草原史前史的了解，是建立在考古基础上的。20世纪20年代，苏联考古学家在阿尔泰山北麓的巨大石冢巴泽雷克墓群，发现了中国战国时期的丝绸，由于厚厚的层冰覆盖，织有凤凰图案的丝绸免于腐朽而保存下来。[1] 实际上早在18世纪初，阿尔泰山地区就不断出土动物怪兽纹样的黄金艺术品，被称为"西伯利亚宝藏"，由此揭开了印度河和中亚阿姆河黄金艺术品原料的来源地。这一地区还出土过战国铜镜，证明中原与阿尔泰山以西的联系。虽然西方考古学家推测公元前5世纪至前4世纪期间，巴泽雷克是东西方贸易的中心节点之一，但实际上它并非像绿洲丝路那样重要，这正是草原丝绸之路的特征。

草原丝绸之路的最大优势在于北方地势平坦，从蒙古国杭爱山到阿尔泰山之间的蒙古草原地势起伏不大，没有像天山山脉、昆仑山山脉那般难以翻越。阿尔泰山虽然有一些相对较高的山峰，可是河流谷地与山间隘口便于通行。哈萨克大草原更是面积辽阔，地势平坦，周围一二百万平方公里内没有真正的山岳。南俄草原和黑海沿岸平原地势愈加平缓，而且这一地域河流湖泊众多，水草丰美，便于大规模商业马队行进，更适合快速行军。东汉时，匈奴败走西迁进入欧亚交会之地走的就是这条路线。13世纪蒙古大军西征，风驰电掣掠过这几个大草原，直捣东欧腹地，也是依靠这条草原网路迅速征服了世界。

---

[1] 鲁科金《论中国与阿尔泰部落的古代关系》，《考古学报》1957年第2期。

二　地理空间

草原丝绸之路作为欧亚大陆北部的交通线，有着难以克服的缺陷，这就是整条道路都在高纬度地区延伸，冬长夏短，气候寒冷。尤其是蒙古草原和哈萨克草原，靠近西伯利亚冷高压中心，冬春之际经常暴风雪肆虐，即使游牧民族也常常难以适应气候的剧变，普通商队要想安然通过更是难上加难。草原丝绸之路沿线地阔人少，不仅城镇居民稀少，固定村落也难得一见，缺少系统补给的驿站和提供给养的城市，很难形成商品、贸易、资本和财富的汇聚点。

所以有的研究者认为根本就不存在草原丝绸之路，只是有不定期流动的皮毛贸易之路。在草原贸易中，很多人是走河套地区或长城内的道路。现代考古证明，南俄草原、哈萨克草原以及蒙古草原虽在早期文明中有所交流，但是逐水草

图6　日本考古学家在南俄西伯利亚岩阴墓地发现的8世纪中国商队买卖文书，有汉文金钱出纳账"计六"

而居的游牧状态使其很难留存有价值的文物，游牧文明远不如定居文明的考古收获丰富多彩。但是，随着考古发现，并不是了无踪迹。南西伯利亚阿巴坎宫殿遗址就是匈奴管辖西北边疆坚昆地区（今叶尼塞河上游）留下的城址古迹，这座位于俄罗斯哈卡斯共和国阿巴坎南8公里处的中国式宫殿城址，建于公元前后的王莽时代。

我们可以观察到草原丝绸之路距离古代四大文明中心的距离都很远。世界几大文明中心多处在北纬20°和40°之间，绕行草原之路需要耗费大量的人力、物力和精力，匈奴、突厥、漠北回鹘和蒙古汗国前后几次的崛起，无疑使得草原丝绸之路一次次兴盛，但是与西方交流的联系一直模糊不清。西方使节和传教士往来草原之上，是在蒙古汗国统一欧亚北方后，这些人前往当时的世界中心——哈拉和林（今蒙古国杭爱省西北）朝拜蒙古大汗。一些欧美学者的研究对这一发现提供了很多重要线索，但刊布还比较零星。中国学者对草原石人、突厥碑铭、金银器、丝织

图.7 公元前4世纪斯基泰式箭囊饰板,1959年南俄黑海北岸草原五兄弟古墓群出土,俄罗斯罗斯托夫州博物馆藏

图8. 公元前4世纪女性金头饰,1959年苏联考古队在罗斯托夫发掘

图9. 战国晚期鹰顶金冠饰,1972年内蒙古伊克昭盟杭锦旗出土

品以及墓葬文物等研究积累了可贵的成果[1]，无疑对揭示草原丝绸之路上的文化交流很有意义。

应该承认，中国人西行之路屡次被匈奴人、突厥人等阻断，欧亚草原也曾被斯基泰人控制。中国文献记载中的"塞人"或"塞种"实际分为很多部族，他们之间多次互相迁徙，公元前8世纪—前7世纪源于秦陇之地的秦国军队对游牧民族西戎发起连续军事进攻，迫使西戎向西迁徙，又造成塞人连锁反应式的迁徙。而匈奴控制哈密北部地区，侵扰过往商客，楼兰一度成为中西交通枢纽之地。匈奴被逐出西域后，草原丝绸之路又变为北方之路。后来的高车、柔然、嚈哒、突厥、回纥等也都是控制丝路的新主人，商队为避开侵扰劫掠，多次选择新的路线。

这些都促使我们应将视野做更大的拓展。比如匈奴时代落幕之处，正是突厥时代序幕开启之地。匈奴在中原王朝边界碰壁后，沿汉帝国边疆遁走，除少数投降中原外，其主力从此行踪不明。然而后来"匈人"突然如天兵天将降落在欧洲的地平线，他们穿过了萨珊王朝、笈多王朝，一路西进南下，进入欧洲早期历史之中，匈牙利就曾称自己是来自"东方草原"的民族。

辽金时代草原丝绸之路上的西迁，亦是北亚草原一系列持续互动的迁徙运动的一部分。高昌回鹘、西辽的建立作为成吉思汗西征的前奏，为草原丝路做了网络式扩张。地跨欧亚大陆的蒙古汗国的建立，击破了西夏的阻隔，也打破了东西方国家往来疆界的限制，商使相望于途，取道漠北的草原之路获得发展。草原丝绸之路向西北直通欧洲，向西南则入波斯，13世纪上半叶，草原丝绸之路进入鼎盛时代，有学者对此专门论述。[2]

三　世界视野

全球视野是认识国家的空间坐标，历史视角则是认识民族的时间坐标。草原丝绸之路展现的是欧亚大陆北方互动的历史进程，许多研究者将蒙古高原游牧民族文化研究等同于草原丝绸之路研究，将忽必烈及元朝统治区域日常运转描绘成是丝绸之路上的交流，将蒙古境内游牧民族岩画、鹿石等遗存都归纳为丝绸之路文化，

---

[1] 陈凌《突厥汗国与欧亚文化交流的考古学研究》，上海古籍出版社，2013年，第14页。
[2] 刘迎胜《丝绸之路》，江苏人民出版社，2014年，第223页。

将蒙古游牧活动说成是丝绸之路中的独特文化，将丝绸之路的历史变成以蒙古史为中心的交流史。这是完全忽视或省略了欧亚内陆的整体互动的片面认识。

要从世界视野观察，就不能不对东亚北方—中亚—高加索地区节点城市进行关注，这是研究草原丝绸之路必需的课题，因为地缘政治空间变迁的原因，使得欧亚大陆腹地北部历史变得异常复杂。以费尔干纳盆地来说，这里被称为"中亚的心脏"，聚居着上百个民族和部落，它被乌兹别克族、吉尔吉斯族和塔吉克族三家分割，在两千多年的历史记载中，频繁的战争和人口的迁徙，使得这一地区的疆域界限反复变动。但这里也是草原丝绸之路商贸极为活跃的交流中心，中国汉朝人最倾慕的大宛马就出自这里，以"大宛"比定"费尔干纳"一直使用到 2 世纪[1]。亚历山大东征到达费尔干纳盆地便返回，所以这里是希腊文明到达的最东边界。对希腊人来说，神秘的"赛里斯"国成为道听途说的神话。

过去中国学术界鲜有研究的亚美尼亚、格鲁吉亚和阿塞拜疆，是外高加索地区文明相撞的"界点"，以东西为维度，这里是基督教和伊斯兰教文明的分界线。在过去两千年以武力为标准的领土争夺史上，古罗马、安息、拜占庭、萨珊、蒙古、奥斯曼、沙俄皆以外高加索为战场，它们南下涉及土耳其、伊朗，北上牵扯阿塞拜疆和亚美尼亚。位于欧亚交界、高加索地区的亚美尼亚曾是东西方贸易的重要通道。4 世纪，在罗马帝国和萨

▲ 图 10 西汉连弧纹日光铭文铜镜，1978 年黑海沿岸古墓发掘出土

▼ 图 11 公元前 2 世纪青铜盔，1972 年南俄古墓出土，俄罗斯克拉斯诺达尔博物馆藏

[1]《中亚文明史》第 2 卷《定居与游牧文明的发展：前 700 年至 250 年》第十八章《中亚西北部诸政权》，中国对外翻译出版公司、联合国教科文组织，2001 年，第 366 页。

图12 西汉中期匈奴金头饰,内蒙古博物院藏

图13 东汉晚期神兽纹包金铁带饰,内蒙古博物院藏

图14 2—3世纪罗马神话造型与动物装饰碗，1962年俄罗斯罗斯托夫出土

图15 1世纪的天平，1968年俄罗斯罗斯托夫古墓出土

图16 伊朗6世纪英雄人面镀金银制水壶，俄罗斯圣彼得堡博物馆藏

珊波斯帝国的夹击下，亚美尼亚以皈依基督教的方式向罗马示好，抗拒盘踞在家门口的波斯人，它是世界上第一个单一宗教国家，而且积极向外传播基督教，蒙古草原上的也里可温教（景教）就是亚美尼亚人传教士带入的。可是中国学界研究草原丝绸之路宗教文化时对亚美尼亚很少接触，而日本学者杉山正明提出从高加索山脉看世界，无疑有其正确的道理[1]。

即使从中国人的西域观念来看，6—7世纪东突厥和西突厥汗国也是由各个强大部落组成的联盟，他们活跃在从蒙古草原到哈萨克草原的广袤地区上。当时的葛逻禄、钦察（基普恰克）、基马克等部落轮番沿着大草原驰骋在四周定居的大地上，粗放式的畜牧业是他们的主要生产

---

[1]［日］杉山正明著，黄美蓉译《游牧民的世界史》，中华工商联合出版社，2014年，第46—47页。

方式，他们依靠大规模的贸易与草原四边沟通，从而建立了要塞和城市定居点，有了国家的特征，所以草原丝绸之路发展和巩固了欧亚之间的一些民族形成自己的国家。

近年来，蒙古境内塔林和日木遗址发现的柔然墓葬，是蒙古高原上发现的第一座确定的柔然墓葬，为柔然考古学的文化界定提供了参照标准。浑地浩莱山谷墓园发现的回鹘壁画墓，也是蒙古境内发现的第一座反映回鹘汗国多民族成分的壁画墓。这些考古新资料都是草原民族活动的记忆物证，但不是草原丝绸之路的直接证据。

草原丝绸之路的价值不在于开辟了交通路线，而在于大大延伸了欧亚北方人类活动的空间，东西方都有了关注外部世界的意识，并将对外交往的传统继承下来。因而，高纬度的草原丝绸之路与中纬度的绿洲丝绸之路相辅相成，贯穿于欧亚大陆的主要干道。

四　丝路中介

现在有些研究者用当代价值理念，将草原丝绸之路的历史塑造成一部自强不息、开拓创新的奋斗史，一部讲信修睦、追求和平的发展史，一部兼容并蓄、互学互鉴的交流史。其用意可能是好的，但完全抛弃了历史的真实，有意忽视淡化了历史时期多民族碰撞与冲突造成的灾难。

中国古代"内敛性"宗法社会束缚着华夏先民的对外格局，早期官方对于中亚地理的探索可能要大大晚于西方人。公元前129年，张骞出使有关西域和中亚，目的并不是与西方交流，而是联系乌孙等西域诸国抗击匈奴，但客观上带回了有关外界的知识。除《史记·大宛列传》，《汉书·西域传》记录了近50个国家的信息，并以长安为中心测量了通往这些国家道路的距离。特别是记载了"北道西逾葱岭则出大宛、康居、奄蔡"，奄蔡人又被称为阿兰人，即西方文献中的哥特人（Goth），最早居住在咸海附近，但当时西方人完全不了解其情况。北魏和隋唐已经将草原丝绸之路北方游牧民族之地纳入自己的视野，事实上，当时草原丝绸之路已经彻底形成。2010年，内蒙古正镶白旗伊和淖尔墓群发现的北魏贵族墓，出土了大量精美文物，随葬除了金蹀躞带、杏叶形耳坠、金项圈、金指环、金耳环、玻璃碗等，还

图17 2—3世纪丘比特和长翅膀少女图案银盘,俄罗斯罗斯托夫州新切尔卡斯克古墓出土

▲ 图18 5世纪波斯王狩猎野羊图案银盘,周边连珠纹有猎师和猎犬头像,俄罗斯圣彼得堡博物馆藏

▼ 图19 6—7世纪波斯国王携带王后狩猎图案银盘,俄罗斯圣彼得堡博物馆藏

有颇具异域风格的拂菻(东罗马)人头像银碗[1]。2009年夏,蒙古国中央省扎马尔县发掘出一座大型唐代墓葬,出土陶俑和木俑70多件,其中以陶质骑马俑和站立俑居多,有手拿马鞭站立的胡人俑、骑马的胡人俑,都是浓须、深目、高鼻,实物现收藏在乌兰巴托国家艺术博物馆。这些人都是草原丝绸之路研究的珍贵实物,证明北方民族活跃在许多不同地方。此外,在中原内地陆续发掘了一系列蒙元时代的胡人俑,更使人对草原丝绸之路有了追寻探讨的兴趣[2]。

事实上,游牧民族自东向西一波波迁徙,大月氏、塞人、匈奴是东西方商业贸易最早的中介者,他们驱赶着的良马、骆驼、牛羊,运载着各类草原货物,穿过辽阔无国界的草原谷地,逐渐将横贯欧亚大陆的节点连接起来。7世纪中叶以后,粟特、突厥、回鹘诸族成为最主要的中介者,发挥着独特的作用。

草原丝绸之路在公元前1000

---

[1]《锡林郭勒文化遗产》,文物出版社,2014年,第83页。
[2] 葛承雍《蒙元时期胡人俑形象研究》,《文物》2014年第10期。

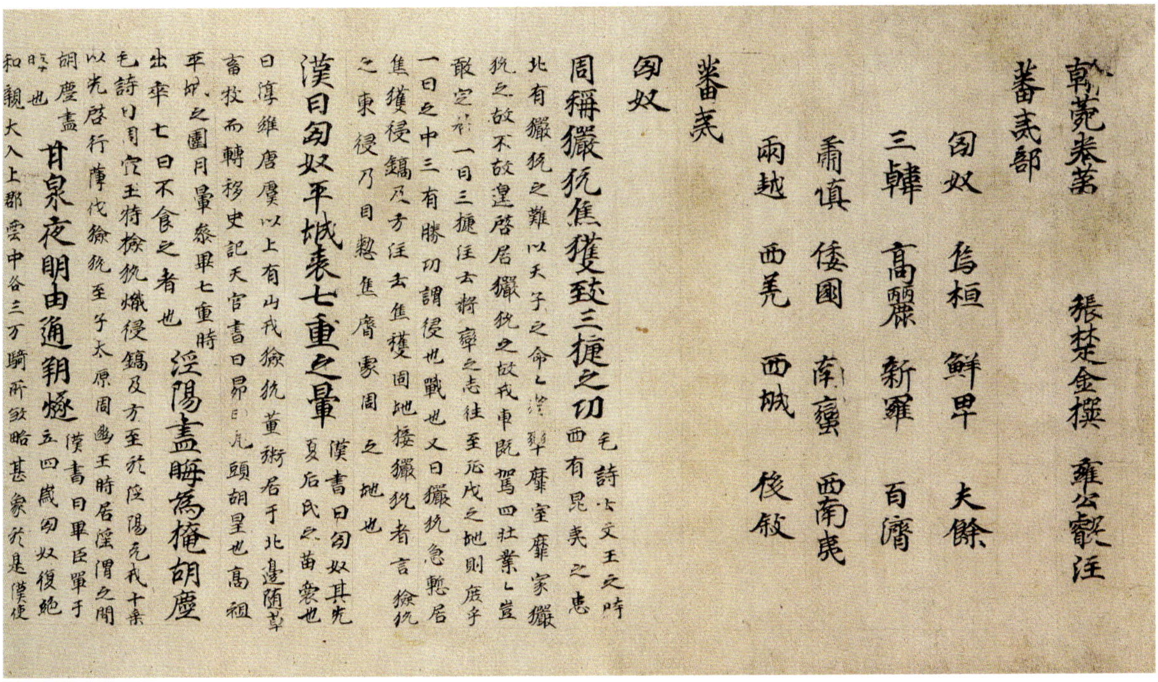

年开辟并逐渐贯通后,中国人抑或其他民族在这条路网上发挥主要作用,一直是人们探讨的议题。但不管是哪个民族,也不管是什么身份的人,都带回了远方的信息,使得地理发现突破了地域局限,开阔了人们的视野。古代史家把这些见闻、知识记录下来,帮助中国人发现认识世界,从而形成了中国人的世界观,草原丝绸之路使中西文化交流得以展开。

图 20 《翰苑·蕃夷部》,日本福冈太宰府天满宫藏

草原丝绸之路的历史告诉我们:每一个国家僵硬死板地固守自己的文化都是不可能的,文化交流是必然的趋势;一个国家不会独立发展,需要与周边其他国家联动;草原丝绸之路不是威胁之路,而是人类共同和平发展之路;民族融合是历史规律,要重视民族融合的积极意义,推动和谐社会建设。

目前,对草原丝绸之路的认识不应仅仅局限在"新经济带"这一理念上,而应是总结两千多年来欧亚大陆商业贸易和人文宗教交流所存在的多条通道的历史。丝绸之路的概念更应注重文明的理念,它是多元的不是单一的,特别是利用"欧亚理念"与"世界视野"的内涵扩展,把人们从旧的丝绸之路历史固有思维中解放出来。

2012 年,内蒙古锡林郭勒正蓝旗"元上都"遗址被列入世界文化遗产名录,作

◀ 图 21 故阙特勤碑鲁尼文碑面

▶ 图 22 故阙特勤碑,汉文面,唐玄宗隶书笔迹

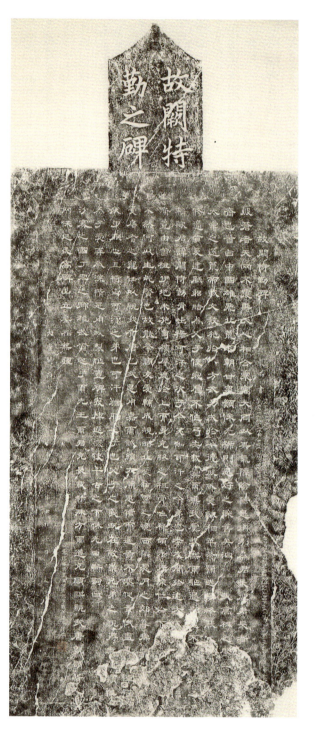

为中国北方草原保存最为完整的都城遗址，也是各国使节、商人、传教士、旅行家朝觐云集的元朝夏都，元朝11个皇帝中有6位在此登基。"元上都"是草原丝绸之路上马可·波罗记录过的重要节点城市之一，见证了北亚草原游牧民族与农耕文明之间的碰撞与融合。

图23　1945年，南西伯利亚阿巴坎中国式宫殿遗址出土1世纪王莽时代瓦当，上有"天子千秋万岁常乐未央"字样

2015年，蒙古国"布尔罕和乐敦圣山及其周围景观"，作为成吉思汗出生地与埋葬地，被新增为世界文化遗产。它位于蒙古国东北科特山脉中部——中亚大草原和西伯利亚泰加群落针叶林的交界处。布尔罕和乐敦圣山与蒙古人的山川崇拜和萨满教信仰有关，对圣山的祭拜仪式混合了古老的肯特山崇拜和佛教仪式，见证了成吉思汗为蒙古人建立大山崇拜所做出的努力。

这些都促使我们不断走进草原历史的深处，撑开蒙在岁月之上的尘土，拭去覆在史实表面的尘埃，揭开一幅幅令人震撼的草原丝路图景，看到更多被掩藏、被忽略的真相。正是从这个意义上说，丝绸之路延伸了世界文明史研究的视角，而草原丝绸之路更让我们重视不同民族、不同地域文明之间的互动与影响。

THE HU—SOGDIANS CONCEPTS OF WEALTH IN MEDIEVAL CHINA

8

中古时代胡人的财富观

中古时代胡人的财富观

中古时代,粟特胡人文化属于突厥文化、波斯文化和中亚文化的混合体,突厥的游牧生活使得粟特人"财富观"中存在渴望暴富的欲望,粟特与波斯的邻居关系又使其经商观念冲破了狭隘地域限制。由于整个中西古道上的商旅之路与边界集市容纳着不同文化、不同族属、不同需求的人们,胡商的经营活动始终坚持利润至上,使得中亚粟特与黑海、咸海、锡尔河、伊犁河、额敏河的日常生活连成一体,而且"跨文化贸易"吸引更多的胡商闻风而至,他们甚至被打扮成逐利起家的"商业之神"。

一 快速发财的暴富欲望

图1 吉尔吉斯斯坦托克玛托玛拿斯遗址上的探方与宣礼塔,原为楚河沿岸繁华古都,现已成为废墟

中亚昭武九姓诸国并没有严格的民族区分和地域划分,康国、安国、史国、米国、石国、穆国、曹国等,都没有形成统一的封建国家。在西突厥汗国管控下,更没有建立大帝国的可能。这个特点带来

图2 波斯萨珊王朝国王会见石像

了两个影响:一是彼此相互融合,并不强烈排斥,互为通婚、互为依靠。二是相互争夺地域与人口,没有明确的边界疆域,先有绿洲城邦式国家,后有部落式主体民族。所以,中亚昭武九姓的历史就是一部始终处在连续不断的相互征伐和劫掠的历史。[1]

绿洲邦国之间经历过上千年的劫掠和征伐,存在着长久的争夺战,常常会把历史的偶然性看作必然性,将随时出现的"城头变幻大王旗"导致的财富转移看作正常的规律。汗国之间的吞并与抄掠影响到胡商的财富观,认为人与人之间的关系变幻无常,部族与部族之间翻脸无情,劫掠征伐造成的"一夜暴富"或者"瞬间赤贫"自然是生活常态,这种观念为金钱所奴役的贪婪人性展示得淋漓尽致,这似乎是中亚内陆的宿命。所以汉文典籍里记载胡人商家往往都是用"性贪""奸诈"等贬斥的语气来形容。

玄奘《大唐西域记》"绪论"中就说粟特胡人"建城郭,务殖田畜,性重财贿,俗轻仁义。嫁娶无礼,尊卑无次,妇言是用,男位居下"。同书卷一又说:"风俗

---

[1] 葛承雍《丝绸之路与古今中亚》,(台湾)《历史》月刊1998年第3期。

图3 4—5世纪胡人供养者和其妻子石像,巴基斯坦考古博物馆藏

浇讹,多行诡诈,大抵贪求,父子计利,财多为贵,良贱无差。虽富巨万,服食粗弊,力田逐利者杂半矣。"玄奘两次强调粟特民族"性重财贿,俗轻仁义""大抵贪求,父子计利",可见对他们有着颇不以为然的蔑视。

从公元前2000年开始,中亚草原的气候变得越来越干燥,传统农业劳作渐渐无法进行,粗放式的畜牧业成为最主要的生产方式。但受绿洲城堡文明的影响,有很多粟特人由游牧生活转向定居,经营果园,从事商贸和其他生计。居住在山区里的粟特人则是放羊畜牧的生活状态,与阿姆河和锡尔河之间泽拉夫善河流域大大小小绿洲上的粟特人迥然不同。

当时中原汉人并不清楚粟特人所居的地理环境和生活状况,在汉人眼里粟特人就是一个商业种族,《新唐书·西域传下》记载康国"善商贾,好利,丈夫年二十,去傍国,利所在无不至"[1]。从3世纪到9世纪,大批粟特商人西走东奔,左右逢源,动辄数百人至上千人,组成的胡商驼队闻名于世。经商的粟特人在各地经营时逐渐形成了自己的贸易网络,但是要长久维持,除了建立起移民聚落,还必须依靠本地的统治者或官府,特别是与北方游牧民族兴贩时,粟特人担当起突厥、嚈哒、柔然、回纥等种族的中转者、中介人与沟通者角色。

突厥的游牧经济是一种生产部类单一的不完全经济,大部分生活必需品特别是奢侈品不能自给,所以游牧民族对交换的需求远远高于农耕民族,商人在游牧社会

---

[1] 《新唐书》卷二二一下《西域传》下,中华书局,1975年,第6244页。

图 4 唐代陶骆驼和胡商俑,美国纽约 J.J.Lally 东方艺术馆藏

中地位亦高于中原汉地。突厥人活跃在草原时,可汗集团中就有粟特商人的身影,掌管理财赋税,网罗天下大利,有时甚至成为与隋唐商贩交往的垄断者,而且这些胡商鼓动可汗南侵掠财,以期获得暴利。《通典》卷一九七《突厥上》记载:"颉利每委任诸胡,疏远族类,胡人贪冒,性多翻覆,以故法令滋彰,兵革岁动。国人患之,诸部携贰。"[1]

在突厥强盛时,出于对东西方利益的共同兴趣,游牧的突厥族和擅长经商的粟特人经常相互协作,成为 6—8 世纪"东西方贸易的担当者"。粟特人因此大量进入并留居于突厥汗国政治中心所在的漠北地区,粟特商人与突厥贵族互为一体的现象不是个案。突厥要借助不断的扩张战争获得暴富,也必须倚仗粟特商人进行商品贸易,而粟特人特别是远程贸易的商团离不开突厥的保护,双方结合成为惯例。突厥部落中甚至有专门的胡部。始毕可汗时期 (611—619),其宠信的粟特胡人史蜀胡悉"性贪",率领胡人部落,"尽驱六畜,星驰争进,冀先互市"[2],为了抢做生意,胡人不惜驱动全部落,撇开突厥人争抢利益。颉利可汗时期 (620—630),亲信的"胡酋"康苏密携隋末逃亡突厥的萧后及炀帝孙投降归唐,"胡酋"自然领有以胡人

---

[1] 《通典》卷一九七《边防典》十三"突厥上",中华书局,1988 年,第 5411 页。
[2] 《隋书》卷六七《裴矩传》,中华书局,1973 年,第 1582 页。

▲ 图5 胡商牵驼壁画，陕西西安唐李凤墓出土

图6 胡商牵驼壁画，山西太原金胜村唐墓出土

▼ 图7 胡商驼运壁画，山西阳泉平定西关村M1墓室东南壁壁画出土

中古时代胡人的财富观

为主组成的部落,《安菩墓志》记录"其先安国大首领,破匈奴衙帐",他们很早就由安国融进突厥部落,直到贞观四年(630)"领衙帐部落"随同突厥降众进入长安。[1]

每当突厥人掠夺的财富与奴隶消耗殆尽时,新一轮的军事征服便开始了,逼迫休养生息的农业民族再度抵抗。中原王朝为防御突厥抢掠,只好开设边关贸易,但突厥的交换贸易总需要胡人的协助。胡商的特质决定了这种商贸兴盛的扭曲,他们不惜杀鸡取卵,巧夺豪取,而汉地传统儒家重农轻商理论反对这种掠净劫光、竭泽而渔的行为,显然不符合粟特胡商的财富观,汉人贱商、仇富心理引起胡人的更大反感,双方观念的碰撞在所难免。

西安北周安伽墓中胡人商旅图,描绘胡商载物驮运的场景,随后便出现了与突厥人相见会聚宴饮乐舞的场景。[2]史君墓石椁西壁上描绘有胡人商队行进中狩猎的场景,也有披发突厥人擎隼合作形象,[3]紧接着就是欢庆宴饮的场景。日本美秀博物馆藏粟特围屏的胡商骆驼图中,亦有披发突厥人骑马护送胡商的图像。[4]隋代安备墓中石椁画也是胡商首领佩珠戴镯、饮酒作乐,[5]颇有奢靡筵宴的胡风,真实反映了当时胡人"竞择生存,及时享乐"的观念。

胡商的暴富心态与经商观念,使得他们有着强烈的占有欲,只能看到眼前利益,无论是对突厥的依附或是对汉族的朝贡,以及对嚈哒、柔然、阿拉伯的贸易,他们都求快速发财、短期刺激,他们热衷为财富而骄傲,却从不显示财富的来源,沉溺于这种财富观中不能自拔。

二 财多为贵的炫富心理

隋唐时期的中国已经达到了封建王朝发展的一个高峰,当隋唐重新统一中原疆域时,中亚粟特胡人区域不时发生混乱,碎片化版图的小王国从没有真正统一过。然而,横跨欧亚大陆的东罗马帝国与西亚波斯帝国形成的消费市场突破了地域的限

---

[1] 赵振华、朱亮《安菩墓志初探》,《中原文物》1982年第3期。
[2] 《西安北周安伽墓》,图版37"正面屏风",文物出版社,2003年。
[3] 《北周史君墓》,图120"石堂背立面图(北)",文物出版社,2014年,第115页。
[4] 美秀博物馆《Southwing 南馆图录》,日本美秀美术馆编集发行,1997年。
[5] 葛承雍《隋安备墓新出石刻图像的粟特艺术》,载《艺术史研究》第12辑,中山大学出版社,2010年。

制,与中亚市场产生互动,这直接促使粟特胡人商团的兴起。他们历经艰险,走遍四方,长距离的贩运贸易不仅开辟了多条商路,而且促成了一批商业城镇沿着商道陆续兴起。[1]这是粟特胡商拓展东西方商路的历史性贡献。

丝绸之路沿线的重要城市如长安、洛阳、酒泉、张掖、武威、原州(今固原)等,以及延伸的节点城市如云州(今大同)、并州(今太原)、定州(今定县)、营州(今朝阳)等,都是商品、资本、贸易、宗教、文化的汇聚点,尤其进入隋唐时代后,长安、洛阳成为吸引粟特人聚敛财富的磁石。《开元户部格》中收录有垂拱元年八月二十八日敕云:"诸蕃商胡若有驰逐,任于内地兴易,不得入蕃,仍令边州关津镇戍,严加捉搦。其贯属西、庭、伊等州府者,验有公文,听于本贯已东来往。"[2]也就是说,唐朝交易管理体制中,粟特胡商取得过所公文是可以不受限制进入内地的。奢侈品是丝绸之路繁荣的源泉,西方要向中国输进奢侈品,隋唐贵族富有阶层对进口的奢侈品有着极大的兴趣,拂菻、波斯等的高档奢侈品十分受欢迎,长安市场推动着奢侈品的热销,达官贵人最钟爱的物品许多都是外来的,金银器、玻璃器、毛织品、香料药材、貂皮裘毛等。隋唐朝廷"盛言胡中多诸宝物",不时派遣或委托胡商寻觅异域奇珍。

胡商对商业利润的追求,特别是奢侈品贩运带来的利润,不仅使统治阶级和贵族富豪无限放纵贪婪欲望,也推动胡商关注社会需求,在中亚长期流传的一夜暴富的神话亦是他们渴望财富积攒的动力。

粟特人爱幻想"机遇难得,不劳而获"和一夜暴富,这种财富观形成了他们的独特性格,他们要及时行乐,放纵挥霍,尽情享受,不惜一掷千金,耽于声色之中。敦煌文书P.3813《文明判集》中记述"长安县人史婆陀,家兴贩,资财巨富,身有勋官骁骑尉,其园池屋宇、衣服器玩、家僮侍妾比侯王"。虽然他们没有唐人可以夸耀的族望,可是"侮慢朝章,纵斯奢僭。遂使金玉磊砢,无惭梁、霍之家;绮縠缤纷,有逾田、窦之室。梅梁桂栋,架向浮空;绣桷雕楹,光霞烂目。歌姬舞女,纡罗袂以惊风;骑士游童,转金鞍而照日",[3]这些留在汉人印象里的粟特胡

---

[1] 荣新江《北朝隋唐粟特人之迁徙及其聚落》,见《中古中国与外来文明》,生活·读书·新知三联书店,2001年,第37—110页。
[2] 郝春文《英藏敦煌社会历史文献释录》第5卷,S.1344《开元户部格》,社会科学文献出版社,2006年,第377页。
[3] 刘俊文《敦煌吐鲁番唐代法制文书考释》,中华书局,1989年,第444—445页。

◀ 图8 西安北周安伽墓中野宴商旅图及线描图

▶ 图9 西安北周史君墓胡商宴饮图及线描图

商是多么骄奢淫逸。粟特人财富观极易导致他们处理人与人之间关系时过分"金钱化",重利轻义。比如,粟特人的邻里"借衣不得,告言违法式事",亲兄弟家贫壁立,也不分给救济;粟特人连死后下葬还要口含金币,葬俗中渡阴河必须缴纳金钱,无论生死,金银钱币的追求都是他们的一贯爱好。

胡商身上的"粟特人"性格是十分复杂的,很多对立统一的特征与因素存在其中,被称为"多面孔":豪迈与细腻,粗犷与小心,冲动与隐忍,诚信与狡诈。但他们有一个共同特性,就是"好面子"。《太平广记·魏生》载,"胡客法,每年一度与乡人大会,各阅宝物,宝物多者,戴帽居于坐上,其余以次分列",描写魏生参加商肆中胡人商贾居多的"亮宝会"时,因为持有"大逾径寸"的明珠,"三十余胡皆起,扶生于座首,礼拜各足"。[1] 从史书上看,排位子、论名次、看穿着、观举止,都与炫富直接相关,没有"面子"是一件十分严重的事情,有时需要拼尽全力去维护,这也导致粟特人在亲朋好友往来上受到一些限制。

《安禄山事迹》卷上记载安禄山在幽州担任范阳、平卢两节度使时,"潜于诸道

---

[1]《太平广记》卷四〇三《魏生》,中华书局,1961年,第3252页。

◀ 图10 日本美秀美术馆藏石刻，突厥长发首领坐在帐篷内，下为狩猎者

▶ 图11 中亚乐舞场景石刻，日本美秀美术馆藏

商胡兴贩，每岁输异方珍货计百万数。每商至，则禄山胡服坐重床，烧香列珍宝，令百胡侍左右，群胡罗拜于下，邀福于天"。[1]这展现的是一边集体举行祭祀祆神仪式，一边"列珍宝"大摆"宝主"有财的面子活动。

　　胡商"财多为贵"，好胜心强烈，热衷于比阔显富，只要争得面子，挽回心理落差，就算成功了。胡商总是幻想通过寻宝突然发财，因此有着斗宝传统，其"斗宝"不仅有"点石成金""神力暴富"的心理，面子心理也异常强烈。戴孚《广异记》中《宝珠》云"夜闻胡斗宝，摄衣从而视之"，结果诸胡发现"冠上缀珠"竟是传言丢失的中国宝珠，诸胡恨叹不能为己有。[2]唐人描写胡人的笔记小说有近三十条，里面有许多识宝、鉴宝、寻宝、赛宝的故事[3]，都反映了胡人的财富观。所以在中原汉人眼中，胡人既是吝啬贪财的奸商，又是豪放大方的阔佬，在笔记小说中胡人异样心态被刻画得入木三分，《宣和画谱》卷一中还记载唐代大画家阎立本曾专门画过《异国斗宝图》。

　　为维护商业网络，胡商要赢得个人面子变为粟特人要赢得种族面子，所以在利益划分方面他们不惜动武，甚至引入大国干预或介入，历史上西突厥汗国长期控制

---

[1]《安禄山事迹》卷上，上海古籍出版社，1983年，第12页。
[2]《太平广记》卷四〇二《宝珠》，第3238页。
[3] 王青《西域文化影响下的中古小说》，中国社会科学出版社，2006年，第257页。

图12 7世纪塔吉克斯坦片治肯特出土宴饮图壁画

西域、中亚,有时就与粟特人引入、臣服以求得突厥庇护有关。

为维护商业网络,胡商进入隋唐时期的中国,既顺应了社会稳定和财富急剧积累的时势,也钻了汉人不屑于经商致富的空子。胡人将擅长游商与定居"坐贾"相结合,形成了大规模的商业活动,隋代《安备墓志》中甚至用战国"白圭之术"和"玄高之业"两个经商致富典故,赞颂粟特胡商善抓商机、精明经商,从而"闻于邦国",[1] 墓志还透露出安备利用自己仕宦北齐至隋的经历,与各地胡人有着频繁密切的联系。

中亚河中地区和里海周边游牧形态下的商业运作模式,与以儒家为代表的中华文明不同,绿洲城邦国家的游牧生产方式与中原定居农耕生产方式在财富积累方面也存在着差异。追求金钱与财富主宰了粟特人社会生活的目标,与中国传统社会尊重知识、爱惜家庭、讲究儒雅、和气生财、诚信礼义等价值观念形成鲜明对比。在粟特人眼中,汉人迂腐不识时务、固土守财、节俭省费、不愿远游、袭旧不化。而胡商善于利用各个政权的权力资源,选择与匈奴(嚈哒)单于、突厥可汗、汉人贵族官员等几方进行合作,在政权更迭变换时更会乘虚而入。唐初武威安国移民曾经帮助唐朝平定凉州李轨的割据势力,从而获得了长期的稳定居住权。安史乱后,以粟特人石野那为代表的"回纥首领开府"六人使团入京朝见唐代宗,[2] 这六人既是外交使节又是官商代表。此举不仅在政治上推进了唐朝与回纥的联盟,而且经济上

---

[1] 葛承雍《祆教圣火艺术的新发现——隋代安备墓文物初探》,《美术研究》2009年第3期。

[2]《旧唐书》卷一九五《回纥传》,中华书局,1975年,第5206页。《资治通鉴》卷二二三也记载:"回纥遣其酋长石野那等六人入见天子",中华书局,1956年,第7301页。

同样获得了巨大的回报，这本质上依旧是一门互相利用的生意，尤其是风险和利益同在的大生意。

三 铤而走险后的尽情享乐

中古文人在文学作品中站在自己的立场，用穿凿附会的文学演绎，将胡商"标签化"为贪婪喜财、生性狡黠的奸商形象，"幻化"成财大气粗、身家巨万的豪商富贾，但对他们侥幸逃过商道上的艰难险阻很少描写，没有人关心胡商兴贩时暗地里的担忧，私底下的恐慌。在跨国经商过程中，胡商执商道上大宗行业物品，一个来回耗费数年，只有在异域结帮入伙组成商队才能互相扶持照应。风险巨大和利益均沾是相辅相成的。在跨界、跨国贸易中，没有什么胡汉道德准则和商业原则，它就是一桩桩生意而已，赚亏无常，而且都是如履薄冰、如临深渊的高风险生意。

胡人贩运于丝绸之路上，野外露宿或入店休息，经常遇到盗贼抢劫和敌方军队的劫掠，即使有少量武装护卫，也会遇到危险紧急状况，就像敦煌莫高窟45窟所绘的那幅著名《胡商遇盗图》，胡商们只能把货物交出摆放在强盗眼前，免去一死。对于这样的突发事件，尽管史书没有留下具体记载，但是我们知道胡商遇险只能藏物躲避。1959年在新疆克孜勒苏柯尔自治州乌恰县一个山崖缝隙间，曾发现947枚波斯银币、16根金条，[1] 可能就是商人遇到劫掠者时不得已紧急掩埋的遗留物。青海西宁城关城隍庙街也一次发现藏有萨珊波斯银币76枚的窖藏，推测是商人遇见紧急事件时埋藏的。[2] 其他在中国各地发现的成批金银钱币也在陆续公布，基本都是有意埋藏的，说明商道长途贩运时危机四伏，险情迭出。

《续高僧传》记载玄奘与商人一起从疏勒（今喀什）到沮渠（今叶城）中间，"同伴五百皆共推玄奘为大商主，处为中营，四面防守"，说明商队露营的险象与"环团"防守的措施。玄奘曾在阿耆尼（今焉耆）亲眼见到"时同侣商胡数十，贪先贸易，夜中私发，前去十余里，遇贼劫杀，无一脱者"。[3] 佛经中有《五百商人遇盗图》，人数虽不一定非是数字五百，但表现的就是这种几百人共同结伴的实际

---

[1] 李遇春《新疆乌恰发现金条和大批波斯银币》，《考古》1959年第9期。
[2] 夏鼐《青海西宁出土的波斯萨珊朝银币》，《考古学报》1958年第1期。
[3] 《大慈恩寺三藏法师传》卷二，中华书局，1983年，第25页。

◀ 图13 商人遇盗图，敦煌45窟

▶ 图14 商人遇盗图（线描）

情况。西魏废帝二年（553），吐谷浑与北齐贸易，凉州刺史史宁"觇知其还，率轻骑袭之于州西赤泉，获其仆射乞伏触拔、将军翟潘密、商胡二百四十人，驼骡六百头，杂彩丝绢以万计"。[1] 粟特商队首领"萨宝"往往兼任武装护卫职责，加授军事都督等官号，利用管理胡人聚落的方便，传递、串联和控制商道沿线的贸易信息，保障往返贩运的安全。

商人的首要目标是让经商资本更安全，其次才是增值更快。胡商常常将珍稀珠宝缝在胳膊臂下或是大腿根处隐蔽携带，就是担心遇盗或不测之事。商人赚钱是做生意的根本原则，做生意要遵从互惠互利的基本原则，双方都有丰厚的利润。胡商并不因为缘分而心怀感恩，只讲究交易合法合理，相互都不牵扯其他。若长途贩运遇到灾害失事、关津没收、半道遭劫、瘟疫传染等风险，担保、补偿、赔付等无法落实，历经艰辛积聚的财富会荡然无存，所以用汉地伦理道德来衡量评价粟特胡人的商业精神常常不得要领、南辕北辙。

胡商与汉商交往的常态，既有合作又有竞争，吐鲁番出土文书《唐西州高昌县上安西都护府牒稿为录上讯问曹禄山诉李绍谨两造辩辞事》，[2] 清楚地显示咸亨年间（670—673）居住在长安的"兴胡"粟特商人与汉人结伴来到安西、弓月城及中亚经商，曹禄山之兄曹炎延诉讼汉人李绍谨借贷资金（练绢丝绸）产生的纠纷，这种"同伴"相互融资的贸易关系活跃于整个唐代。

---

[1]《周书》卷五〇《异域传》下"吐谷浑"，中华书局，1971年，第913页。
[2]《吐鲁番出土文书》第6册，文物出版社，1985年，第470—479页。

汉人对胡人的"警世恒言""醒世通言"就是大量增加的财富会成为精神重负，会带来惶惶不可终日的焦虑。即便是定居在城市的富商也会遇到抢劫，所以富裕起来的胡人转而乞灵于宗教，皈依佛教，向道入禅。我们看到新疆吐鲁番柏孜克里克千佛洞壁画中《胡商拜佛图》，胡商的载重毛驴和负重骆驼卧下，佛祖身下两侧五个胡商，有的手捧装有九个钱袋的盘子，祈求佛祖保佑，有的手端装满宝物的托盘供奉佛祖，其余形象各异的胡商则合掌下跪，虔诚拜佛的样子表现出对平安的祈盼。[1]这无疑是对胡人向佛最生动的解读，求佛保佑正是胡商们无法预测自己命运及财富走向的心灵寄托。

在中亚粟特定居的中心区域，他们对财富积累的态度就是尽量消费，炫耀自己的豪奢，装饰华丽的大厅，捐建宗教建筑的公产，其潜在的观念就是尽情过着贵族的生活，把商业财富与贵族文化融为一体。西突厥征服并

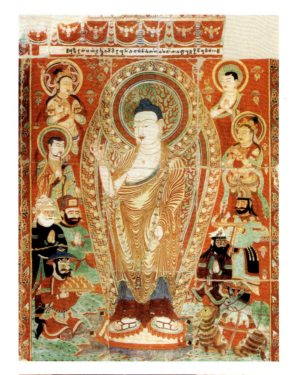

▲ 图15 胡商拜佛图，新疆吐鲁番柏孜克里克20号洞窟

▼ 图16 萨薄商主燃臂引路救商人壁画，新疆克孜尔石窟

---

[1]《新疆历史文明集粹》，吐鲁番柏孜克里克千佛洞第20窟《佛本行集经变图》，新疆美术摄影出版社，2009年，第281页。

图17 8世纪对狮织锦,乌兹别克斯坦布哈拉出土

控制中亚后,将北齐、北周贡纳的中国缯絮彩锦等丝织品交给粟特人,大量丝绸由此转运西方获得不菲财富,更加增添了粟特人对意外降财的渴望,所以他们借助突厥汗国的力量尽力拓展商业利益,有着坐收渔人之利的强烈快富、暴富心愿。

北朝时胡商大量涌入中国,"西胡化"的北齐不仅"胡人小儿"充斥宫廷,而且胡人富商入仕朝廷,疯狂索取经济回报,一度引起汉人朝臣的极大反感。胡人"金钱化"的财富观造成各阶层普遍腐败,胡商本身也急剧分化。刚入道的年轻胡商对现实社会充满失望,对未来也没有期望,形成爱占便宜的性格,总想用最少的劳动获得最多的钱财,甚至违背社会公理与正义,对整个社会的负面影响是显而易见的。因而隋代建立后,朝臣极力推行儒家社会价值观,胡商曾一度遭到贬斥,以纠正"滥得富贵"的歪风邪气。

四 商业竞争的垄断独占

粟特人聚居在中亚两河地带的中央,于地理位置优,经济和文化发展水平高于周边地区,但也是频繁遭受外部侵扰的地区,而这一切客观上促成了粟特人开放的视野。早在4世纪初,粟特人的商队就以敦煌为据点深入中国腹地,并与祖

图18 撒马尔罕大使厅壁画（线描）

国保持着经常的联系，7—8世纪，粟特人的聚落型居住网点已经布满了西域。根据已发现的粟特遗物和铭刻文字以及中国和阿拉伯的文献记载，可知粟特商人组成的使团访问过波斯和拜占庭。[1] 俄罗斯东方学家B.B.巴托尔德院士认为，粟特人的驼运商业活动，不亚于腓尼基沿海运商路的文化活动。

《新唐书·西域传》记载何国"城左有重楼，北绘中华古帝，东突厥、婆罗门，西波斯、拂菻等诸王，其君旦诣拜则退"。[2] 在一座城墙建筑上，同时绘有中国、突厥、印度、波斯、东罗马诸国的统治者形象，这样的城市，恐怕世界上任何别的国家都没有。撒马尔罕阿弗拉西阿卜遗址绘制在贵族府邸客厅上的"大使出行图"，西壁上康居国王拂呼缦接见各国朝贡使者，突厥卫士和贵族围绕着他，中国使节和粟特贵族列队前趋，[3] 这不仅充分反映了粟特人以自我为中心的文化视野，也表

---

[1] [法]魏义天著，王睿译《粟特商人史》第八章《使节与商人：西行路线》，广西师范大学出版社，2012年，第146—157页。
[2] 《新唐书》卷二二一《西域传》下，第6247页。
[3] [法]葛乐耐著，毛民译《粟特人的自画像》，图3"阿弗拉西阿卜壁画（西墙）"，见《粟特人在中国——历史、考古、语言的新探索》，《法国汉学》第10辑，中华书局，2005年。

图 19 唐代西亚胡商小贩俑，河南洛阳出土

现了粟特商业贸易四通八达的财富观。

因为阿拉伯帝国与波斯帝国之间的战争，一度阻断了胡商的贸易路线，迫使他们不得不向东发展以扩大生意。欧洲一些学者认为这是关键点，即并不是胡商的主动选择，而是被时代大潮裹挟到了中国，他们不是荣耀的移民，而是逃离的难民。笔者判断，粟特胡商垄断独占了中亚到中原的商业网络，不仅波斯商人受到粟特人的阻拦，拜占庭的东向贸易也受到排斥。入华的波斯商人大概多是从海路来到中国经商的。

中国是粟特胡商商品最大的销售市场，不管是长安和洛阳这传统的两京畿辅，还是"扬一益二"的扬州与益州这新兴的商业城市，胡商都在当地积累了大量的财富，他们突破了限制市场规模的国界，通过长途贸易把"异国风情"传入汉地，甚至在坊里间走街串巷、沿街叫卖、挨户兜售，留下了许多背负囊包、风尘仆仆的胡商小贩"橐囊"形象。[1]

中原地区汉人普遍的社会价值和判断标准，与粟特人观念显然有巨大差别。隋唐文儒宣扬重农抑商和"商为四民之末"的观念，如《大唐新语》记载唐代官员批评扬州"江淮俗商商贾，不事农业"，[2] 认为只有农业耕稼才是勤劳致富，行商犹如抢夺别人财物的行为，鄙视胡商挥霍钱财不会"量入为出"以及欠贷不还的行为。在汉人看来，胡商贪财求富是功利心态，贪财是万恶之根，财富是万恶之源。所以胡汉"财富观"与价值观有着种种差异，涉及双方的心理归属、文化接纳、价值认可。

中国史书中大多充斥着对商业的指责，对胡商更是讥讽他们忘恩负义，唯利是

---

[1] 葛承雍《唐代胡商形象俑研究》，载《唐研究》第 20 卷，北京大学出版社，2014 年。
[2] 《大唐新语》卷三，中华书局，1984 年，第 48 页。

图,占了便宜之后转移资产到故土,面对社会动荡造成的经济危机,不是承担责任而是全面撤离,影响中国经济信心,危害官员为政治绩,甚至唐代官员说朝廷的经济停滞困难,是胡人豪商畸形经济手法导致的。至于胡商讲究宴饮酣畅、贵气十足、锦衣华服、歌舞狂欢,展示出他们及时行乐的享受心态,愈发引起汉地官民的另眼看待。

初唐到盛唐时期,唐朝改善营商环境有法律保障,贸易准入机制稳定。胡商反应灵敏,把握市场行情最为擅长,加之他们交接权贵长袖善舞,寻求庇护不遗余力,甚至跻身官途。针对达官贵人金帛宝物奢侈品消费巨大的状况,胡商大量贩运高档物品,赚取高额利润,因而在唐朝最负盛名。武则天延载元年(694)在洛阳端门修建"大周万国颂德天枢","诸胡聚钱百万

▲ 图20 骆驼载物石刻,日本美秀美术馆藏

▼ 图21 北齐载货骆驼俑,山西太原出土

亿"。[1]《大唐新语》进一步解释天枢建立是"番客胡商聚钱百万亿所成",[2]胡商纷纷捐钱不仅说明他们富有实力,而且借助官府庇护自己驰骋商场,树立商贸活动中的独霸地位。

安史之乱后唐廷急于用钱,胡乱征税,厚税敛赋的"榷商"竟使长安为之罢市,胡商面对长安日渐恶劣的营商环境更想捞一把就走,普遍有一种商业"恐惧感"。虽然其后朝廷实施商贾保护政策,但是腰缠万贯的胡商刺激了唐廷的官员,他们对胡商发财致富羡慕嫉妒,采取掠夺式攫取,深深影响了粟特商人发展的生命线。

中唐以后,唐朝社会动荡不已,更加刺激了胡人一夜暴富的欲望,造成一些胡商对财富的疯狂贪欲。回鹘人借助粟特胡商为己敛财,粟特商人也乘机大捞一把,不管是绢马贸易,还是奢侈品贩运,都加剧了经济危机和社会动荡。

笔者认为,中古社会与丝路商贸上最活跃的是粟特人,"神化"胡商与"妖魔化"胡商都是不可取的,关键是要明白他们的财富观和价值观。胡商有着善识商机、冒险犯难、竞争流动的进取精神,但不要误以为胡商就应该"乐善好施""笃行仗义",试图让胡商承担国家兴衰变化的责任与拯救民众的义务,这样想恐是对胡商的误判。商人首要目的就是赢利、赚钱,如果亏本就不会去补贴官府赋税,外国"奸商"入华更是以挣钱营利为目的,要胡商回报社会、捐资拯救饥民这显然是荒谬的。汉儒空洞的政治考量和虚假的道德说教,试图让胡商或其他商人去承担国家的政治责任,试图用政治权力去影响商人的经营理念,这无疑是封建集权社会下一厢情愿的政治幻想。

考虑到中古时期北方草原霸主东、西突厥和吐蕃、回鹘、中亚昭武九姓诸国以及萨珊波斯的种种错综复杂的关系——结盟与反叛,扩张与反目,抗衡与限制,粟特胡商要在多极政权下游刃有余地获得利润,寻找符合自己利益的空间,只能采取实用主义的投机态度,与每一方的优势政权周旋达成交换利益的筹码,甚至参与地缘政治操作,表达政治效忠和贸易朝贡,这才是胡商长久驰骋在中西古道的原因。因而,胡人"财富观"并不是现代舶来品,而是合乎情理的历史选择。

通过中古胡人的"财富观"可以透视人性的本真,特别在是一个物欲横流、愿

---

[1]《资治通鉴》卷二〇五,延载元年(694)八月条,第6496页。
[2]《大唐新语》辑佚,第204页。

为财狂、以财富论高下的社会里,使人从"神性的奴役"转换成"贪婪的奴役",形成暴富短视的经商理念,沉溺于财富丰厚的享受里不能自拔,也就无法摆脱"财奴"束缚而给社会经济注入长久的活力。至于粟特商胡将祆教传入突厥,将摩尼教传入回纥,将景教传入中亚和中原,似乎只有宗教文化才能纠正人们"财富观"的偏差,每当遇到困难或陷入绝境的胡商占卜拜巫、祈求神灵、许愿报答时,他们就皈依佛教、祆教、景教、摩尼教等多元宗教信仰,寻找精神的依托,祈求神灵在漫漫商道上护佑自己的族群及商队。

MICROSCOPIC CHANGES ABOUT THE ENTRY OF THE BARBARIAN CUSTOMS IN MACRO-HISTORY OF HAN DYNASTY

9 汉帝国宏观历史下『胡风渐入』的微观变化

汉帝国宏观历史下"胡风渐入"的微观变化

春秋时代中国将外族称为戎狄蛮夷,"胡"字在战国时代开始用来描述北疆异族,后来成为对北方游牧民族和北疆地域的笼统泛称。秦汉之际,"胡"一度成为匈奴的专称,但在张骞通西域之后,随着汉朝与周边民族的交流往来,原先笼罩在匈奴汗国下的各个异族浮出水面。汉人逐渐将"胡"字之前加一方位名词,区分成"东胡""北胡"和"西胡"[1],东胡包括原来晋北的林胡、楼烦以及燕北的东胡、山戎之地;北胡主要指以匈奴为代表的北方游牧民族以及北狄系诸胡;而西胡则是指来自西域广袤地区的各国人。

《战国策·齐策五》第一次单独出现"胡人"两字:"胡人袭燕、楼烦数县。"如果北方是胡人的先发地区,那么西北方就是胡人的后发地区。从体质人类学上说,东胡是东亚蒙古人种,北胡则属于北亚蒙古人种[2],西胡明显为欧罗巴人种。在内陆中原地区发现的胡人的不同遗踪,以往被隐没在历史的暗处,但现在学术界已经开始找寻其身份的确证。[3]

---

[1] 王国维《观堂集林》卷一三《西胡考》指出:"汉人谓西域诸国为西胡,本对匈奴与东胡言之。"河北教育出版社,2003年,第307页。《史记·匈奴列传》谓"东胡强而月氏盛"。《史记·太史公自序》:"直曲塞,广河南,破祁连,通西国,靡北胡。"《淮南子·要略》引高诱注:"中国以鬼神之事曰忌,北胡、南越皆谓请龙"。《山海经·海内东经》记载:"西胡白玉山在大夏东。"《后汉书·西域传》:"逾矣西胡,天之外区。"《说文解字·邑部》:"鄯善,西胡国也。"

[2] 孙机认为,根据南西伯利亚出土的黄金饰牌上的人像和蒙古呼尼河沿岸出土的头骨资料,原始匈奴族很可能含有印欧人种的因素。见《汉代物质文化资料图说》,上海古籍出版社,2008年,第492页。潘其风《从颅骨资料看匈奴的人种》,《中国考古学研究——夏鼐先生考古五十年纪念文集(二)》,科学出版社,1986年,第292—301页。朱泓《内蒙古长城地带的古代种族》,载《边疆考古研究》第1辑,科学出版社,2002年,第301—313页。

[3] 陈健文《试论中国早期"胡"概念之渊源》,载《欧亚学刊》第6辑,中华书局,2007年。邢义田《古代中国及欧亚文献、图像与考古资料中的"胡人"外貌》,载《台湾大学美术史研究集刊》第9期,2000年。

▲ 图1 战国时代中山国有翼神兽

图2 女性陶俑，汉阳陵出土

▼ 图3 双面铜人镦，汉阳陵出土

汉帝国的强盛并不是在封闭环境下突然崛起的孤立奇迹，而是吸纳周边民族和外来文化后的变化。"胡"除了代表种族部落与地域概念外，还有着渐入汉地后文化交流的影响，所以汉代历史不仅是汉族创造的文明，也是各民族融会"胡风"后共同创造的。

一

汉代之前东西方交通线是游移不定的，游牧民族的流动性使得双方接触彰显不明，汉武帝时期张骞开通了西域之路，其目的是为了联合月氏合击匈奴、开拓西部以建立汉帝国的广大疆土，尽管当时汉朝对西域的控制也是时断时续，但从此贯通了东西方物质与文化交流的主渠道，延伸了原本存在的欧亚草原之路。

汉人以前对西方世界的想象大概不会超过《穆天子传》《山海经》的内容范围。汉武帝时期已知晓位于葱岭以西的西域诸国，从

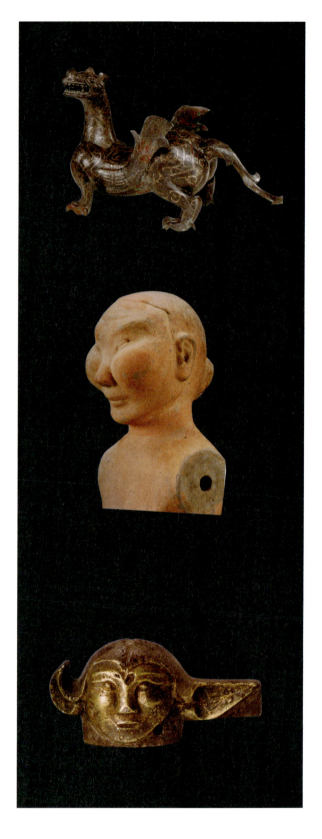

《史记·大宛列传》看，中原汉地已获知大宛（费尔干纳及周边地区）、大夏（巴克特里亚）、安息（帕提亚）、条支（安条克）、身毒（印度）、大月氏（阿姆河之北）、康居、乌孙、奄蔡、于阗等国家，其中对张骞与胡奴甘父及副使所到的畜牧"行国"和农耕"土著"还有较详细记述。大宛"有城郭屋室，其属大小七十余城，众可数十万"；安息"城邑如大宛，其属大小数百城，地方数千里，最为大国"；大夏"有城屋，与大宛同俗。无大君长。往往城邑置小长……大夏民多，可百余万"。这些国家的众多城邑正是亚历山大希腊化建城的特征，而它们的政治统治形式也是实行希腊化王国的君主制。[1] 汉人从此知道除了自己的城邑外，西方诸国也建有众多的城市，这无疑开阔了汉人的视野。

▲ 图4 胡人头饰陶仓，汉阳陵出土

图5 陶仓上的胡人守仓形象，汉阳陵出土

▼ 图6 陶马，汉茂陵出土

---

[1] 杨巨平《亚历山大东征与丝绸之路》，《历史研究》2007年第4期。

图7 东汉胡人绿釉烛台,陕西西安出土

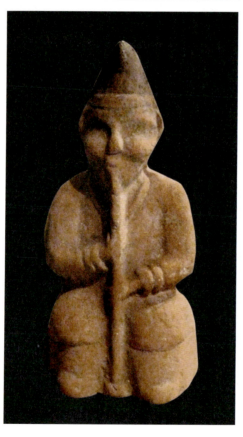

图8 胡人俑,四川省博物馆藏

随着汉朝对西域经营的展开,汉人对其认识也逐步加深,知道大宛、大夏、安息等属于经济大国,大月氏、康国等属于兵强畜多的军事强国,对西域诸国丰富的物产、奇货和手工业品十分感兴趣,并逐渐重视双方沟通。为了扼住匈奴咽喉之地,元封三年(前108),汉军攻取楼兰、姑师两地;太初三年(前102),李广利远征大宛,"西域震惧,多遣使来贡献,汉使西域者益得职"[1]。汉宣帝神爵三年(前59),西域都护府正式设置于乌垒城(今轮台县),标志着汉朝对西域的统辖完全确立。

张骞西使回国后,"其后岁余,骞所遣使通大夏之属者皆颇与其人俱来,于是西北国始通于汉矣"。特别是西域"使者相望于道,诸使外国一辈大者数百,少者百余人……汉率一岁中使多者十余,少者五六辈,远者八九岁,近者数岁而反"[2]。"西北外国使,更来更去",他们大批到达长安,献礼谒见汉朝天子,官方往来由此拉开大幕。

《史记·大宛列传》说汉武帝

---

[1]《汉书》卷九六上《西域传》,中华书局,1962年,第3873页。
[2]《史记》卷一二三《大宛列传》,中华书局,1959年,第3170页。

"方数巡狩海上，乃悉从外国客，大都多人则过之，散财帛以赏赐，厚具以饶给之，以览示汉富厚焉。于是大角抵，出奇戏诸怪物，多聚观者，行赏赐，酒池肉林，令外国客遍观各仓库府藏之积，见汉之广大，倾骇之"。《三辅黄图》卷四又载："武帝初穿池得黑土，帝问东方朔，曰：西域胡人知。乃问胡人，胡人曰：劫烧之余灰也。"武帝故意在胡人面前显示汉朝的富裕，尽管有炫耀浮夸之意，也透露出对西域胡人的重视。由此可见，汉武帝身边的"外国客"多有西域胡人，他们随侍汉朝皇帝周围，对朝廷的影响不容忽视。

令人瞩目的是，长安城里还有一批西域质子，《汉书·西域传》记载元封二年（前109）楼兰最先送王子到长安当人质，汉军进攻车师时（前99），"危须、尉犁、楼兰六国王子弟在京师者皆先归，发畜食迎汉使"。危须（今和硕县）、尉犁（今库尔勒东北）、楼兰（今若羌）皆为绿洲城国。此外，大宛王子、乌孙王子、康居王子、莎车王子等都在长安充当质子，他们带来的西域文化对汉地风俗也有着深刻影响。

1990—1992年甘肃敦煌悬泉置遗址考古出土汉代简牍中，有许多条涉及西域诸国，包括楼兰、且末、精绝、于阗、莎车、龟兹、疏勒、车师、乌孙等24国，其中也有不属于西域都护管辖的中亚国家，例如康居，汉成帝阳朔四年（前21）简：

阳朔四年四月庚寅朔戊戌　　送康居王质子乘（传）……如律令[1]

这条简映证了《汉书·西域传》中"至成帝时，康居遣子侍汉，贡献"的记载。地处中亚撒马尔罕的康居国，始终同汉朝保持着联系，但双方屡有冲突，汉朝认为康居态度桀骜骄慢，《汉书·陈汤传》记载汉元帝建昭三年（前36），西域都护甘延寿、陈汤远征中亚都赖水（今哈萨克斯坦江布尔城附近的塔拉斯河），擒杀北匈奴郅支单于，"斩郅支首及名王以下，宜悬头蒿街蛮夷邸，以示万里"。长安蒿街蛮夷邸是专门接待域外宾客的馆舍，这些馆舍为负责外交事务的典客、典属国、黄门等官吏服务，并设有专门的译官、译人，因此侨居蒿街的西域人较多，将郅支首级悬于蛮夷邸就是向他们警示宣威。

---

[1] 张德芳《悬泉汉简中若干西域资料考论》，载《中外关系史：新资料与新问题》，科学出版社，2004年，第141页。殷晴《悬泉汉简和西域史事》，载《吐鲁番学新论》，新疆人民出版社，2006年，第61页。

图9 西汉彩绘陶翼兽，西安北郊红庙坡出土

甘露三年（前51）春，汉宣帝在甘泉宫诏见南匈奴呼韩邪单于，"上登长平，诏单于毋谒，其左右当户之群臣皆得列观，及诸蛮夷君长王侯数万，咸迎于渭桥下"[1]。可见西汉中期以后旅居或侨居长安的外来"蛮夷"人数相当大。敦煌悬泉汉简中还有宣帝时期一枚涉及"质子"和"使者"的木牍：

> 斗六升。二月甲午，以食质子一人，鄯善使者二人，且末使者二人，莎车使者二人，扜弥使者二人，皮山使者一人，疏勒使者二人，渠勒使者一人，精绝使者一人，使一人，拘弥使者一人。/乙未，食渠勒副使二人，于阗副使二人，贵人三人，拘弥副使一人，贵人一人；（莎）车副使一人，贵人一人；皮山副使一人，贵人一人，精绝副使一人。/乙未以食疏勒副使一人，贵三人。凡卅四人。[2]

由这枚汉简可知，悬泉置驿两天内共有9个西域国家的34人经过此地，尽管

---

[1]《汉书》卷九四下《匈奴传》，第3798页。
[2] 张德芳《悬泉汉简中有关西域精绝国的材料》，载《汉唐西域考古：尼雅—丹丹乌里克国际学术研讨会论文集》，2009年。

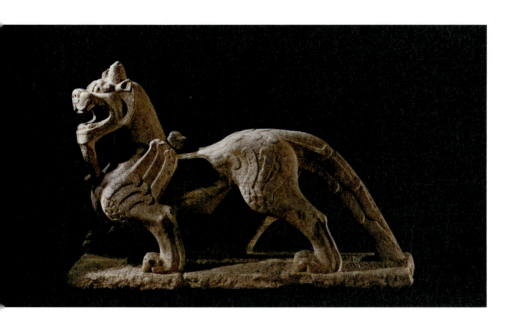

图10 汉代翼兽石刻，美国洛杉矶艺术博物馆藏

不知质子为哪国人，但是众多的使者、副使和贵人蜂拥在前往长安的道路上，可见当时西域诸国与汉的交往非常频繁，与史书"走胡地、倘南越"的记载互为映证。特别是这些使节不是单靠"质子"朝觐效忠，大量"贵人"来朝还有经济利益的驱动，打着"献物"旗号进行"贱市"。悬泉汉简记录"大宛贵人乌莫塞献驼佗一匹"，"乌孙、莎车王使者四人，贵人十七，献驼佗六匹"，都是明证。因而，质子东来"汉化"与贵人充溢"商化"都有着自己的利益需求。

汉成帝年间，康居国欲送质子到长安，《汉书·西域传》记载西域都护郭舜上书指责康居不尊重汉朝权威，"其欲贾市为好，辞之诈也。匈奴百蛮大国，今事汉甚备，闻康居不拜，且使单于有自下之意，宜归其侍子，绝勿复使，以章汉家不通无礼之国。敦煌、酒泉小郡及南道八国，给使者往来人马驴橐驼食，皆苦之"。但是中央朝廷还是接纳了康居质子，将康居作为"新通"国家给予优待，以维持西域的稳定局面。若说质子是汉朝与西域确定贡纳体系的特征，那么这种关系一直延续到东汉末年，袁宏《后汉纪》卷二三说，172年汉灵帝到京郊祭祀祖陵时，随从人员还有来自西域三十六国的质子。可见，在汉帝国对远疆的羁縻战略部署中，"羁服外域，东朝天子"，西域诸国已成为其不可分割的控制部分。

从以上汉代对外政治格局来看，由汉初反击匈奴"北胡"到武帝时转而羁縻西域"西胡"，比起匈奴统治下的暴敛苛求与财物勒索，西域诸国更愿归属汉朝。大量西域

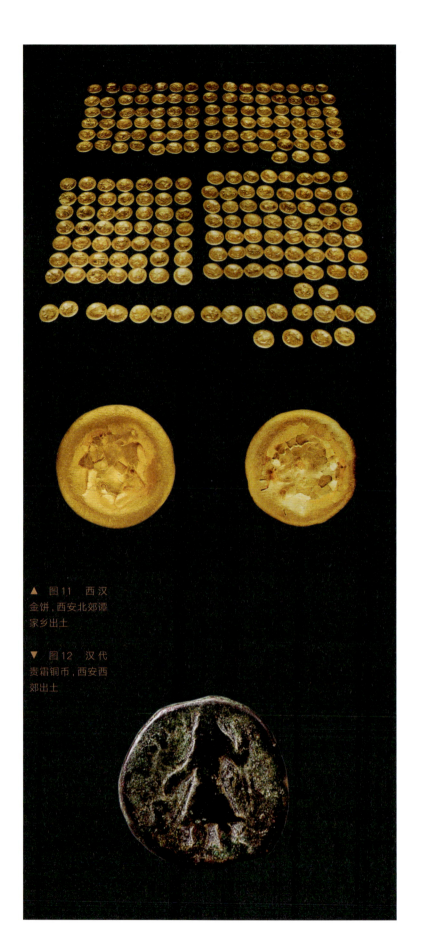

▲ 图11 西汉金饼，西安北郊谭家乡出土

▼ 图12 汉代贵霜铜币，西安西郊出土

胡人进入中原汉土和长安，通过使节、质子、礼赠、贡献、册封等方式，渐入长安政治圈子。西域都护府的设立更确立了汉廷与西域诸国的羁縻隶属关系，西域诸国愿意为汉朝使节和军队提供食物、牲畜、帐舍等，保护它们摆脱匈奴或其他民族的侵扰，从而在奠定汉帝国广大版图中纳入了西域的经济（屯田）、军事（驻军）因素。这也是两汉时期胡风劲吹的前提。

二

汉武帝元狩四年（前119），张骞再度出使西域，此行并不是一味建立政治联盟，他携带"牛羊以万数，金币帛直数千巨万"，对经济活动格外重视。张骞注意到安息、大夏两地"有市"，"善贾市"，其都城"有市贩贾诸物"；安息"以银为钱，钱如其王面，王死辄更钱，效王面焉"。这不仅描述了当时以巴克特里亚为中心连接中亚、西亚、南亚地

▲ 图13 西汉彩绘陶马陶骆驼，陕西西安出土

▼ 图14 延年益寿长葆子孙织锦图案纹样，新疆民丰尼雅出土

区的商贸网络,而且介绍了这些地区流行的钱币。此后除了大宛、安息、大月支、康居等大国与汉朝进行贸易往来外,西汉中后期,塔里木盆地边缘的绿洲城国纷纷前往中原通商。《汉书·西域传》首称疏勒(今喀什噶尔)其地"有市列"。这种贸易远远超出了汉朝与匈奴"北胡"贸易的规模、种类和次数,绿洲定居民族的农业、商业与草原游牧民族的狩猎、畜牧,经济上具有较大差别,他们对汉朝的影响也有所不同。

敦煌悬泉汉简记录西域各国与中原交往过程中,就出现许多史书没有记载的国王使节、王公贵族往来内容:

一、楼兰王以下

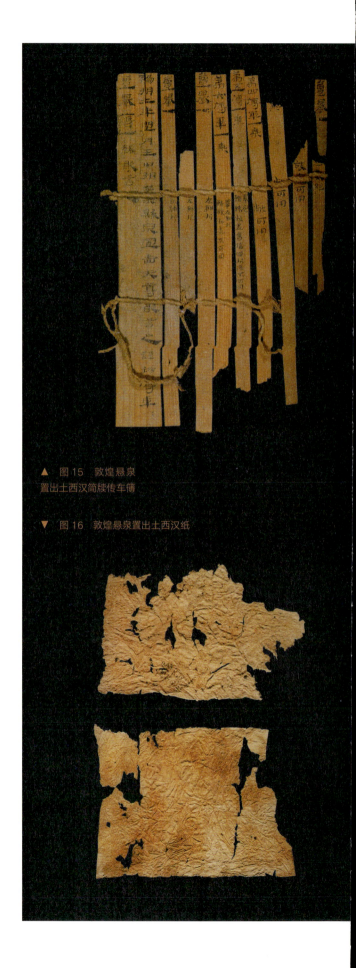

▲ 图15 敦煌悬泉置出土西汉简牍传车簿

▼ 图16 敦煌悬泉置出土西汉纸

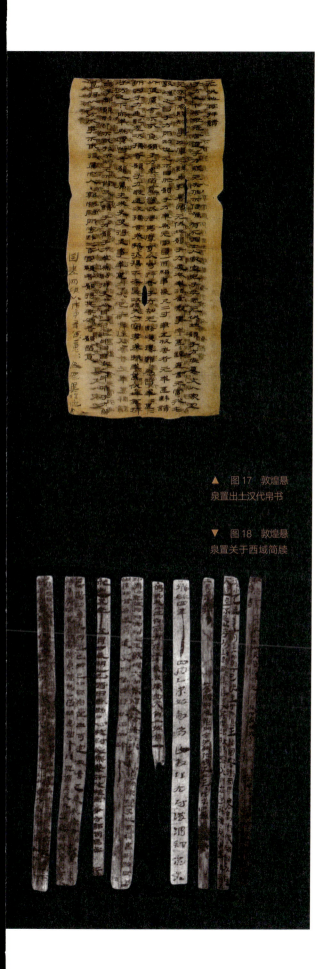

▲ 图 17 敦煌悬泉置出土汉代帛书

▼ 图 18 敦煌悬泉置关于西域简牍

二百六十人，当东，传车马皆当柱，敦……

二、……送精绝王诸国客凡四百七十人。

三、各有数，今使者王君将于阗王以下千七十四人，五月丙戌发禄福，度用庚寅到渊泉。

四、客大月氏、大宛、疏勒、于阗、莎车、渠勒、精绝、扜弥王使者十八人，贵人□人……

五、永光五年（前39）七月癸卯朔丁巳，使送于阗王诸国客，卫司马参，副卫候临，移敦煌太守……

六、甘露元年（前53）二月丁酉朔己未，县泉厩佐富昌敢言之，爰书：使者段君所将疏勒王子橐驼三匹，其一匹黄，牝；二匹黄，乘，皆不能行，拔亚死，即与假佐开、御田遂陈……

七、甘露二年（前52）正月庚戌，敦煌大守千秋、库令贺兼行丞事，敢告酒泉大□　罢军侯丞赵千秋上书，送康居王使者二人、贵人十人、从者□　九匹、驴卅一匹、橐佗廿五匹、牛一。戊申，入玉门关。已阁□

八、传送康居诸国客，卫候臣弘、副□池阳令臣忠上书一封。　黄龙元年（前49）

九、以食守属孟敞送自鄯善王副使者卢匿等，再食，西。

十、出钱百六十，沽酒一石六斗。以食守属董竝，叶贺所送沙车使者一人、罽宾使者二人、祭越使者一人，凡四人，人四食，食一斗。[1]

以上十条简牍，主要书写于宣帝到元帝、成帝期间，记载西域各国使团包括绿洲城邦的王公贵族，少的几十人或几百人，多的竟达千人以上，成群结队进入中原。汉朝规定，对外来奉献使者免费招待，提供食宿或交通工具，故费用浩大。特别是打着使者旗号的康居胡商也乘机入境，据永光五年（前39）《康居王使者册》记载[2]，康居王使者杨佰刀、副使扁阗，苏薤王使者姑墨、副使沙囷以及贵人为匿等多次进入汉境贡献骆驼，敦煌所属关县提供食宿，但这次到达酒泉后，将骆驼交给当地官府，酒泉太守及属下不仅不按实际情况给所献骆驼评估论价，也不依照过去惯例供食，硬将值钱的白骆驼评估为不值钱的黄骆驼，肥骆驼说成是瘦骆驼。杨佰刀深感冤枉，上诉长安汉廷鸿胪署，中央移书敦煌太守要求追查详情，按律令处置。由这件简牍可知，当时打着正使、副使旗号的康居和苏薤胡人，实际上就是借"贡献"之名进行贸易的胡商，故而遇到压价收购时，也敢向汉朝政府告发，以求得中外贸易公平。

正是在这种西域对中国"纳贡"贸易交流的背景下，双方贸易蓬勃发展，"奉献者皆行贾贱人，欲通货市买，以献为名"[3]。一直到东汉仍"立屯田于膏腴之野，

---

[1]《敦煌悬泉汉简内容概述》《敦煌悬泉汉简释文选》，《文物》2000年第5期。这些简牍考释资料汇编见胡平生、张德芳《敦煌悬泉汉简释粹》，上海古籍出版社，2001年。

[2] 胡平生、张德芳《康居王使者册》，载《敦煌悬泉汉简释粹》，第118页。又见郝树声、张德芳《悬泉汉简研究》，甘肃文化出版社，2009年，第217页。有趣的是，汉简上还记录了许多西域使节、贵人、军将、侍从的名字，如"胡奴殊子""病籍子""少卿子""屈俲子""跗力子""驹多子""贝卿子"等，值得进一步研究。

[3]《汉书》卷九六上《西域传》，第3886页。

列邮置于要害之路。驰命走驿，不绝于时月；商胡贩客，日款于塞下"[1]。光武帝去世时，《东观汉记》卷一六说长安城"西域贾胡，供起帷帐设祭"，可知旅居长安的西域胡商肯定不少。

西域物产丰富、手工业制品精致，这些都远远高于"北胡"匈奴，匈奴的金银器制造技法和工艺多是从西域传入，例如常见的"胡人搏兽"题材明显引自大夏。在诺音乌拉匈奴贵族墓中出土有来自罗马、波斯风格的随葬品，其毛织壁毯上刺绣有浓密胡须、蓝色瞳孔的西方人像，明显是来自西方的作品[2]。况且匈奴的物品也有很大部分依靠西域诸国供应，《汉书·西域传》载"匈奴西边日逐王置僮仆都尉，使领西域，常居焉耆、危须、尉犁间，赋税诸国，取富给焉。"善于经商的西域胡人直接充当匈奴与诸国贸易中介的角色。东汉光武帝建武二十八年（52），北匈奴遣使携贡马、皮裘乞求和亲，"率西域诸国胡客与俱献见"[3]，可见，匈奴依赖西域胡商向汉廷奉献见面礼。所以，笔者认为，进入汉地的一些西域胡人有可能是通过匈奴来的，汉匈之间兴贩流通不能忽视西域胡商的作用。

汉朝与匈奴经济往来中，付给匈奴大量丝绸、帛絮、粮食、酒以及其他物资，匈奴交换品匮乏，只有马羊等牲畜和皮毛之类物品。匈奴自己无货币，平时建仓存谷、穿井筑城都是依赖境内汉人劳动者。西汉后期，匈奴内乱导致经济穷困，时常靠寇盗劫掠救济补充。但汉朝与西域交易的物品却丰富多彩，月支苏合香，于阗玉石，罽宾织物，珠玑，大秦珊瑚、琉璃，波斯鍮石，千涂国玉晶等。罽宾以金银为钱，"文为骑马，幕为人面"，安息也是以银为钱，"文独为王面，幕为夫人面"，龟兹的冶炼铸造产品被称为"胡铁"，于阗发行的汉佉二体钱在1世纪时非常流行[4]。相比之下，汉人更看重"西胡"经济的发展，"西域殷富，多珍宝，诸国侍子及督使贾胡数遗（李）恂奴婢、宛马、金银、香罽之属"[5]。中原达官贵族普遍以享用香料、石蜜、毛罽等西域商品为荣，不惜竞购奢侈品以满足自己的穷奢极欲。一般来说，匈奴自上而下好汉物，汉人则喜好西胡奇珍。所以，匈奴"胡骑"在军事方面

---

[1]《后汉书》卷八八《西域传》，中华书局，1965年，第2931页。
[2] 鲁金科《匈奴文化与诺音乌拉巨冢》，莫斯科-列宁格勒，1962年。本条资料承蒙马利清博士提供，特致谢忱。
[3]《后汉书》卷八九《南匈奴列传》，第2946页。
[4] 孙机指出，于阗汉佉二体钱上虽有汉篆文字，但它不是铸造或镌刻，而是打压成的，这是西域古币自希腊钱那里承袭来的传统。见《汉代物质文化资料图说》，第520页。
[5]《后汉书》卷五一《李恂传》，第1683页。

图19 胡人陶俑，内蒙古鄂尔多斯汉墓出土

影响汉朝，西域商贸则远远超过"北胡"匈奴的影响，"胡风渐入"带来了一系列经济上的变化。

从家畜方面看，据《汉书·西域传》记载，汉武帝年间西域南海方物"明珠、文甲、通犀、翠羽之珍盈于后宫，蒲梢、龙文、鱼目、汗血之马充于黄门，巨象、狮子、猛犬、大雀之群食于外囿。殊方异物，四面而至"。依照《史记·乐书》解释"（汉武帝）后伐大宛，得千里马，马名蒲梢"，实际上，蒲梢、龙文、鱼目与汗血是来自西域的四种骏马[1]。《三辅黄图》卷三又说，皇家收藏外国珍宝之地："奇华殿在建章宫旁，四海夷狄、器服珍宝，火浣布、切玉刀、巨象、大雀、师子、宫马，充塞其中。"汉人知道大宛出天马，鄯善国出骏马，蒲类国出好马，龟兹国出良马，"乌孙多马，其富人至有四五千匹马"[2]。西域马在中原掀起了一阵追求之风，人们津津乐道于"天马""龙马""西极马"，汉武帝甚至亲作《天马歌》，这一胡风胡俗不可谓不烈。

从植物方面看，葡萄栽种技术首先通过西域传入中原汉地，《史记·大宛列传》载："汉使取其实来，于是天子始种苜蓿、蒲陶萄肥饶地。及天马多，外国使来众，则离宫别馆旁尽种蒲（葡）萄、苜蓿极望"。安息、大宛、焉耆的葡萄酒也风靡汉地，特别是伊吾、且末、于阗等国土地适合种植葡萄成为汉人知道的信息。大宛、罽宾有马驼嗜吃的苜蓿，也引入汉地种植。葭苇、胡桐、白草等原来中原不清楚的植物也进入了汉人眼中，西域各国所产瓜果被列入"五果"载入史书。

---

[1] 对"蒲梢"的语源研究，见芮传明《古突厥碑铭研究》，上海古籍出版社，1998年，第150页。林梅村认为，大宛"蒲梢"若与周穆王八骏"奔霄"联系，也许来自楼兰语词。

[2]《史记》卷一二三《大宛列传》，第3172页。

从走兽飞禽看，《史记》《汉书》《后汉书》都记载天竺即身毒国，出产大象，其人"乘象以战"。乌弋山离国、条枝国、安息国均有狮子。大秦的玄熊（黑熊），罽宾的沐猴、封牛，条枝的犀牛、鸵鸟、孔雀，安息的鹫鸟（秃鹫）可以啖羊。《三辅黄图》卷三记载汉长安城奇华宫附近兽圈内有来自西域的狮子和鸵鸟，《后汉书·章帝纪》载章和元年（87），月氏人曾将狮子进贡中国。

从矿产珠宝看，于阗的玉石、莎车的青玉、大秦的五彩玉、姑墨的雌黄、天竺的黑盐等都受到汉人喜欢，尤其是王公贵族更喜爱奇珍异宝，《汉书·西域传》记载罽宾国有珠玉、珊瑚、琥珀和璧流离（青金石），《后汉书·西域传》则记录大秦国有夜明珠、琥珀、夜光璧、青碧（孔雀石）、朱丹（朱砂）和出琉璃，天竺有玳瑁等。当时运往汉地的西域商品以宝石、香料、玻璃器、毛织品为主。一直到前凉"张轨时，西胡致金胡瓶，皆拂林作，奇状。并人高，二枚"[1]。

此外，汉文史料对西域产生的毛皮、香料、织物、金属之类的物产也有不少记载，[2] 西汉时西域有三十六国，到西汉末分为五十五国，不管是位于昆仑山脉、葱岭深处还是位于沙漠边缘，它们都留下了许多历史遗迹。一个多世纪来，新疆楼兰、尼雅等地不断发现大量汉晋时期的汉地丝绸织物、木胎漆器，著名的有"五星出东方利中国"锦，"延年益寿长葆子孙"锦等汉文化实物；而具有明显西方风格的精纺毛织品、黄金和黄铜装饰品以及陶器等也陆续出现，吹竖笛半人半马怪像、希腊武士像、手捧丰饶角的女神像、持双蛇杖的赫尔墨斯像、人兽葡萄纹罽等毛锦彩缂图案更是引人注目，这些都是著名的西域特产标本，不再一一细列。[3] 尽管有些西域国家的物产还是传说，甚至是想象中的灵物，却极大地勾起了中原汉人的无限遐想。

西安汉城遗址等地发现的圆形希腊铭文铜饼、铅饼，西安东汉墓中发现的带翼裸体幼童铜人[4]，以及汉元帝渭陵寝殿遗址发现的西汉玉人骑翼马和带翼玉狮等[5]，都

---

[1] 《太平御览》卷七五八《器物部三》引《前凉录》，中华书局，1960年，第3365页。
[2] 余太山《两汉魏晋南北朝正史西域传研究》，中华书局，2003年，第284—302页。
[3] 《新疆文物古迹大观》，新疆美术摄影出版社，1999年。《天山古道东西风——新疆丝绸之路文物特辑》，中国社会科学出版社，2002年。祁小山、王博编著《丝绸之路·新疆古代文化》，新疆人民出版社，2008年。
[4] 张子波《咸阳市新市出土的四件汉代玉雕》，《文物》1979年第2期。
[5] 作铭《外国字铭文的汉代铜饼》，《考古》1961年第5期。雒忠如《西安十里铺东汉墓清理简报》，《考古通讯》1957年第4期。

图 20 汉晋"五星出东方利中国"护膊

说明"胡风渐入"绝不是一个描绘虚词,而是作为一个社会新因素真实地进入中国,这是潜移默化的渗透与前所未有的思想变化。正如《汉书·西域传》说的"自宣、元后,单于称藩臣,西域服从,其土地山川侯户数道里远近翔实矣"。有汉一代,对外来民族从双方对峙到交流互通,逐渐凸显大国思维的自信,既吸收外来因素又坚持本位文化,改变狭隘,兼容并蓄,从而形成了一个新的包容格局。

三

西汉在西域扩张之后,汉帝国版图直抵葱岭(今帕米尔高原)以西,这样大大拓展了汉人的眼界,见识了许多以前不知的西域文化,并使汉族儒士不同程度地对正统的华夷观产生了修正,不仅发展出"以夷制夷"的战略,甚至认同和赞赏西域胡风,营造了宽松的文化

环境。

其一，石刻艺术。林梅村教授曾指出："秦石鼓等先秦石刻艺术可能借鉴了北方草原游牧人实施狩猎或战争巫术用的鹿石，只是用文字替代了动物纹和巫术符号。西汉石刻艺术仍受北方草原文化强烈影响，这在霍去病墓石雕群中表现得尤为明显。"[1]霍去病墓石人石兽的雕刻多以动物撕咬打斗为题材，渗透着草原文化气息，或许就是来源于新疆阿尔泰山早期地面石人像的传播。中亚希腊化艺术也对汉朝石刻产生影响，最具代表性的就是犍陀罗艺术。尼雅遗址曾出土过犍陀罗艺术风格的雕花家具和高坐具。

其二，音乐传播。据《西京杂记》卷三记载："戚夫人侍儿贾佩兰，后出为扶风人殷儒妻……至七月七日临百子池作于阗乐"，说明"于阗乐"在西汉时期就已传入中原汉廷，在宫内教坊演奏。汉代使用胡角乐器吹奏的《横吹曲》，也是源于从西域传入的《摩诃》《兜勒》。崔豹《古今注》载："横吹，胡乐也。张博望入西域，传其法西京，唯得摩诃、兜勒二曲，李延年因胡曲更造新声二十八解，乘舆以为武乐。后汉以给边将，和帝时，万人将军用之。""摩诃"译自印度梵语 mahā（伟大的）。

图 21　讨南羌锦，新疆民丰尼雅遗址出土

其三，西域胡书。张骞出使回来报告安息文化时，介绍"画革旁行以为书记"，这是指用皮革作为书写的材料，即在山羊或绵羊皮上写字记录，这是希腊最早使用的一种羊皮纸，与埃及的莎草纸和中国的帛书简牍都不同。竹简木牍是上下竖写，西方文书是左右横写，张骞惊讶万分，因而将见闻记录在案。

---

[1] 林梅村《古道西风——考古新发现所见中西文化交流》，生活·读书·新知三联书店，2000 年，第 156 页。

《汉书·元帝纪》载建昭四年(前38)正月,因为陈汤诛灭匈奴郅至单于,"群臣上寿(酬)置酒,以其图书示后宫贵人"。颜师古曰:"郅至丧败之余,安能携图书而去,此必康居之物,西域胡所为也。"[1]匈奴人无文字,缴获的郅至单于图书可能是康居人文书,有学者指出其完全可能是粟特文书[2]。楼兰发现屯田的汉文木简,又出土不少涉及经济法律的佉卢文简牍,说明当时胡书与汉书通用的状况。

其四,百戏表演。汉代盛行的百戏包括角抵、杂耍、幻术、乐舞、寻橦、斗兽、马术等表演艺术,其中包含了许多外来艺术。《史记·大宛列传》记载汉武帝元封三年(前108),安息国"以大鸟卵及黎轩善眩人献于汉",索隐注:"犁靬多奇幻,口中吹火,自缚自解。"《后汉书·西域传》鱼豢引《魏略》称:"大秦国俗多奇幻,口中出火,自缚自解,跳十二丸,巧妙非常。"他们的吞刀吐火使汉人惊奇无比,其他如"安息五案"(叠案倒立)、"大秦跳丸"(抛丸手技)、"都卢缘橦"(高竿表演)均是西方传来的表演艺术。

其五,西域乐器。《汉书·郊祀志》上记载汉武帝时"嬖臣李延年以好音见……益召歌儿,作二十五弦及空侯瑟自此起"。"空侯"即箜篌,起源于埃及,后经亚述传入波斯、印度和中亚。东汉应劭《风俗通》和《后汉书·五行志》都记述有箜篌。《旧唐书·音乐志》:"竖箜篌,胡乐也,汉灵帝好之。体曲而长,二十有二弦,竖抱于怀,用两手齐奏,俗谓之臂箜篌。"新疆且末古墓地发掘出约相当于战国时代(前5世纪—前4世纪)的两件古箜篌。表现音域广阔的琵琶起源于美索不达米亚,东汉时从西域传入,新疆尼雅汉代精绝国遗址出土过琵琶残件。

这些从西域传入中国的文化,无疑使汉人受其熏染陶冶,从而使自身文化发生某种程度的改变,进而使本身生活方式或风俗习惯出现变化。中原统治者曾向往东方,入海求仙寻找不死之药,也向西寻求昆仑仙境中西王母的长生不老药(玉芝草),而下层士民追求神话中的西王母疗饥救世则风靡一时,甚至引起社会骚动。《汉书·哀帝纪》记载建平四年(前3)"关东民传行西王母筹,经历郡国,西入关至京师。民又会聚祠西王母"。《汉书·五行志》记载当时"京师郡国民聚会里巷阡陌,设张博具,歌舞祠西王母",可以想见原来"安息长老传闻条支有弱水、西王

---

[1] 吕思勉《匈奴文化索隐》,收入林幹编《匈奴史论文选集(1919—1979)》,中华书局,1983年,第176页。
[2] 林梅村《古道西风——考古新发现所见中西文化交流》,第181页。

母"[1]的神话，竟演变成长安和全国向往的求仙拜神活动。山东、河南、四川、陕西等地出土的汉代画像石、画像砖中留存有许多西王母"女神"形象，集中反映了西域文化的折射观照。

由于"汉发使十余辈至宛西诸外国，求奇物，因风览以伐宛之威德"[2]，汉代人对"深眼多须髯"的西域胡人形象越来越习以为常，甚至能辨别出"乌孙民有塞种、大月氏种"[3]，清楚乌孙与其他西域胡人"青眼赤须"的容貌形状大异。当头戴毡帽、足穿短靴、身着毛皮的"西胡"屡屡出现在中国时，引起中原文人异样目光的审视，东汉繁钦《三胡赋》描写道：

莎车之胡，黄目深睛，员耳狭颐。
康居之胡，焦头折颏，高辅陷无，眼无黑眸，颊无余肉。
罽宾之胡，面象炙蝟，顶如持囊，隅目赤眦，洞额印鼻。[4]

这种对莎车、康居、罽宾"三胡"面目特征的扭曲丑化，很可能只是一种道听途说后的猜想，正反映了汉人对西域胡人的惊奇，或许是在经受了匈奴等异族一次次冲击后产生的怨愤厌恶情绪，有意如此描写罢了。实际上，东汉文人对西域女子的描写非常动人，《玉台新咏·杂曲歌辞》有东汉辛延年《羽林郎》："胡姬年十五，春日独当垆。长裾连理带，广袖合欢襦。头上蓝田玉，耳后大秦珠。两鬟何窈窕，一世良所无……"

在汉代中原地区艺术创作中，雕刻工匠往往将胡人形象纳入艺术表现。山东青州1980年出土高达3.05米的汉代胡人石雕，头戴尖帽、深目高鼻、衣裤紧身，其形体巨大实属罕见。[5]河南方城出土守门画像石上署有"胡奴门"三字。[6]湖南衡阳道子坪东汉墓出土两个牵马胡俑。[7]长沙马王堆三号汉墓遣策记载"胡骑二匹匹一人""胡人一

---

[1]《史记》卷一二三《大宛列传》，第3163页。
[2]《史记》卷一二三《大宛列传》，第3179页。
[3]《汉书》卷九六下《西域传》，第3901页。
[4]《太平御览》卷三八二《人事部二三》"丑丈夫"，第1764页。
[5] 郑岩《汉代艺术中的胡人图像》，《艺术史研究》第1辑，中山大学出版社，1999年。
[6] 刘玉生《浅谈"胡奴门"汉画像石》，载《汉代画像石研究》，文物出版社，1987年。
[7]《湖南衡阳县道子坪东汉墓发掘简报》，《文物》1981年第12期。

图22 汉胡人铜灯，载《亚洲艺术》1997年11、12月会刊

人操弓矢"，说明墓主人有三个胡奴。[1] 四川彭山550号崖墓出土一件胡人吹笛俑。[2] 广东、广西等地还出土了许多胡人托盘或顶盘灯（简称胡人灯）。[3] 至于汉代画像石中的胡人形象就更多了，阉牛、奏乐、吐火、骑马、驾车等形形色色，胡汉交战的画像也比比皆是。最近汉阳陵出土陶仓上专门装饰有西域胡人头像，说明汉武帝之前西胡形象已经被长安工匠采用。这些令人眼花缭乱的西域胡人形象创作，都是证明"胡虏臣服、胡奴为仆"的主题，利用"胡风渐入"艺术的微观变化来歌颂汉帝国的千秋功业。

值得注意的新题材是，在汉代铜器和石刻中时常出现羽人形象，1964年西安汉城遗址出土有胡人怪异相貌的铜羽人，肩膊后生翼，跪膝下垂羽；[4] 洛阳也出土了类似的汉代铜羽人，肩生双翼，膝有垂羽，两耳大长，身体消瘦；[5] 东西两京都用怪异胡人相貌来表明不同凡人的神明，这无疑是来自西方艺术的影响。再结合河北满城中山靖王墓出土的有翼神兽及各地发现的汉代有翼神物，则汉文化与波斯帕提亚文化存在交流毋庸置疑。

---

[1]《长沙马王堆二、三号汉墓发掘简报》，《文物》1974年第7期。
[2]《四川彭山汉代崖墓》图版23，文物出版社，1991年。
[3] 苏奎《汉代胡人灯初探》，《四川大学学报》2004年增刊。又见薛勇编著《古灯》（陕西旅游出版社，2009年）中五件汉代釉陶胡人头顶灯实物。
[4]《西安博物院》图录，"青铜器"，世界图书出版公司，2007年，第100页。战国时代楚墓就已出现漆羽人，2000年湖北荆州天星观二号墓出土，见2007年香港历史博物馆编印《中国考古新发现》图录。
[5] 赵春青《洛阳汉家青铜羽人》，《文物天地》1993年第5期。

从上述历史文献与出土实物结合来看，汉帝国版图内西域文化盛行使得汉人受"胡风"熏染在所难免。《后汉书·五行志》云："灵帝好胡服、胡帐、胡床、胡坐、胡饭、胡空侯、胡笛、胡舞，京都贵戚皆竞为之。"虽然汉灵帝"变易胡俗"的嗜好内容均是奢侈享受，但从当时"胡夷异种，跨蹈中国"中可以看出，西域文化对于两汉以来的中原王朝产生了深层次的影响。尽管汉人时时想以自我文化优越感来体现对胡人异族的鄙视，但实际上作为新时尚的"胡风"影响远远超出了汉朝自身估计的程度，民族意识与国家意识在文化认同上并不相等，从政治外交、贸易交流到文化渗透，"胡风"吹入了汉帝国大厦的多个空间，这就是历史的规律及趋向。

RE-UNDERSTANDING THE SILK ROAD REFLECTED IN THE BAMBOO AND WOODEN SLIPS OF THE HAN DYNASTY FROM XUANQUAN, DUNHUANG

10

敦煌悬泉置汉简反映的丝绸之路再认识

敦煌悬泉置汉简反映的丝绸之路再认识

敦煌悬泉置汉简是记录中西交通史的重要文献，价值之高与影响之大都是空前的，也是汉代丝绸之路最宝贵的文物遗存。很多学者依据对汉简的整理与缀合，拼接出断裂的丝路文明，对今后的研究具有不可替代的启发意义。

近几年来，关于汉代有无李希霍芬所定义的"丝绸之路"异议不断，众说纷纭，主要有以下四个方面的意见：

其一，丝绸之路交流应是双向的，但中国的文化对外传播证据不足。没有一条从汉长安通往罗马的商业大道，传世的零星文献记载不足以说明汉代与罗马帝国之间架起了一座丝路桥梁。李希霍芬在19世纪所勾画的"丝绸之路"其实是西方人在心中构筑的殖民梦想。

其二，"丝"比"路"更容易引人误解，因为丝绸只是中西古道货物交易中的一种物品而已，金属制品、矿物原料、玉石、香料、马具及皮革制品、玻璃和纸都

图1　悬泉置遗址

图2 悬泉置遗址位置图

图3 悬泉置遗址

图4 悬泉置出土汉简

图5 悬泉置遗址复原图

图6 作者2014年考察悬泉置遗址

很常见。用"丝绸之路"命名中西交流的通道,容易误导人认为"丝绸"是罗马帝国时代西方对东方最感兴趣的商品,但实际上对文明交流的贡献,中国"四大发明"中的纸远远超过丝绸。

其三,丝路上的主要经济活动并非长途贸易。那些绿洲聚落大多以农业而非商业维生，绿洲贸易大多发生在当地城邦之间，转手中介占据绝大多数，多"以物易物"而不是用货币交易，所以认为丝路上"实际的贸易额相当小"，并没有活跃的国际物资交流[1]。

其四，张骞出使西域的目的是政治外交、军事联合和国家安全，而非重视贸易，宗教、艺术、语言和新技术交流方面的意义远远大于经济外贸。绿洲小邦国的经济活动不大可能那么依赖外贸。对丝绸之路从经济收益和对外开放意义上的理解是一种误读。

对于这些质疑和不同看法，需要细化分析，认真回应。

一 汉代传置道里簿记载的驿站里程路线

汉代丝绸之路真实存在吗？1974 年，从居延破城子出土的里程简和 1990 年敦煌悬泉置出土河西驿道里程简，构成了汉代长安到河西敦煌的里程表，两处发现的原始里程简（又称"传置道里簿"），清晰地记载了汉代丝绸之路的驿传设置和行进路线。

> 长安至茂陵七十里　茂陵至茯置卅五里　茯置至好止七十五里
> 好止至义置七十五里　月氏至乌氏五十里　乌氏至泾阳五十里……[2]
> 仓松去鸾鸟六十五里　鸾鸟去小张掖六十里　小张掖去姑藏六十七里
> 姑藏去显美七十五里　昭武去祁连置六十一里　祁连置去表是七十里
> 玉门去沙头九十九里　沙头去乾齐八十五里乾齐去渊泉五十八里……[3]

---

[1] [美]芮乐伟·韩森著，张湛译《丝绸之路新史》，北京联合出版公司，2015 年。耶鲁大学历史系韩森教授于 2012 年出版的这本书，在西方学术界引起了反响，认为她从丢弃的垃圾碎片（指出土简牍和文书）中恢复了历史真相，揭穿了丝绸之路的虚假景象，丝绸之路上活跃的是军队而不是商人，丝绸并不是重要交易商品，丝绸之路不是一条直通的路，而是一连串市场在东西方交易，评价她颠覆了传统的丝绸之路观念。

[2]《居延新简》EPT59.582，中华书局，1994 年，第 395—396 页。

[3]《敦煌悬泉汉简释文选》，《文物》2000 年第 5 期。郝树声《敦煌悬泉里程简地理考述》，载《敦煌悬泉汉简释粹》，上海古籍出版社，2001 年，第 207 页。

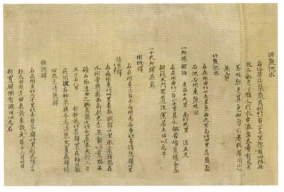
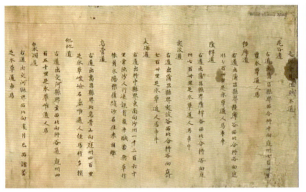

▲ 图7 敦煌文书道里簿

◀ 图8 敦煌悬泉置出土西汉《康居王使者册》木简，甘肃文物考古所藏

▶ 图9 粟特文书上记载的西域国名与地名

正是这些汉简无可辩驳地说明了当时有道路、有驿站、有里程，不再是一个粗线条的丝绸之路，而是由出土文献细化的历史路线。

汉代丝绸之路的基本走向是，东面始于西汉的首都长安（今西安），经咸阳，一条路沿泾河而上，经固原、景泰进入河西走廊，路途短但缺水，补给困难；另一条路沿渭水西行，经陇西、金城（今兰州）进入河西走廊，路途适中，补给一般。沿河西走廊西行，经武威、张掖、酒泉到咽喉之地敦煌。由敦煌出玉门关或阳关，穿过白龙堆到罗布泊地区的楼兰。按照汉简，汉代丝绸之路分为京畿段、安定段、武威段、张掖段、酒泉段和敦煌段等六段路线，每个站点平均相距约38公里。[1] 唐代

---

[1] 张德芳《西北汉简中的丝绸之路》，《中原文化研究》2014年第5期。

敦煌文书《沙州都督府图经》卷三记载，开元时期十九站的交通路线更为翔实丰富[1]，充分说明汉至唐的继承关系，不仅由政府开办的驿站提供了便利的食宿停歇补充，而且有官方法律为路上之人保驾护航。不管是小规模中转贸易还是长距离远途贸易，驿传系统都可供大规模商队休整联系，是一个网络式的链接。

图10 汉代木马，甘肃武威出土，甘肃省博物馆藏

汉唐远途奢侈品贸易的简牍与文书都极为罕见，但在中国境内敦煌悬泉置一个驿站就能发现二十多条记载，如果不是有着巨额利润，又是什么驱动着这些逐利的商人长途跋涉呢？汉代以来"胡商"的形象通常都与珠宝等奢侈品有关，这恐非偶然，因为高利润高风险的长距离贸易大多以高价值的商品为主。

出土的简牍文书也不可能忠实地全部记下所有的过境贸易，因为断简残篇本身就只保留着部分信息。何况一个烽置也只是过路驿站，同样不可能记录过多的异域人物观察材料。但是汉代是一个重视文书记录的帝国，从居延和悬泉这两个地方汉简的吉光片羽，可以推测每个驿置都有"传置道里簿"的记录，官方勘验护送西域来客就是一站站接力不断，从使者、贵人到胡商接踵而来，可以再认识西域的外来胡风，开眼一瞥汉代的外来世界。

二　悬泉汉简所见的西域胡人与物品

对出土简牍，中国的考古学者一般从文献、年代史的角度进行梳理研究，欧美考古学者更多地从人类学、社会学角度进行研究。为了回应西方学术界，本文从人与物两个角度给予关注。

---

[1] 李正宇《古本敦煌乡土志八种笺证》，甘肃人民出版社，2008年，第162页。

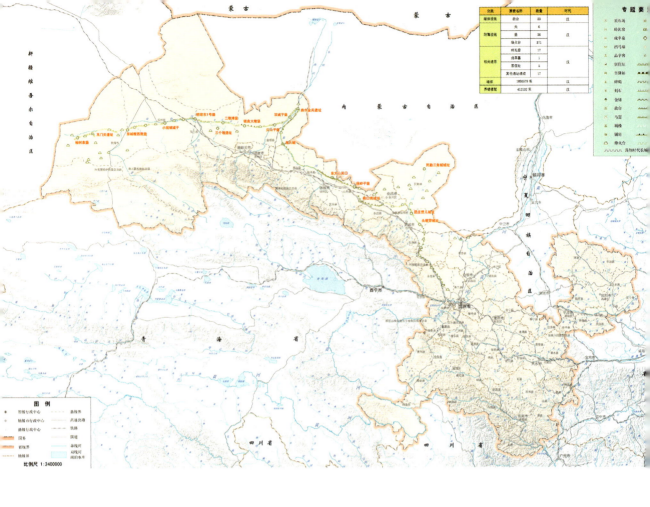

图12 汉代甘肃境内长城分布图

（一）使者

最著名的《康居王使者册》记载："康居王使者杨佰刀、副扁阗，苏薤王使者姑墨、副沙囷及贵人为匿等皆叩头自言，前数为王奉献橐佗入敦煌……"[1]

康居国幅员广阔，西起锡尔河中游，东至塉拉斯河，既生活有草原游牧民族，亦生活有绿洲农耕民族。《汉书·西域传》记载："康居国，王冬治乐越匿地（今哈萨克斯坦讹答剌）。到卑阗城（今康卡古城），去长安万二千三百里，不属都护。至（乐）越匿地马行七日，至王夏所居蕃内（今哈萨克斯坦奇姆肯特市西54公里库勒塔佩）九千一百四里。户十二万，口六十万，胜兵十二万人。东至都护治所五千五百五十里。与大月氏同俗。东羁事匈奴。"《汉书·西域传》还记载，"康居有小王五：一曰苏薤王，治苏薤城，去都护五千七百七十六里，去阳关八千二十五里；二曰附墨王，治附墨城，去都护五千七百六十七里，去阳关八千二十五里；三

---

[1] 胡平生、张德芳编撰《敦煌悬泉汉简释粹》，上海古籍出版社，2001年，第118页。

曰窳匿王，治窳匿城，去都护五千二百六十六里，去阳关七千五百二十五里；四曰
罽王，治罽城，去都护六千二百九十六里，去阳关八千五百五十五里；五曰奥鞬
王，治奥鞬城，去都护六千九百六里，去阳关八千三百五十五里。凡五王，属康
居"[1]。

苏薤城即粟特城，唐代昭武九姓之"康国"，或称飒秣建（sm'rkn δc），在乌
兹别克斯坦撒马尔罕市附近阿弗拉西阿卜古城。附墨城则为乌兹别克斯坦布哈拉
（bukhara）城之别称，唐代昭武九姓之"安国"，今称"瓦拉赫沙"（varakhsha）
古城。窳匿城即贵霜匿（kšy'n'k），唐代昭武九姓之"史国"，或称"碣石"
（kesh），在乌兹别克斯坦卡尔希市附近沙赫里夏勃兹（Shahrisabiz）古城。罽城
即劫布呾那城（kedud/ kaptutana），唐代昭武九姓之"何国"，在撒马尔罕城东
12公里。奥鞬城在土库曼斯坦古玉龙杰赤城，唐代昭武九姓之"火寻"，在阿姆河
下游乌尔根奇市。

悬泉汉简还记录了乌孙、莎车、大宛、大月氏等国使者，使者是官方代表，其
使者来访说明西汉后期政治稳定与边塞畅通的状况，汉代长城、烽燧、关隘、驿
置、城堡等构成的军事防御体系保障着道路的畅通，反映出当时丝绸之路往来的频
繁与密切。

（二）贵人

悬泉汉简载："乌孙、莎车王使者四人，贵人十七，献橐佗六匹……"[2]一次
就有17名贵人跟随队伍来"献橐佗"，这些贵人不会是一般平民，他们作为贵族上
层的显赫人物，在汉人眼里显然是要予以特别重视的，因为他们可能代表了一个邦
国的实力。所以简牍中不仅记录"大宛贵人乌莫塞献橐佗一匹"[3]，而且汉简对大
规模的贵人过境特别标注："大宛贵人食七十一人，凡三百一十八人"，这在当时已
经很具规模。

（三）客商

悬泉汉简记录黄龙元年（前49）六月壬申，"诏传□吏甘使送康居诸国客"，
"送精绝王诸国客凡四百七十人"，"使送于阗王、渠犁、疏勒诸国客，为驾二封轺

---

[1] 康居国有五小王，指康居国统治下的粟特藩王。粟特五城邦后来发展为九个城邦，唐代文献称"昭武九
姓"，或称"九姓胡"。
[2] 《敦煌悬泉汉简释文选》，《文物》2000年第5期。《敦煌悬泉汉简释粹》，第109页。
[3] 胡平生、张德芳编撰《敦煌悬泉汉简释粹》，第108页。

传,载从者一人(节引)"[1]。迎送客人是驿置的正常事务,"客"即胡客,在汉代西域三十六国中,最早到中国经商的是康居国粟特人。早在丝绸之路开通以前,他们就开始扮演东西方经济文化交流的中间人角色。由于汉代粟特诸城邦都在康居国统治之下,故商胡均被视为"康居人"。《后汉书》卷五一《李恂传》载,"复征拜谒者,使持节领西域副校尉。西域殷富,多珍宝,诸国侍子及督使贾胡数遗恂奴婢、宛马、金银、香罽之属,一无所受"。"贾胡"无疑是西域商人,"兴客"其实也是"兴生客"的简称,是汉人对胡商的统称。

丝绸之路上的贸易交换经济最初是由粟特商人开辟的。汉武帝元光元年(前134),《董仲舒对策》曰:"夜郎、康居,殊方万里,说德归谊,此太平之致也。"元光五年(前130),司马相如《喻巴蜀民檄》曰:"康居西域,重译请朝,稽首来享。"故知张

[1]《敦煌悬泉汉简释文选》,《文物》2000年第5期。

▲ 图13 2世纪贵霜贵族站在菩萨身前雕像
▼ 图14 公元前5世纪波斯波利斯28国贡使中的粟特人

图15 汉代红陶仓异族守护者形象

骞通西域之前，康居商胡就到巴蜀乃至长安经商了。公元前1世纪末，康居商人频繁地奔走于塔里木盆地南道诸国和甘肃河西走廊。西域都护郭舜致书汉成帝（前32—前7年在位）责难康居说："其欲贾市为好，辞之诈也……敦煌、酒泉小郡及南道八国，给使者往来人马驴橐驼食，皆苦之。"[1] 像汉简记录"使者、贵人、从者度四百人，使者严急自临廪，欲酒美，米䵃□"（ⅠT0207②:15）。"楼兰王以下二百六十人当东，传车马皆当柱敦□"（ⅠT0309③:134）。

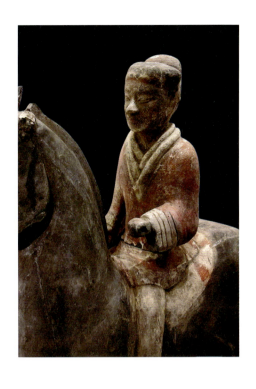

图16 骑马陶俑，甘肃武威汉墓出土

"今使者王君将于阗王以下千七十四人，五月丙戌发禄福，度用庚寅到渊泉"（ⅡT0115②:47）[2]。一次来了1074人，小小的驿站肯定无法接待。

（四）侍子

侍子就是质子，是西域诸国与汉朝保证友好联盟的人质，包括各大国下属的小属国也遣子入侍中国皇帝。悬泉汉简"元始二年二月己亥，少傅左将军臣丰、右将军臣建，承制诏御史曰，候旦受送乌孙归义侯侍子，为驾一乘轺传"[3]。"阳朔四年四月庚寅朔戊戌，送康居王质子乘传……如律令"[4]。其他汉简中也有供食质子的记录，这说明汉朝经营西域的策略中非常注重与各国联盟，以共同打击匈奴。

（五）献马

"□守府卒人，安远侯遣比胥健……者六十四人，献马二匹，橐他十匹，私马。

---

[1]《汉书》卷九六上《西域传》，中华书局，1962年，第3893页。
[2]《敦煌悬泉汉简释粹》，第110页。
[3]《敦煌悬泉汉简释粹》，第146页。
[4] 张德芳《悬泉汉简中若干西域资料考论》，载《中外关系史：新史料与新问题》，科学出版社，2004年，第141页。

□名籍畜财财物"（ＢⅡ0214③:83）。[11]这是记载被汉朝封为安远侯的西域都护骑都尉郑吉，派遣西域"比胥健"的使者64人来献马和骆驼，这么庞大的一个队伍不可能都是使者，应该还有商人，因为有"私马"，还要根据名籍"畜财"物。当时献马、献驼大多是打着奉献、朝贡旗号进行商贸交换活动，以便沿途能得到官方驿置的给养补充。

（六）天马

悬泉汉简载："元平元年十一月己酉，□司□使户籍民迎天马敦煌郡，为驾一乘传，载奴一人。御史大夫广明，下右扶风，以次为驾，当舍传舍，如律令。"[2]

这条简记载公元前74年敦煌民众迎接"天马"之事，天马是汉朝人朝思暮想的西极神马，既是汉代上至朝廷下至官署都追求的外来标志物，也是一种象征西域的符号。从大宛"西极马""汗血马"到所谓"天马"，"西域震惧，贡马不绝"，《三辅黄图》载"金马门，宦者署。武帝得大宛马，以铜铸像，立于署门，因以为名"[3]。咸阳博物馆陈列的汉代和田玉天马就是明证，骑者身上还有飞翼，艺术地表现了当时人们对天马的向往。

从悬泉汉简可知，过往的大队人马长途跋涉并不是纯商业目的，但队伍中有商人的存在，意味着对那些来自中亚大宛、康居、大月氏、乌孙等国的人而言，存在刺激他们远距离流动的理由，即存在对奢侈品等诸种物产的需求。但如果没有一个商贸网络的存在，就无法保证长途贸易的持续，也不可能形成丝绸之路沿线的移民聚落。当然，存在诸多变迁的汉代丝绸之路路线，本身也要求汉帝国以军事威慑保证环境的稳定，为沿途治安护卫提供支撑，这是长途贸易的基本保障。

三 从汉简观察打破胡汉隔膜后的西域人种面貌

悬泉位于河西走廊西部，来往的人员中驻守西域的官员或其他民族首领不少，"行事昆弟家戍校候致君当从西方来，谨侍给法所当得，毋令有谴……"

---

[1]《敦煌悬泉汉简释粹》，第123页。
[2]《敦煌悬泉汉简释粹》，第104页。
[3] 何清谷《三辅黄图校释》卷三，中华书局，2005年，第174页。

（ⅠO111②:99）[1]虽然这里的"西方"所指比较笼统，但是汉人认识的西方并非遥不可及，而是有所指向。西汉后期流行的西王母传说也来自西方，一时风靡汉地，直到传入长安、洛阳等京畿地区。

敦煌汉简记有乌孙人、车师人以及"不知何国胡"[2]。但中原汉地对西域的一些民族还是比较熟悉的，例如距离较近的车师，"□平元年十月车师戊校兵曹簿"（ⅠO205②:22），"车师戊校司马丞"（ⅠO109S:73）[3]。"客大月氏、大宛、疏勒、于阗、莎车、渠勒、精绝、扜尔王使者十八人，贵人□人"[4]，这些民族或政权，应当是汉朝政府有较多接触的。

从悬泉汉简，既可见外国人身份登记，例如疏勒王子、贵人、翻译等；又有名字记录，例如鄯善的卢匿、姑毚、乌不豚等，大宛的乌莫塞，康居的扁阗、沙囷、为匿等，乌孙的知适、多斤鞬、姑代等。尤其是一个简牍上写了来自乌孙、危须（焉耆）、乌壘（轮台）等国的许多经过驿置的人名：屈俄子、胡奴殊子、病籍子、跗力子、贝卿子、驹多子、少卿子、子王子、屋贝卿子等[5]，在验问时备案以便追查，至少登记的文吏要竭力辨清。

大英图书馆藏20世纪初斯坦因所获简牍残片中，有管理人事簿籍残文，记载了西域诸国往来人员的登录：

(1) □月氏国胡支□

(2) 月氏国胡支柱，年卅九，中人，黑色□

(3) □卅，中人，黑色，大目，有髭须

(4) □□昇，年五十六，一名奴，中人[6]

虽然这些残简文字已磨灭，但是仍能看出当时对西域月氏国胡人往来是登记造册的。完整的名籍应该有国名、姓名、年龄、身高（短壮、高瘦）、肤色（白色、

---

[1]《敦煌悬泉汉简释粹》，第129页。
[2]《敦煌汉简释文》，甘肃人民出版社，1991年，第9、202、71页。
[3]《敦煌悬泉汉简释粹》，第127、129页。
[4]《敦煌悬泉汉简释粹》，第133页。
[5]《敦煌悬泉汉简释粹》，第134—135页。
[6] 簿籍残文见李均明《英藏斯坦因所获残简的文书学考察》，载《耕耘录——简牍研究丛稿》，人民美术出版社，2015年，第202—203页。

图 17 外来异兽金饰品，陕西西安汉墓出土

黄色）以及脸部特征（面短）等，例如《敦煌汉简》六八三："兴客不审郡县姓名。习字子严，年卅所，为人短壮，毋须，短面。"[1]《居延汉简甲乙编》三三四载："骊靬万岁里公乘儿仓，年卅，长七尺二寸，黑色。"所以，我们才能理解东汉繁钦《三胡赋》中写道：

莎车之胡，黄目深睛，员耳狭颐。

康居之胡，焦头折颏，高辅陷无，眼无黑眸，颊无余肉。

罽宾之胡，面象炙蝟，顶如持橐，隅目赤眦，洞颏印鼻。颏似鼬皮，色象萎橘。[2]

字里行间充满了对异族胡人的好奇，但"鼬皮""萎橘"也流露出鄙视不屑的态度。这说明随着中西交通的往来，汉人对从中亚到南亚的人种已经有了清晰的认识。

汉魏时期，西域贾胡和僧人中有不少粟特人。《诸葛亮集》所载后主刘禅建兴五年三月诏书提到，诸葛亮第一次北伐时，"凉州诸国王各遣月支、康居胡侯支富、康植等二十余人诣受节度"。如果说西汉时粟特人经商范围仅限于塔里木盆地至河西走廊，那么，东汉以后他们已深入到中国内地。《后汉书·马援传》有"伏波类西域贾胡，到一处辄止"的譬喻，从另一方面说明"贾胡"走城串镇的印象深入

---

[1]《敦煌汉简》，中华书局，1991年。
[2]《太平御览》卷三八二《人事部》二三"丑丈夫"，中华书局，1960年，第1764页。

▲ 图18 西汉和田白玉羽人天马，陕西咸阳出土

▼ 图19 东汉胡人抱皮囊俑，陕西西安草场坡出土

人心。

一般来说，僧侣和商人是不可分割的伙伴，但从出土汉简来看，队伍中并没有僧人相随。当时佛教已经在犍陀罗地区传播，并深入中亚，佛教的普世主义对传教、交流和皈依非常重视，为什么商人、贵人没有携带僧侣一起入华呢？令人惊喜的是，悬泉汉简中发现了东汉初年的"浮屠简"："少酒薄乐，弟子谭堂再拜请。会月廿三日，小浮屠里七门西人。"[1] 这印证了早期佛教传入的迹象，反映出1世纪西汉末年很可能已有僧侣进入敦煌。

《史记·大宛列传》载："自大宛以西至安息，国虽颇异言，然大同俗，相知言。其人皆深眼，多须髯，善市贾，争分铢。"这说明司马迁记载西域人也是以胡人相貌和商贸为主导。汉简里面没有西域伎乐或乐舞人的具体记载，反映当时往来丝路的还是以商贸人

[1] 郝树声、张德芳《悬泉汉简研究》，甘肃文化出版社，2009年，第186页。

◀ 图20 新疆尼雅东汉墓出土虎斑纹织锦袋，被西方人称为"赛里斯兽皮"

▶ 图21 织锦，新疆尼雅东汉墓出土

员为主。

　　胡奴或奴婢应是丝绸之路商队不可缺少的人员。特别是将"奴婢"作为西域人口贩卖的特产，这是值得关注的。可惜汉简残破断失，只笼统地提到"从者"，目前还没有发现专门的记录，倒是居延、金关汉简中有"奴""大奴"的名籍，跟随使者、贵人的"奴侍"也许身份低下忽略不计。在中原各地发现胡人举灯、胡人守门、胡人吹箫等艺术造型的文物，正说明汉代入华胡人已经渐成群落。

　　悬泉汉简中记录了一些物品，"移护羌使者移刘危种南归责藏耶苴种零虞马一匹、黄金珥悬青碧以"[1]，胡商到来必定携带物品，这是贸易的基本规律。1世纪前后，来自西亚的提花亚麻布（figured linens）、黄玉（topaz）、珊瑚（coral）、苏合香（storax）、乳香（frankincense）、玻璃器皿、金银盘、葡萄酒等已经在印度到中亚诸城邦流行开来。由此出口的物品有：香草（costus，又译"生姜"）、没药树脂（bdellium）、枸杞（lycium）、甘松香（nard）、绿松石（turquoise）、青金石（lapis lazuli）、赛里斯兽皮（Seric skins）、棉布（cotton cloth）、绢纱（silk yarn）、靛青染料（indigo）等。公元前2世纪，河中地区沙漠绿洲的布哈拉和撒马尔罕城主开始发行银币，主要模仿塞琉古和希腊大夏银币，并在钱币上采用粟特文。西安发现的希腊铅币或许就是这时沿着丝绸之路进入汉地的。

　　最后，悬泉汉简还有一条贡献狮子的简文："其一只以食折垣王一人师使者，

---

[1]《敦煌悬泉汉简释粹》，第159页。

□只以食钩盾使者迎狮子，□□以食使者弋君。"（Ⅱ90DXT0214S:55）[1] 虽然我们不知折垣为何国，但由此可知早在西汉就开始接受异国贡狮，这无疑是丝绸之路上一个颇有趣味的景观。

关于汉帝国宏观历史下"胡风渐入"的微观变化，笔者曾专门论述过。[2] 我们不能将丝绸之路仅仅理解为一个历史符号或遥远的历史记忆，作为一个19世纪提出的形象概念，它可能有简单化的倾向，但硬要纠缠概念而不重视内容，说汉代丝绸之路"是一个概念、一段时空、一种比喻，是浪漫主义的想象与传奇"[3]，有违古籍记载和出土文物证据，无益于研究自汉代以来的中西交通。从敦煌悬泉部分残存的汉简来看，虽然不能全面反映当时丝绸之路的整体状况，有些外来官名还不清楚其职守，祭越、钧耆、折垣等国位置至今还未破解，但汉代丝绸之路涉及的人物与物品都是实实在在的，它体现了官方使节与民间客商混合往来的真实细节，超越了以往对大宛、康居、大月氏、罽宾、乌弋山离等国的认识。我们不能"为其所用"地筛选使用一些出土文书"挑战"既有史实，而应全面理解出土文献既有不可替代的证据珍稀性，又有碎片化疏漏的局限性。

---

[1] 《悬泉汉简研究》，第209页。

[2] 见拙作《关于汉帝国宏观历史下"胡风渐入"的微观变化》，载黎明钊主编《汉帝国的制度与社会秩序》，牛津大学出版社，2012年，第483—504页。

[3] Valerie Hansen, *The Silk Road : A new History*, Oxford University Press, 2012. "亚洲学者国际公约"最近同意这本书可用于人文学科的教学中使用，认为它修正了对骆驼商队长途贸易的想象，实际上仅是内亚小贩短距离交易；称赞这本书推翻一些常规和流行的观念，比如认为丝绸之路很繁荣。本书指出，实际上丝绸只是用于支付大规模驻在西北部的军队和小规模的本地贸易，而不是繁荣的长途贸易。见 *The Medieval History Journal*（《中世纪历史杂志》），1（2015）: pp. 166 - 191。

UNEARTHED STONE INSCRIPTIONS AND ANCIENT TRANSPORTATION BETWEEN CHINA AND THE WEST

出土石刻文献与中西交通文明

11

出土石刻文献与中西交通文明

墓志、碑铭、题记等石刻史料是出土文献的重要组成部分，是古人留下的镌刻文字，记载了当时的历史事件、人物生平、民族渊源、地理沿革、家族地望、官爵升迁、宗教信仰、婚姻状况、丧葬习俗等。有些固定的四六句骈体文不但反映了文学风尚的演变，也表现了各个朝代的社会生活。

在已公布的数以万计的石刻史料中，有关中西交通文明的石刻比例较小，因此显得非常珍贵，是中西文化交流的第一手资料，反映了中古时代的民族交融、移民踪迹、入仕参政、宗教传播、通商贸易、自我管理等内容。这要归功于古人通过文字记录了他们生活中最重要的信息，很多石刻史料留下了破解历史秘密的重要线索。中国境内出土发现的有关中西交通文明的石刻，按照陆上丝绸之路和海上丝绸之路划分，有几个特点：一是从地理上看，大多分布在陕西、山西、河南、河北、甘肃、宁夏等北方地区，南方主要是福建泉州等地。二是从时间上看，北方大多主要集中在北朝、隋唐、五代时期，如果说北朝是序曲，隋唐是高潮，五代则是尾声。南方沿海地区在宋元则是另一个高潮。三是从民族上看，北方有西亚波斯人、中亚粟特人、南亚印度人以及西突厥等各个民族，南方有阿拉伯人等。四是从文字语言上看，有古叙利亚文、古波斯文、粟特文、梵文、突厥文、回鹘文、伊斯兰文等。五是从宗教信仰上看，有中原佛、道之外的祆教、景教、伊斯兰教等。

根据以上几个特点，我们可以知道有关中西交通石刻的考释整理较为困难，相对某些断代史和专题史来讲，研究难度较大，牵扯到多种语言、外国历史、外来宗教、民族迁徙等中国专家学者不熟悉的研究领域。近年来，国内学术界对这一领域非常关注，成为前沿"热点"，中国学者利用熟悉的古汉语、古方言、地域史等本土优势，在研究上取得了很大进展，逐渐开始与国际学术界对话，视野有了很大的拓展，对遥远的中国古代文明有了新的认识。

下面分三个方面做一梗概介绍。

一　外国移民与西域文化

1. 伊朗

1909年洛阳出土《波斯国大酋长阿罗憾墓铭》，阿罗憾是供职唐朝宫廷的波斯贵族，也是679—708年间在华的最高首领，墓志对他主持建造武后天枢事迹有记载。但学术界对阿罗憾究竟是景教徒还是祆教徒有不同看法，他代表唐朝出使拂菻所到之地是吐火罗还是东罗马也有争议。

1955年西安出土的唐咸通十五年（874）《唐苏谅妻马氏墓志》，用汉字与伊朗婆罗钵文两种字体合刻而成，这是古代中国和波斯交往遗留至今最重要的双语文字史料。该墓志记载苏谅及其妻马氏是来自萨珊波斯的外国移民，并且是祆教信徒，引起国际伊朗学界的极大兴趣，对婆罗钵文字的释读和考证非常热烈。

1980年发现的《大唐故李府君墓志铭》记载李素"西国波斯人也"，是波斯王的外甥，其祖父李益于天宝年间奉波斯王之命出使中国，充质子留长安宿卫。荣新江整理了此志文，对他与波斯天文学的输入做了全面探讨。

乾陵六十四蕃王像背后题刻中有"波斯大首领南昧"字样，但史书未有记载，有人认为南昧是阿罗憾，从而引起不同争议。

2. 中亚

中国史籍上所称的"昭武九姓""九姓胡"等中亚粟特人，属于伊朗人种族裔，主要生活范围在今乌兹别克斯坦，其中有康国（撒马尔罕）、安国（布哈拉）、曹国（劫布那）、米国（弭秣贺）、何国（屈霜你迦）、史国（羯霜那）、石国（赭时）等，他们在中西交通的丝绸之路上起着重要的桥梁作用。粟特人与中原有着密切交往，从于阗、疏勒、龟兹、焉耆、敦煌、武威到固原、长安、洛阳、太原、幽州等地，都有他们的聚落，在这些地区出土了不少"昭武九姓"及其后裔的墓志和石刻。例如康国有《康敬本墓志》"康居人也"，《康阿达墓志》"西域康国人也"，是凉州萨宝。还有康婆"本康国王之裔也"，康阿达"西域康国人"，康宜德"西域康居人也"，康氏（安国首领妻）"康国人首领之女也，以本国为氏"，以及康留买、康武通、康磨伽、康庭兰等墓志。何国有《何文哲墓志》："公本何国王丕之五代孙，前祖以永徽初款塞来质，附于王庭。"还有《唐魏博节度使何弘敬墓志铭》以及何德、何盛、何摩诃等墓志。安国有《安令节墓志》"先武威姑臧人，出自安息国，王子入侍于汉，因而家焉"，《陆胡州大

图1 唐代跃狮石刻

首领安菩墓志》："其先安国大首领，破匈奴衙帐，百姓归□□国。"《安万通墓志》"先祖本生西域安息国"，以及安思节、安师、安延、安元寿、安怀等墓志。史国有《史诃耽墓志》"曾祖尼，魏摩诃大萨宝、张掖县令"，《史射勿（字盘陀）墓志》"曾祖妙尼、祖波波匿，并仕本国，俱为萨宝"，以及《史索言墓志》《史道德墓志》等。石国有《石崇俊墓志》"府君以曾门奉使，至自西域，寄家于秦，今为张掖郡人也。祖讳宁芬，本国大首领、散将军"。曹国有曹明照墓志，米国有米萨宝墓志等。诸如此类的粟特人墓志已刊布的有一百多方。

龙门石窟1410窟题记表明，永昌元年（689），聚居洛阳的粟特人安僧达、史玄策、何难迪、康惠登等还结成"北市香行社"，共同出资修建佛龛造像。

新疆昭苏县特克斯河支流小洪那海突厥石人底座有粟特碑铭，说明粟特人与突厥人的紧密关系。

各地发现的西域中亚粟特人墓志陆续公布，仅唐代的就有甘肃康莫覃息阿达墓志、穆泰墓志，洛阳安玉、花氏等墓志，河北米文辨墓志等。

3. 回鹘

2012年，西安大唐西市博物馆收藏了汉文鲁尼文双语回鹘王子葛啜墓志。以前在新疆、甘肃、内蒙古发现过鲁尼文写本或刻铭，但在西安发现这种鲁尼字母的古

图 2 作者在碑林库房查询记载外来民族的石刻

突厥文十分罕见,鲁尼文墓志记载:"此处(所葬)的人,是药罗葛可汗的后人,是车毗尸特勤的儿子,是建都督的侄儿,是牟羽毗伽登里可汗的弟弟,即葛啜王子,唐朝皇帝安排了下葬,在猪年六月七日。"

4. 吐火罗

《陕西延安新出土唐吐火罗人罗何含墓志》一文,刊布了入唐吐火罗人的资料,分析了安史之乱后唐朝为防御吐蕃与党项所设立的安塞军及其军事活动,对唐代"和亲政策"有新的解说。

二 外来宗教与文明传播

唐代是中外文化经济交流十分频繁的时期,西域传来的宗教中,祆教(琐罗亚斯德教)、景教(基督教聂斯托利派)、摩尼教号称"三夷教",这三种外来宗教得到唐廷的正式认可,在长安建有寺院,但石刻史料目前发现的只有景教、祆教的记录,摩尼教文书有不少,但石刻史料还没有发现。

1. 景教

景教最著名的是《大秦景教流行中国碑》,这是唐代基督教流行中国的最好历史见证。此碑自明末发现出土以来，受到来华的基督教传教士热烈关注，近代中外学者也对它进行了反复考证与研究，围绕这块碑有百余种研究文献出版。最有影响的如佐伯好郎《中国景教碑文研究》（伦敦，1916）、冯承钧《景教碑考》（上海，1935）等，近年富安敦编订补充伯希和《西安景教碑译注》（巴黎，1996），对该碑做了详尽注释和研究史的总结。

图3 虞弘墓出土葬具图像，山西太原出土

1955年在西安出土唐永贞元年的《米继芬墓志》，"其先西域米国人也，代为君长，家不乏贤。祖讳伊西，任本国长史；父讳突奇施；远慕皇化，来于王庭，邀质京师，永通国好"。米继芬的小儿子"僧思圆，住大秦寺"，明确记载是一个景教僧侣，这和6—10世纪中亚粟特地区接受景教传播的历史相吻合。

2000年以前，福建泉州出土过23方元代景教徒墓碑或石刻，文字碑刻19件，其中叙利亚文碑刻9件，汉文5件（有的是双语）、八思巴文4件、回鹘文1件。景教碑铭的文字为叙利亚文景教体，元代以后不再使用，其所记录的语言为叙利亚文和回鹘文双语。2002年，泉州又发现一方叙利亚文景教徒墓碑铭文："（叙利亚文）以圣父、圣子和圣灵的名义为了千秋万代，（回鹘文）马其顿城的菲利浦之子亚历山大帝王纪年一千六百二十四年（1312），突厥纪年牛年十月初六日，女牧师在其故地完成了耶稣的使命，其灵魂将在天堂安息，愿人们怀念她吧。阿门！"

2006年，河南洛阳景教经幢被发现，无疑是继《大秦景教流行中国碑》之后又一重大发现和续接的新篇。作为唐代景教遗珍，《宣元至本经》及经幢幢记反映了华化胡人是景教的社会基础，景教传教士来自米、康、安的胡姓教团，信众则是一群安氏家族亲友，为洛阳古代中外文化交流留下真切的记忆，这也是千年前东方基督教入华后的文物证据。

毛阳光《洛阳新出土唐代景教徒花献及其妻安氏墓志初探》，介绍了早几年刊布的洛阳发现的花献墓志，推测花献是景教徒，有着景教信仰的生活，并说洛阳佛

图4 虞弘墓志盖

图5 虞弘墓志

图6 翟突娑墓志

教与景教之间的关系。但是这方花献墓志只有拓片,没有实物,而且墓志内容令人疑惑丛生。

2. 祆教

1999年,山西太原发现了隋虞弘墓墓志和带有祆教色彩的石浮雕,墓志云:"公讳弘,字莫潘,鱼国尉纥驎城人也。高阳驭运,迁陆海□□□;□□膺箓,徙赤县于蒲坂。弈叶繁昌,派枝西域。倜傥人物,漂注□□。□□奴栖,鱼国领民酋长。"虞弘在北周大象年间(579—580)曾"迁领并、代、介三州乡团,检校萨保府",是为管理胡人的首领。

2000年,西安发现的北周安伽墓志和石床浮雕屏风,门楣上雕刻有骆驼装饰高等级火坛的祆教祭祀图,笔者认为有可能是突厥式的祆教崇拜。安伽在北周时担任同州萨保,"君诞之宿祉,蔚其早令,不同流俗,不杂嚣尘,绩宣朝野,见推里闬,遂除同州萨保",是当地胡人聚落地的首领,这方墓志也是目前所见最早的萨保本人的史料。

2003年发现的北周史君墓彩绘贴金石椁和粟特文、汉文双语题刻,记载:"大周□州□保史君石堂君□□□□史国人也,本居西域,□□□□□□,及远迁居长

安。""祖阿史监陀,为本国萨保。"史君"其身为萨保判事曹主……诏授凉州萨保",是胡人祆教信仰中心的宗教领袖。这些题刻都为从撒马尔罕迁徙中国境内的粟特人崇奉祆教提供了难得的素材。

2004年又在西安北郊发现北周粟特人康业墓,这是我国发现的第七座有围屏榻或石椁的粟特人墓葬,墓主安卧十幅生活场景的线刻画石榻之上,墓志记载康业历任魏大天王、罗州使君、车骑大将军等职务,北周天和六年(571)死后被追赠为甘州刺史。西安北郊很有可能是粟特人的集中墓地。

三　中西交通与史料研究

西藏吉隆县发现唐显庆三年《大唐天竺使出铭》,是唐初三次出使印度的王玄策留下的碑铭,使人们对中印交往的吐蕃道有了新的认识,基本确定了其出使具体走向。

1977年,陕西长安县出土的唐大历十一年(776)瞿昙譔墓志,表明其家世是印度人,从瞿昙罗、瞿昙悉达到瞿昙譔、瞿昙谦、瞿昙晏等,世代为唐朝司天监的天文学家,"代为羲和之官,家习天人之学",这对印度古代天文学传入中国是一个重要证明。

1994年陕西泾阳发现的《唐故

图7　康怡墓志

图8　石善达墓志

图9　苏谅妻马氏墓志

图10　左贤王阿史那毗伽特勒墓志

▲ 图11 米继芬墓志，碑林博物馆藏

▼ 图12 井真成墓志，西安东郊出土，西北大学博物馆藏

杨府君神道之碑》，记叙了贞元四年（788）内侍杨良瑶"充聘国使于黑衣大食"，这是唐朝出使阿拉伯的外交记录。历史文献记录阿拉伯使节在唐朝到来39次，但没有中国人到阿拉伯的记录，所以该碑弥足珍贵。

1984年太原出土了龙润墓志，还有其子龙义、龙澄、龙敏以及孙子龙寿、曾孙龙睿等人墓志，表明是一个家族。龙姓一般是指西域焉耆王国居民东迁中原以后所用的姓氏，龙润在唐初出任并州胡人聚落萨保府长史，应是焉耆的后裔，其夫人何氏也是出自昭武九姓的何国。

2005年，西安北郊考古出土的北周婆罗门后裔李诞墓志，墓主姓李名诞，字陀娑，赵国平棘（今河北赵县）人，生前无官职，北魏正光年间（520—525）自罽宾归到中土。保定四年（564）薨于万年里，春秋五十九，死后被追赠邯州刺史。志文仅提及长子槃提，余未加记载。李诞种族为婆罗门，"陀娑""槃提"的名字也正

与之相合。婆罗门为天竺四大种姓中最高贵的种姓，专门从事宗教和祭祀活动。

反映中西交通的石刻史料有碑文、墓志、箴铭、题刻、颂词等类型，一般要按照纪实的实用文体镌刻，比如墓志要曰姓氏，曰讳，曰字，曰乡邑，曰族出，曰行治，曰履历，曰卒日，曰寿年，曰妻妾，曰子女，曰葬日，曰葬地，最后有赞铭评价等，次序或有先有后，但大概都比较完整。类似这样的石刻资料限于篇幅，不能一一列举，有志从事这一领域整理和研究者可查阅已出版的《汉魏南北朝墓志汇编》（天津古籍出版社）、《隋唐五代墓志汇编》（天津古籍出版社）、《唐代墓志汇编》及《续编》（上海古籍出版社）、《千唐志斋藏石》（文物出版社）、《全唐文补遗》（三秦出版社）、《新中国出土墓志》（文物出版社）、《洛阳新获墓志》及《续编》（科学出版社）、《长安新出墓志》（文物出版社）、《洛阳新获七朝墓志选萃》（中华书局）、《大唐西市隋唐墓志汇编》（北京大学出版社）、《洛阳新出墓志释录》（国家图书馆出版社）、《河洛墓志拾零》（国家图书馆出版社）等拓片文字和考释题跋。即将出版《高阳原隋唐墓志》《西安新获墓志集粹》《河北磁县北朝墓志释读》等。

利用出土石刻资料，往往可以揭示一些历史文献记载不明的地方，再结合发现的西域壁画、金银器皿、外来钱币、丝毛织品等，与出土文书互相印照，互为参考，就有可能勾勒出一幅中西交通的清晰图画。

四　注意问题与研究方向

1. 石刻史料零散

自 20 世纪 30 年代以来，随着考古文物不断出土，陆续公布了许多石刻资料，但这些资料分散，收集颇费工夫。1930 年张星烺编撰的 6 册《中西交通史料汇编》，把中外史籍中有关中西交通的记载辑录出来加以注释考证，成为这一领域最好的史料集合。今天石刻文献已有了相当丰厚的积累，可惜迄今没有一部汉唐中西关系史论著目录，来为研究者提供参照和指南。

2. 时间比较久远

从汉朝到唐朝，是古代中国与西方各国交往频繁的时期，大到宗教思想、语言传播，小到舞蹈音乐、服饰穿戴，许多西方文明要素影响了中国的多层面文化。汉唐时代距今比较久远，石刻史料漫漶残破保存不易，内容又受丧挽体例限制，收集发现需要考古工作不断深入，需要有心的研究者认真囊括收罗。

3. 运用不占主流

一些新的石刻史料在发现当初引起很大轰动，时过境迁，有些被慢慢遗忘。有些研究成果在考古文物专业领域得到很高评价，但很少转化成学术界的共识。有些通论性著作没能及时将新材料、新成果融入其中，不是老调重弹就是重复劳动，顾此失彼，结论很难充实，甚至不如西方学者的研究水平。

4. 语言隔阂困难

一些关于中西交通关系的石刻史料由于是外来语言，如异常珍贵的《唐苏谅妻马氏墓志》是汉语、婆罗钵语双文字，北周史君墓题刻是汉语和粟特语双文字，此外还有佉卢文、于阗文、婆罗迷文等，这类语言是古代死语言，翻译成汉语难度很大，但价值也大。西方学者经过转写解读研究将其译成英、法、德文后，我们必须克服语言困难聘请语言专家将其译成现代汉语，才能成为古文献的精华部分。

5. 综合系统整理

有关中西交流的新发现文书毕竟有限，与出土石刻史料相类似的新出土文物资料，如大量与中西文化交流有关的罗马金币铭文、波斯银币铭文、粟特人陶俑和雕塑、壁画以及金银器皿图案等形象性考古资料可以大大补充文字资料之不足，又如楼兰出土"粟特胡"木简、敦煌悬泉出土汉简记载康居、大月支、罽宾、乌弋山离等 24 个国家的木简，特别是《康居王使者册》涉及中亚乌兹别克斯坦等国，都可互相补充、互相印证，但也要防止一些附会之说。

有些与中西交通有关联、有延伸的周边国家和民族的石刻文献史料，也应该给予特别注意，比如在西安发现的唐代开元年间日本留学生墓志已轰动日本，墓志记载："公姓井，字真成，国号日本。才称天纵，故能（衔）命远邦，驰骋上国。蹈礼乐，袭衣冠，束带□朝，难与俦。岂图强学不倦，闻道未终，（雪）遇移舟，隙逢奔驷。以开元廿二年正月□日，乃终于官第，春秋卅六。皇上□伤，追崇有典。诏赠尚衣奉御，葬令官（给）……"这方墓志为中日文化交流增添了新史料，不仅改"倭"为日本，而且为遣唐使增添新内容，并为日本"井上"或"葛井"家族留下想象空间。2010 年长安郭杜出土的祢氏墓志，祢寔进、祢素士、祢秀祖三代墓葬反映了朝鲜半岛百济祢氏家族迁居长安的事迹，其中祢寔进兄祢军两度出使日本，该墓志引发了关于日本年号成立年代的争论。

此外，记载魏晋隋唐时期的鲜卑、突厥、吐蕃、吐谷浑、高句丽、渤海等民族的墓志石刻都要密切关注，例如近年出土的唐上元元年（674）《高提昔墓志》就揭示了高句丽移民贞观年间定居长安的史实，高提昔26岁才嫁与同族人泉氏，反映移民认同心理。宋元时代的契丹文、女真文、西夏文、蒙古文以及泉州外来宗教石刻也不能忽视，这些资料中有时参杂一些异域外族的内容和历史信息。

最后需要提醒的是，伪造翻刻、冒充石刻文献的拓片近年来屡屡面市，需要仔细辨别，费心考订。

改革开放30多年来，人们打开国门看世界，历史上的中西文化交流与碰撞也备受学术界关注，研究范式的转变与石刻史料的整理研究，已成为中国学术界与国际接轨的一个重要内容。出版的石刻文献图书也日益增多，目前学术界里传阅的石刻拓片很多，其中文字与历史信息需要长时间的破解，可以说文字本身的载体是石头还是纸张并不重要，它所承载的信息才是最重要的。

近年中西交通史随着丝绸之路研究重新掀起一个高潮，重要原因就是利用新出土石碑、墓志、经幢、造像题记、摩崖石刻等补写了历史，源源不断发现的丰富石刻文献提出了许多过去忽视的新问题，但仍有不少石刻资料尚未公布出版。我们相信，随着学术界对考古文物的逐步整理刊布，石刻文献将补史之缺、参史之错、续史之无，推动一场新的"史料革命"的到来。

HU MERCHANTS: THE INTERNATIONALITY OF THE WESTERN MARKET OF CHANG'AN IN TANG DYNASTY

12 胡商遗韵——唐长安西市的国际性地位

胡商遗韵——唐长安西市的国际性地位

  若从世界古代地图上寻找唐代长安商业兴隆的西市，恐怕顶多只能找到京城长安的红点标记，根本不会有西市的符号。但是西市之所以彪炳青册、名闻世界，能给历史留下记忆，并不是它像一个小小的星球一样本身发光亮彩，也不是它有着风景如画山川毓秀的迷人魅力，更不是它位处咽喉锁钥之地垄断了亚洲东方的贸易，而是西市有着胡商鉴珍藏宝的故事化，有着胡汉跨境贸易的传奇化，有着东西方交流包容的国际化。

  西市不是一个孤立的市井单体，也不是一个隔绝的城内坊里，而是长安城活力构成不可缺少的一部分，是这个 6—9 世纪国际大都市肌体的一部分。

  如果把西市比作"点"，那么长安就是"片"，西市的"点"是唐朝与外部商界联系的一个"交点"，而长安的"片"则是唐帝国与东亚乃至整个世界交往的枢纽"地片"。"点"的闪亮会衬映"片"的光辉，"片"的发展则会促进"点"的繁荣，西市的繁荣离不开长安，长安的昌盛也离不开西市，二者相辅相成、水乳相融。西市所依靠的是国家首都优越地位，依据的是商业贸易之间的互通有无与公平诚信，依赖的是胡汉之间中西通商的活跃氛围，依托的是整个城市稳定的综合环境。

  西市位于唐帝国中央政权的所在地，被当时政治、经济、文化、教育的中心所环绕，它有相应的政治权力提供着一个更畅通的场所，政治意义大于商业形象。一国首都只有发展成为多元的工商业大都会，才能成为真正意义上的首都，虽然唐廷重商与抑商、富商与贱商的风向常常在这里变幻，但是没有商业就无法让上至皇家贵族下到平民百姓正常生活，就不可能使城市品位显著升级，更不可能加快城市知名度的提升。而商人的集中与贸易的繁华，带动了整个城市民众的生计，将一个传统城市的灰色空间转换成为展现奇观的梦想舞台。

  泱泱唐韵，皇皇盛世。西市商机，名扬域外。近三百年的长安西市，又被誉为

▲ 图1 中古波斯文蓝色宝石圆印章，1986年宁夏固原史诃耽墓出土

▼ 图2 戴尖帽胡人俑（开元十二年），1991年西安灞桥豁口金乡县主墓出土

"金市"。它作为胡商落脚的首选之地和贸易交会窗口，浓缩了唐代鼎盛时期物质文化成果和中外文化特色，留给后人的历史启迪是非常有价值的，有益于今人从更为广袤的世界眼光来进行新一轮的观察审视，跳出西市本身有限的圈子从更高处鸟瞰其凸显的国际性。

1. 从城市来看，西市位于当时中国最大的城市之中，因为整个城市格局有着平缓开阔、对称有致、排列有序的特点，所以西市并不占据塬坡冈阜孤立存在，它有着宽阔回旋的空间。据考古实测，西市本身约1平方公里，占地面积非一般市集所能比拟，市内设有16米宽的井字交叉街道，分隔的九区四面临街，有二百二十行，上千户商家鳞次栉比稠密地排列于此，许多商家在正铺之外又建造偏铺，扩大营业面积，突破限制束缚，致使官府不得不下令禁止。这是唐代除了东都洛阳之外其他一般城市不具备的条件，像扬州"十里长街市井连""夜市千灯照碧云"的景象直到中唐以后才渐渐出现。长安西市靠近外郭城的金光门、开远门，唐代诗人元稹《西凉伎》中咏颂"开远门前万里堠"，点明其连通丝绸之路的优越地理区位，加上密集的交通干线，使西市占尽商贸之利。而当时丝绸之路西端商贸最盛的阿拉伯帝国首都巴格达的市场也不过占据几条百米街道，东罗马（拜占庭）都城君士坦丁堡内的大市场也不过上千平方米。城市的商业活动空间是一个超级大都会的基本条件，因此西市的规划和设计无疑是隋唐都城营造史上的创举。

2. 从人口来看，西市位于人口最多的城市长安之中。唐代长安人口有百万、八十万、五十万等几种说法，无疑聚集了大量的消费者，因此西市的高档商品有着

图3 敦煌盛唐壁画文殊问疾粉稿

庞大的消费群体。尤其是唐代上层社会女性流行"傅朱粉、画蛾眉、贴花钿、妆头饰、衣锦绣、穿绫裘",引导着奢靡的风尚。例如,唐睿宗正月十五打扮观灯宫女千余人,每人仅花冠、霞帔皆万钱。唐玄宗每月给韩国、虢国、秦国三位夫人十万脂粉钱,奢侈消费令人瞠目。从宫廷到民间,妇女每年对梳洗打扮所需的胭脂香粉,奢华美化的胡粉(化妆品)用量之大都令人吃惊,乳香、安息香、苏合香、郁金香、龙涎香等外来名贵香料、香药大批量的输入满足了长安各阶层的需要。从波斯、印度输入的鍮石工艺品也成为达官贵人追求的时髦装饰,士大夫的鍮石袍带作为等级身份标志,从丝绸之路源源不断进口。总之,长安有着众多的消费需求来支撑或依赖西市的供应。即便中唐以后经济困难,皇宫仍要仰仗西市供给渠道,宦官经常在民间交易时豪夺强取,甚至勒索胡商蕃客。目前推论常住长安的胡人有五万说、三万说或两万说,实际上不管多少外来人口,他们带来的胡服胡妆、胡食胡艺、宗教信仰等世俗生活方式都直接影响了长安士人的"胡化"风尚,当时就有人惊呼"长安中少年有胡心矣",特别是胡人善于经商的特点使西市商业和丝绸之路贸易结成了链条。

3. 从交通来看,西市是在丝绸之路的起点城市长安。对遥远的外国商人来说,这里就是淘金福地、梦幻之城,不仅有着四方汇聚的商贸信息,而且驿站直通西域中亚,能把丝路沿线的商业活跃城市串联起来。据《大唐六典》记载,最盛时全国有水驿260个、陆驿1297个。长安的"都亭驿"作为国都最大的驿站起着龙头的作用,驿站系统像一面大网遍布四方商道运路。当时,全国专门从事运输的驿丁就有两万多人,是一支庞大的运输队伍,保证了长安货物的运送,这是其他城市很难做到的。著名散文家柳宗元在《馆驿使壁记》中记载,唐时以京都长安为中心,有七条重要的放射状驿道通往各地,第一条就是从长安到西域的安西(今库车)都护府,沿途店肆待客,成队商旅延绵,敦煌、伊吾、高昌、鄯善、碎叶等咽喉之地,均为胡商蕃客的中转城市,甚至形成了兴胡泊、弩支城、石城镇、蒲桃城、萨毗城等粟特胡人修筑的商业基地。中唐地理学家贾耽所写的一篇《记四夷入贡道里》,记录唐朝的国际交往线也有七条:一为从营州入安东道,二为登州海行入高丽渤海道,三为从夏州、云中至蒙古草原道,四为入回鹘道,五为安西西域道,六为安南天竺道,七为广州通海夷道。通过这些水陆通道,可通往朝鲜、日本、中亚、印度和东南亚各国。西市有着这样运输的地理优势,像轴心一样辐射外延,自然是货物集散、流通滚滚的天下第一"市"。

4. 从消费来看,史书透露的西市商业贸易中,有名的行业店铺有张家楼食店、大衣店、油靛店、鲜鱼店、法烛店、煎饼团子店、秤行、面行、笔行、绢行、麸行、鞦辔行、酒肆、帛肆、药材肆、凶肆、烧炭肆、寄附铺、柜坊等,尤其是波斯邸"四方珍奇,皆所积集"。实际上,还有帽子行、干果行、饧糖行、枣行、白矾行、造纸行、布衫行、铛釜行、皮毛行、帛练行等。胡商卖宝马、售玻璃、纳金币的消息都会引起长安奢侈品消费者的关注,而西市是在皇家贵族居处附近,有着一群高消费的奢侈群体支撑,珍宝的流通购买固然离不开这些皇族勋亲、达官贵人,而识宝的胡人携带的珍珠也不是给平民享用的。唐代史籍记载了许多波斯商胡"剖股藏珠"和"贱身贵珠"的故事,反映了从事珠宝贸易的胡商之多,至于"宝珠相赠""葬胡还珠"的故事更是说明了胡汉之间重义轻宝的人间大义。胡商交易珠宝的传说,例如能以十万贯买武则天青泥珠,能出一千万买宝骨,能用五十万买宝珠,都折射出胡人将价值昂贵的珠宝作为财富的象征。按照"胡客法",胡商每年举行一次赛宝、斗宝大会,所有胡商皆带上自己兴贩的珍宝陈列,宝物多者被拥戴坐上重床,其余分别排座次、定地位,坐宝床者拿出尺寸超大的明珠而震服诸人,胡商皆起立稽首礼拜,表示敬佩。唐代著名画家阎立本就创作过一幅《异国斗宝图》，可惜失传了。珠宝属于奢侈消费之物，虽然助长长安浮竞奢靡之风，但典型地表明了唐朝人对广有财货并富有珠宝的商胡的羡慕，珠宝几乎成了商胡的象征。

5. 从宗教来看，西市周围有着两座波斯寺、四座胡祆祠，所以西市不是单一的商圈或是单一的商业链，它既与印度佛教僧人有密切关联，又与景教、祆教、摩尼教这外来"三夷教"传教士生活有关。在一个城市里面，宗教又有着聚合外来侨民的功能，因此世俗的商业生活蒙上了外来宗教的余晖，和外来文明保持密切联系。例如祆教"萨宝"本身就是商队的首领，胡商依靠祆教维系商团组织在当时是普遍现象。波斯景教传教士则借助胡商贩运一种大体量的"瑟瑟"碧石至中国，用作景教寺院建筑的装饰物。据说景教僧侣还和市舶使合作，为宫廷采购奇巧物品。元和年间，摩尼教传教师更是与西市胡商密切往来，摩尼每岁至京师都与胡商联手垄断珠宝珍玩、香药异物和金银罗绮的市场，引起其他商人的不满，指责摩尼与胡商囤藏货物"囊橐为奸"。《国史异纂》记载唐代大天文学家李淳风曾对唐太宗说：北斗七星当化为人，明日至西市饮酒，宜令候取。第二天，果然有婆罗门僧七人，从金光门进入西市，在酒肆豪饮。这说明当时的"胡僧"也在西市频繁活动，宗教戒律的约束也没有那么严格。至于唐人小说里描写的胡僧，往往是亦僧亦商，一面云游传教，一面寻求宝物，甚至不惜百万购买珍宝，反映僧人从事商业活动在当时非常突出，并不脱俗超凡，足令肉眼凡胎的商贾感叹不已。

6. 从移民来看，西市周边居住着众多的胡人和异族侨民，如果说经商带动移民或移民带动商业两者互动，那么丝绸之路上的移民就不是个人行为，而是"举家""举族"迁移的群体行动。但长安外来移民并没有形成一个相对封闭的聚落区域，而是胡汉混杂，你我不分，与敦煌等地的粟特人聚落相比有着放射性外来流动商业的特点。自从波斯王子率领几千名贵族子弟逃亡避难到了长安，波斯的商人就络绎不绝地来到这里，西市"波斯邸"的名称屡屡见于史书记载，波斯胡经营的珠宝玛瑙更是四处传播。贞元三年（787）唐廷检括滞留长安不归的"胡客"，一次就有四千多人，有些甚至居住长安四十余年，买田买宅，娶妻生子，不仅从事贸易，而且放高利贷获钱。出土的吐鲁番文书表明唐代"康义罗施""曹禄山""曹炎延""曹毕娑""曹果毅"等许多胡商，都是经过丝绸之路奔向东方，目的是到长安做生意，并将家口留在京师生活，然后商胡本人又结伙成队往返西域兴贩贸易。唐朝对汉人出境经商限制禁令很多，但政府法律却放松对"诸蕃商胡"的移动限制，鼓励各国胡商驰骋各地贸易，一方面使这些擅长商贾贸易的胡人足迹遍及中原到西

图4 唐三彩胡人俑，洛阳博物馆藏

域及至欧亚大陆，另一方面使他们的家眷寓居长安乐不思蜀，代代相承，这说明长安西市周边的生活环境有益于移民的生存和发展。

7．从坊里来看，西市与周边坊里工商铺肆遥相呼应，辅助互动，既有笔直街道相通，又有漕渠引水运输，构成了遍及全城的商业网点布局。长兴坊的饆饠店，安善坊的马牛肆，永昌坊的茶肆，胜业坊的蒸饼店，宣平坊的油坊，崇仁坊的乐器铺，常乐坊的酒坊，丰邑坊的租赁肆，恭敬坊的毡坊毡曲，平康坊的姜果店，宣阳坊的采缬铺，延寿坊的珠宝铺，颁政坊的馄饨曲，升平坊和辅兴坊的胡饼店，以及道政坊、亲仁坊、务本坊、布政坊、兴道坊的邸店旅舍等，这种坊市混杂现象表明居民区在西市兴盛的带动下也开始了工商活动，突破了传统的市集经管局限。当时在长安西市经商的外国商人被称为"西市胡"，胡人集聚经营的商肆被称为"西市店""波斯邸"，闻名全国的京师美酒"西市腔"就是西市自己酿造的品牌。贞观年间，金城坊有人家被胡人劫盗，官府径直追查"西市胡"，果然捕获，可见西市与坊里的密切联系。许多大丝绸商、酒店富商、药材贩商都活跃在以西市为中心的坊里，目的就是环绕着他们兴利的市场。他们以与胡商往来、买卖为荣，与西市毗邻的几个坊里因人居胡人众多，还被夸为"繁华之地"，颇有"殷殷物阜"的意蕴。

8．从商业来看，西市是全国外贸商品最大的汇集地，东市是全国内销商品最大的集中地，两个"市"遥相呼应，互为补充，并不雷同。从龙朔三年（663）开始朝廷改在大明宫听政，朱雀大街以东成为公卿官员居住地区，西市就变成了商贾

图5 萨珊波斯银币，青海西宁隍庙街出土

云集的地方，西市盛况由此胜过东市。城市发展进入成熟期的标志是市场繁荣、商业发达、货物充足、西市起到了商业导向作用。商胡经营的宝物琳琅满目，有"紫晶""铜碗""宝骨""冰蚕丝锦""玉清宫三宝""蛇珠""弹珠""琉璃珠""象牙""碧颇黎镜""郎巾""宝剑""宝镜""流华宝爵""销鱼精""龟宝""龙食""九天液金""宝母"等，种类繁多，不一而足。唐代民间流行一种"不相称"语，其中有"穷波斯"之称，其意与"先生不认识字"一样，"波斯商胡"与"穷"是根本不可能相提并论的。这种观念的产生，显然与商胡经营大宗买卖、出手阔绰有直接的关系。

9. 从金融来看，西市"置货鬻物"的邸店逐渐因商务交换而蔓延四方。与国际贸易有关的阿拉伯金币、东罗马金币、波斯萨珊王朝银币等屡屡在西安墓葬中出土，反映中古时代国际贸易孕育金融雏形的特色。尽管古代皇家贵族攫取了商业的最大利润，但是富商大贾云集京城毕竟促进了商业金融的大流通。金融业雏形的"柜坊"和原始汇票的"飞钱"首先在西市兴起，就是适应大商人、大交易而产生的，交易额的扩大与钱币量的增加密切相连，不仅使柜坊从邸店中分离独立，而且各地公私"便换"频频应用，既对城市之间商业贸易起到推动作用，又使全国各地经商网络连成一片。卢肇《逸史》中描写有人到胡商开设的波斯邸取钱，一次性就

图6 神话毛毯，2008年新疆和田洛浦山普鲁乡巴什贝孜村出土

取出二万贯作为周转资金，而且取钱的凭证竟是一根特殊的拄杖。《太平广记》叙述胡人米亮建议富商窦乂拿出西市柜坊锁钱盈余，出钱购买崇贤坊小宅和于阗玉石，均升值获利。著名的长安巨商邹凤炽家中金宝不可计数，豪商王元宝号称国中巨富，胡商康谦资产以亿万计，兴贩胡商史婆陀资财巨富，王酒胡一次就能从西市运钱十万，等等，随着他们积聚的丰厚利润变为巨额商业资本，无疑为金融的形成铺设了道路。中唐以后，西市胡商职业举贷取利成为一种金融动向，经常遭到衣冠子弟、军使、汉商等人借贷恃势不还，致使"蕃客停滞市易"，引起社会矛盾。但是胡商可以起诉借贷久而不还者，迫使朝廷下诏严禁在京城内向蕃客商胡举贷本钱，有的官僚子弟借钱不偿竟被贬官，这保证了金融商贸秩序的稳定正常。

10. 从税收来看，随着疆域的扩展，唐朝官府开支增长，政府不断借助商人扩充税源，甚至应付皇家的额外开支。唐代的商税主要分为专卖（盐铁酒茶矿）、过路（关津）、交易三个方面，当时的交易税又称除陌钱，天宝九载（750）时的交易税率为百分之二，长安西市贸易兴盛，自然商税数量不少，朝廷设立的京城市署不仅直接隶属中央太府寺，而且市令、市丞、市史等官员品级都远远高于其他州县市场管理。部署管理既防止偷税漏税又依法征税，为国家提供大量的收入。唐前期商人和普通百姓一样要负担国家租庸调，中唐两税法以后，商人改为三十税一。建中二年（781），由于军费增大将商人两税钱率改为十分之一，之后长安市场税率增减多次变化，虽然商人交纳基本税比百姓高，但在商品买卖、货物流通时不必纳税或税率很低。可见，唐中后期抑商的情况已经减少，反而借用商业增加政府收入。特别是朝廷急需经费平叛藩镇时，税收困难越发严重，财政部门经常依赖富户及胡商货财，"敕借其半"。所以，商税所得的额外收入一直在政府财政中占有重要位置。

11. 从人才来看，西市是在一个全国人才云集的城市里，皇家在这里设有接待外宾的"鸿胪寺"，在长安城里有许多"译人"或"译语人"，最主要的是由中亚粟特人担任，他们通"六蕃语"或"九蕃语"，即通晓多种语言，这对商品交易有着桥梁的作用，保证了商务环境的竞争力，甚至有一双鉴宝识货的"火眼金睛"。出身胡商的康谦在天宝时成为安南都护，唐肃宗时担任了主管外交的鸿胪卿，说明他的语言水平不会太低。"译语人"石福庆、石诫直在唐武宗时则是对回鹘贸易的长安代表。臭名昭著的安禄山也曾是营州汉蕃互市上能解"九蕃语"的牙郎。其他担任专职翻译的胡人也很多，官府的翻书译语和民间贸易代理的口译，互为补充，特别是精明的胡人"善于商贾"，不仅擅长谈判好争分铢之利，而且在各族交易时担任中介非常便利，有时唐朝官府就委派胡商从事大宗互市贸易。粟特语一直是丝绸之路上通行的混合语言。另外，西市是在外国留学生云集的城市里面，年轻的外国异族学子最为活跃，例如日本的学子不但购买西域输进的奇珍异宝，还购买大量汉文图书、演奏乐器携带回国。不同民族的留学生们雄心勃勃往返穿梭于各国之间，无疑拉动了长安国际大都市升级的步伐。

12. 从环境来看，西市是存在于一个中世纪城市之中，有着日落夜禁的制度和开市击鼓、闭市击钲的景观。但这也是在一个安全生活的环境中，天子脚下社会治安非常严密，固然制约了夜市千灯照的景象，阻碍了商人们在夜晚的交往，但商人特别是外来的胡商有着安全感，在人生地不熟的城市里，不用担心盗匪抢劫、人财两失。西市局和平准局分别掌管着民间贸易与官府货卖，还监管保护着货物的质量、物价的涨跌、交易的公平，所有度量衡必须经过官家检验。如果买卖奴婢、牛马，则必须公验立券。市门还有市署派人把守。市场内若有欺行霸市、哄抬物价、蛊惑混乱者，将要受到惩罚逐出市门。没有这样贸易安全的社会环境，朝廷的税收就会减少，没有这样便利的市场管理，胡商也不会得到超额的利润，自然不会有众多的外商驻留于此。中唐后一些坊里开始出现了"昼夜喧呼、灯火不绝"的夜市，人们侵街打墙、接檐造舍，西市的商贸景观肯定也会发生变化。

13. 从货物来看，西市存在于一个手工业集中的城市里，全国最优秀的能工

▲ 图7 唐胡旋舞蚌饰片，陕西历史博物馆藏

▼ 图8 唐代打马球菱花形铜镜，扬州邗江出土，扬州博物馆藏

巧匠都集中在长安，官府的织锦刺绣、雕刻冶造工匠就有数千人。商胡带来的宝物或以纳贡形式献来的物品，主要为金银、象牙、犀角、玛瑙、琥珀、珊瑚、珍珠、金精、石绿以及各种玻璃器皿和玉器，大多都是非常珍贵的器物，因而，当时来自西域的物产往往被视为富丽豪奢的象征，成为长安工匠仿制的样品。如吐火罗国所献各高三尺余的两棵"玛瑙灯树"、安国所献"宝床子"、波斯所献"玛瑙床"、大食所献"宝装玉酒池瓶"等，而安国贡献的用鸵鸟蛋雕刻成的杯子，对唐朝人而言，就更属罕见之物了。来自西域的胡人工匠不仅成为西市以及各个坊里商业铺面货物的制造者，而且他们把制造工艺传授给汉族匠人，所以模仿西域粟特风格的金银器皿和其他物品屡屡出现，半个世纪以来西安地下出土的文物充分证实了这一点。1962年，西市出土的标识书籍的"骨签"，骨制的梳、钗、笄，以及珍珠、玛瑙、水晶装饰品等，证明商人经营的范围与史书记载相吻合；而2007年西市出土的玻璃器原料，不仅说明西市曾经有过玻璃作坊，更说明西市工匠制造过晶莹透亮的玻璃制品，改变了原先传说玻璃器都是由外国舶来的说法。外来货物的输入与仿

造大大丰富了唐人的想象力，甚至在一定程度上改变了长安的生活方式，遥远的异域文明已从物质魅力进入了精神境界。

14. 从文学来看，胡商是唐代文人着力以史家笔法塑造的一个独特商人群体，来源于各国商人素材的形象。波斯胡商具有开办邸店的贵族风度，大食胡商具有博学多闻、善于识宝的特点，西域胡商则有善于经商、获利丰厚的特征。《广异记》《宣室志》以及《太平广记》等文学作品中记录了形形色色的胡商，仅记载胡人识宝的故事就有近30条。特别是以长安西市为题材或者涉及西市人物的笔记史传明显增多，生动地刻画了胡商形象、心理、经营手段，既有腰缠万贯的富贾巨商，又有做小本生意的鬻饼胡商，既有爱惜珠宝、争宝斗殴的西国胡商，也有重义轻利、诚信可靠的正派商贾，反映了当时文士对胡商传奇经历的看法。唐人对胡商态度亦是各有不同，有的羡慕他们一掷千金，有的鄙视他们本性贪利，有的同情他们地位地下，有的嘲笑他们酣歌醉舞，甚至给胡商身上笼罩了一层善于施展西域幻法的神秘雾纱，隐含着一定的外来宗教文化内涵。尽管文学的描绘往往带有传闻夸张的成分，但是外来胡商的活跃及其商业观念对唐代文人的影响熏陶是巨大的，因而胡商形象才会在文学作品中频频出现。

西市之盛，盛在以上优化商贸繁荣和百业发展的各种要素，稍具历史感的人就会观察到胡人是西市商贸经营流动的主体，感受到西市产生的吸引力以及注入外来异质文化后的活力，评估出西市对京城长安的积极作用乃至对国家发展存续的贡献。

考古已经证明西市遗址所出现的十字街头、圆形建筑、暗排水道、砖瓦材料等，都是都市商业中心生活的遗痕，如果说西市的标志性建筑遗址记录着一个城市的历史，那么它绝不是一般意义上的集市，也不是熙熙攘攘闹哄哄的商业街，而是一部活生生的人类商业历史图谱。路面深深的车辙使人联想到货物的运送，釉色斑斓的陶瓷器出土使人联想到商人的日常用具，散落的"开元通宝"铜钱使人遐想到交易时的讨价还价，佛头、狮子头等石造像使人想象到艺术品的作坊，紫水晶、绿戒面饰品使人浮想到胡商珠宝店的兴盛，铁钉、铁器使人仿佛听到当时铁匠铺传来锤打的叮当之声……特别是生活在西市与周边坊里的胡人，是唐政府不容忽视的存在。这些为了生存而兴贩的胡人异常活跃，犹如希腊时代的腓尼基人和中世纪欧洲的犹太人一样，擅长经商，辗转贩卖。他们移民长安后，遇到了与母国故乡完全不同的环境，一方面努力按照唐朝法律法规行事，另一方面又坚持保留自己传统的

图9 唐三彩孔雀形角杯,郑州西郊后王庄出土,河南博物院藏

行为准则,所以,胡物胡音胡韵笼罩着西市,扩大了唐人对外来物品的眼界与喜好,西市的兴盛和唐人的热衷又反过来促进了胡风更加炽烈。

与其他中古城市相比,长安的城市生活环境显然不同,它有着移民城市独具的海纳百川多元文化活力,没有这样的环境西市绝对不可能持久存在近三百年,更不会有所繁荣和发展。正因为西市处于国家京师核心圈的位置,所以它不是一个简单的"购物商务中心",而是一个有氛围的"文化交融中心"。西市显现出五湖四海的优秀文化元素,各地文化风俗在这里和而不同、共生共荣。7世纪后半叶到8世纪后半叶,日本平城京和平安京都仿效唐长安规划设计,模拟兴建了左右对称的东、西两市,尽管日本不会有丝绸之路上的大批胡商,但他们参考西市部署吸取外来文化则是影响巨大的,正仓院留存至今的醉胡王伎乐面、漆胡瓶、玻璃碗、胡人图案琵琶、西域狩猎纹锦等宝物,被誉为"穿越悠久时空的东西交易源流"。

西市是唐朝国际化的一个缩影,是当时胡商进入长安从事贩运的第一个落脚点,他们带来西域奇珍异宝,又购买中原产品,往返穿梭,互通有无。有的胡商带来大食夜光璧、大秦明月珠等远至西亚东罗马的珍宝,又购买中国出产的丝绸、瓷器、茶叶,送回中亚西域谋利;有的胡商为迎合唐朝统治者长生不老的追求,将含有鸦片的"底也伽"等各种秘制胡药贩运进西市,然后又专门购买西市炼丹铺肆的"仙药"携运回中亚,使道教外丹黄白术的影响远播他乡异域。古道西风,驼铃回响,载来送去正是东西方文明的交流与共鸣。

胡人落脚西市既是他们外商身份的象征,又是命运跌宕传奇的开始。7世纪的敦煌文书《文明判集》保存留居长安的胡商史婆陀一则详细记录,这位粟特胡商以兴贩发财,资产巨富,虽然没有长安本地人夸耀的门第族望,但他不仅出钱买了一个"勋官骁骑尉",而且家里"园池屋宇、衣服器玩、家僮侍妾比王侯"。后来由于

图 10 天宝四载（745）幞头胡人俑，1955 年西安韩森寨雷府君夫人宋氏墓出土

史婆陀重利轻义，不愿接济贫穷的亲弟和邻里，而被告官，指斥他纵欲奢僭、侮慢朝章。这件有意思的千年前的记录档案，反映了长安胡商的形象。正因为胡商积攒钱财有经济实力，每当官府亟须筹措经费，就找他们捐助摊派，例如京兆尹李峘上任急需公使钱，属下官员对二百余家胡客蕃商连唬带吓，迫使他们各送压惊钱凑成三千缗如数上交，完成官府筹钱的需要。胡商命运遭际常常受到官府的扶持与操纵。

放开眼界凝视，在中国历史上没有哪一个朝代能像唐代这样以如此广博胸怀接受外来物品，西市从商贸上改变了长安的景象，促成了当时城市经济的原始性积累。西市也印证了其本身是经济发展的结果，而非经济增长的原动力；无论是长安市民阶层还是各类行业胡商贾客，都对富裕美好生活有着憧憬和希望，那时虽然没有"世界走向长安，西市走向世界"的口号，但是西市产生的效应却是集中展现了"条条道路通长安"的盛景。

但是我们千万别把唐代的西市想象得如同今天的摩天高楼商厦一般，豪华气派，流光异彩，从西市十字街考古发掘现场来看，商肆铺面遗址最大的不过 10 米，一般的阔 4 米、进深 3 米，类似于今天的小铺小店，绝对无法与现代超市媲美。胡商贫富差别悬殊，有的保持着财富的递增，有的则沦为富人的奴隶；有的今天赚钱暴富但明天赔本没落；有的诚义为上，有的却奸诈取巧；有的奴仆成群，有的则沿街乞讨。我们只是说要跳出考古遗址留给人们的印象，显现出在当时情况下人们的商业冒险精神，并不是说唐代人就有了现代的国际眼光、国际意识或国际视野，也不是说西市一开始就是外向型商贸城，而是说西市充溢的胡商氛围与外来文

图11 胡人骑驼弹琵琶紫檀螺钿画，日本正仓院藏

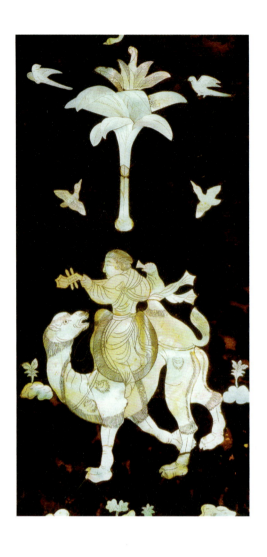

明，使长安严格控制的市场发生了变化，这是历史发展必然之势。唐朝晚期，军阀混战、兵变屡扰，每每都把西市作为劫掠的对象，这从另一个角度说明西市重要的经济地位，西市的毁灭就是整个长安居民生活的断绝。

历史性的思维并不在于对于历史回忆的兴趣，也不是发千古之幽思，而在于将古人作为今人的根据，古人为今人开辟了道路，今人往往步古人后尘。晚唐以后，东西方贸易缩小，胡商渐渐消逝，人们对西市的记忆也慢慢消失。人类的历史，能够得到记载的永远只是一小部分，湮没的是多数，像西市的很多重要历史信息都没有进入人类的记忆之中，而我们今天能够窥见的不过是其中的一隅，即使有考古材料补充，我们的了解也是非常有限。

多年来西市遗址的保护一直在唱"空城计"，人们从感情深处缺乏对人类遗产——遗址文化的热爱，仅仅把它当作考古学的研究对象，没有从经济脉搏、政治形象、城市文化、人居环境、发展布局等领域去考虑，没有把它作为城市发展中不可再生的重要资源。而今迈步从头越，长安气象再回归，西市遗址上又将树立仿唐标识，拓宽走向世界的视野，凸显新的风貌，如果说这就是文化遗产引领和带动城市建设，那么千年历史积淀的情结今天终于随着商贸文化名城建设被激发出来，迫切需要我们重绘唐代外来商贸的国际地图，融入人类血脉延续下去。

一座伟大的城市需要历史的记忆，没有历史记忆的城市是苍白虚弱的，而一个城市记忆是属于全体人民的，需要公民多元化的参与。西市作为长安的窗口，展现

了当时"商务区"的风貌,而它作为牵动商贸流通的龙头,又展现了丝绸之路的风采。倘若说我们通过西市具体翔实地了解盛世长安,那么世界则通过长安繁荣昌盛认识了中国,目的就是增加人们对城市国际化的认同感。

ON THE FOREIGN TRANSLATION FOR CHANG'AN AS "KHUMDAN"

13

唐长安外来译名『Khumdan』之谜

唐长安外来译名"Khumdan"之谜

长安，一个人类文明史上极其诱人的历史名字。长久平安，长世泰安，长乐永安，长生养安，长年心安，等等，无论用汉语怎样诠释，怎样形容，它都是一个寓意美好、吉祥如意的词汇，也是一个代代流传、誉满天下的地名。

在唐代文明的进程中，长安作为国家的首都曾发挥过重要作用，汇聚了多如繁星的文坛泰斗、英雄将帅，而且是当时亚洲第一国际大都市，万国衣冠拜冕旒，使节频来、胡商云集、蕃将入仕、移民融会、留学生荟萃。"条条大道通长安"，既包含了人们可以从不同方向去长安施展抱负之意，也隐含了长安对人们生活的影响程度以及人们对长安的仰慕朝拜之情，无怪乎大诗人李白远离京城后仍高歌："长相思，在长安。"

长安，这个历经了几个世纪而不衰的盛名，是否也在异邦远域传扬流播，是

图1 北周史君墓粟特文汉文双语题刻，陕西西安北郊出土

▲ 图2 胡人俑，陕西西安考古院藏

▼ 图3 唐代彩绘陶马与马夫俑，美国亚洲美术馆藏

否像国人自我夸示的那样涌动在外国人血脉中，是否如梵文"支那"(Cina)或"震旦"(Cinasthana)一样成为中国知名度的代称。对于这些问题，笔者多年来沿波讨源，探赜索隐。在寻来大量中外文化交流的汉唐时期史料后，笔者才惊异地发现，长安(Chang'an)作为丝路之都(Capital of the Silk Road)并不是一个国际性词语，并不像人们憧憬得那么赫然醒目、全球皆知。相反，在古代外国学者的笔下，长安竟被称为"胡姆丹"(khumdan)[1]，一个难以拉直的、僵硬的问号，在我脑中久久地定格。

"胡姆丹"一语，最早见于7世纪上半叶希腊历史学家泰奥菲拉克特·西莫加特(Theophylacte Simocatta，约582—620)所著的书中[2]，这是一部记载中亚突厥语系民族及其周围民族的希腊语文献，书中称"库博丹"(Khoubdan)为桃花石"Taugas国"的首都，即指唐人之国的京城长安，并提到这座城市为马其顿的帝王亚历山大所建造，城市被两条大江河所断开，高高的堤岸两旁环绕着柏树林，等等。西莫加特曾在拜占庭宫廷中担任多种公职，鱼目混杂反复抄袭的资料不可能成为信史，专有地理名词很难保持其原形，憧憬遥远国土

---

[1] 关于"胡姆丹"(khumdan)、"克姆丹"(kumdan)、"库博丹"(Khoubdan)"的不同汉语译名，如从"胡姆丹"则为伊朗语、阿拉伯语，如从"克姆丹"则为叙利亚语，如从"库博丹"则为古希腊语。林悟殊教授提命笔者注意：伯希和的弟子多维利埃(Jean Dauvillier)是叙利亚文专家。他整理增补的伯希和遗著《中亚和远东基督教研究》第2卷第1分册《西安府碑》，于1984年在巴黎出版，其间对景教碑叙利亚文 kumdan 一词的解释是："伊朗语和阿拉伯语作 khumdān，指唐朝的首都长安或西安府。" Paul Pelliot, Prèsentation par Jean Dauvillier, L'inscripion Chinoise de la stétey de SiNgan-Fou, p.57, n. 7.

[2] 泰奥菲拉克特·西莫加特《历史》VII.9. 博尔(Boor)版本，莱比锡托伊波内书店，1887年。译文见戈岱司编，耿昇译《希腊拉丁作家远东古文献辑录》，中华书局，1987年，第105页。

的这种传说是否准确,颇值得怀疑,但裕尔(Yule)、考狄(Cordier)《东域纪程录丛》第1卷中考订 khumdan 就是长安。[1] 伯希和也认为 khumdan 就是外国人称呼唐代西京全部或一部的名称,别言之,昔之长安,今之西安。[2]

西方学者在古代交通不便、信息不灵的情况下记录长安难免有道听途说的成分,且距今时代悠远,使人很难了解用古希腊语音韵营造的东方国都。在唐德宗建中二年(781)长安所立《大秦景教流行中国碑》上,出现用古叙利亚文镌刻的"khumdan",并明确指出"胡姆丹"就是京都长安,并列有"胡姆丹"京都区主教、副主教的人名。[3] 这些通过丝绸之路到达唐朝国都的基督教传教士们,把长安译为"胡姆丹",显然不是随意定名的,必有依据,或是梵文对音,或是突厥语转音,或是粟特人称呼,或是中亚与西亚其他语言的译音转读,起码"胡姆丹"这个地名称呼已在西方异邦流传了很长时间,景教传教士才会延续这种约定俗成的习惯叫法并镌刻在碑文上,因为语言的传递与翻译肯定有一个接受和认同过程。

我们还发现在阿拉伯人心目中的长安也被称为"胡姆丹"。大约写于唐宣宗大中五年(公元851年、回历237年)的《中国印度见闻录》[4],是一本9世纪中叶至10世纪初的中外关系史名著,该书最早被归于阿拉伯商人苏莱曼(Solaiman)撰写,但近代学者则证明它是一部佚名著作,囊括了当时阿拉伯商人在旅居中国经商时所搜集到的供后人使用的全部资料。在《中国印度见闻录》卷二中,一个名叫伊本·瓦哈卜(Ibn Wahab)的伊拉克阿拉伯人到广州后,又历时两个月来到京城胡姆丹,求见皇帝并得到了许多赏赐,返回伊拉克。他说京城胡姆丹"城市很大,人口众多,一条宽阔的长街把全城分成了两半";大街右边东区住着达官贵人等,左边西区住着庶民和商人等。这本书还记载黄巢打到京畿,直逼名叫胡姆丹的京城等唐朝史事。作为外国商人亲身见闻应该是比较可靠的。此外,散见于阿拉伯和波斯其他作者马斯欧迪(almas,-oudi)、阿拉姆(Hudud al-Alam)、伊德利斯(Idrisi)等人的历史文献中,均称长安为"胡姆丹"(khumdan)。毫无疑问,在当时地跨欧

---

[1] H.Yule and Cordier, *Cathay and the Way Thither*(《契丹及其通向那里的道路》), pp. 29-31, London, 1866(哈克鲁学会版)。

[2] 【法】伯希和《景教碑中叙利亚文之长安洛阳》,见冯承钧译《西域南海史地考证译丛》第1卷,商务印书馆,1962年,第34页。

[3] 翁绍军《汉语景教文典诠释》,生活·读书·新知三联书店,1996年,第76—77页。

[4] 穆根来等译《中国印度见闻录》,中华书局,1983年。

亚接壤相近的国家中，传播的长安名字就是胡姆丹。至于11世纪后，由于长安的残败，国都的迁徙，丝绸之路的时断时通，中亚、西亚的国家对长安也渐渐失去了解，这个名字罩上了扑朔迷离的浓雾。特别是语言不通、千番转辗，khumdan这个词也产生误解，如爱德里奚（Edrisi）在1153年所著书中称khumdan是中国最大与最著名的河流，泉州就在这条河上，距广州约三日路程。13世纪依本·塞德（Ibn Said）、14世纪第马斯可（Dimaski）也常用khumdan为河名，这实际上已改变了"胡姆丹"原义，反映了中西交通衰落的折光，逐渐暗淡。

长安外来译名"胡姆丹"走进了岁月的沧桑，走进了一个民族的记忆。那么这个神秘的外来名称音义来源究竟是什么呢？近代以来许多中外学者有多种解说，都期望筛簸出khumdan一词来历的真实，破解这个千年历史之谜。外国学者例如保西尔（Pauthier）提出khumdan是Chang'an（长安）的讹传；纳曼（Neuman）则认为是kongtien（宫殿）的误读[1]；哈特曼（Hartman）又提出"khan T'ang"（汗堂）之说[2]；佐伯好郎则以为是"关内"二字之说[3]；夏德（Hirth）和桑原骘藏又认为是"京城"的译音[4]。中国学者张星烺主张应为"京都"的译名[5]；岑仲勉解释为"金殿"的代称（即金殿代表皇都）[6]；李承祥认为是"京兆"的对音[7]；林梅村则判定源于粟特文Srγ，本义为"大厅、宫殿"，粟特文作'Xwmt'n，并为西方国家采用[8]。真是众说纷纭，莫衷一是。然而，究竟哪种说法妥当合理，至今仍难下定论，因为khumdan作为一种千年前的外来语还原或回译，不仅不清楚其源自何种母语，也不明白其译语产生的类型，更不清楚这种"舶来语"是仿译、借译、对音、意译，所以尽管中外学者都试图从各种语言翻译角度解释，但都难于自圆其说，迄无定论，谜底最终仍无法解开。

---

[1] 泰奥菲拉克特·西莫加特（Theophylacte Simocatta）《历史》VII，9. 博尔（Boor）版本，莱比锡托伊波内书店，1887年。译文见戈岱司编、耿昇译《希腊拉丁作家远东古文献辑录》，中华书局，1987年，第105页。

[2] *Encyclopeadia of Islam*（《伊斯兰百科全书》）卷一，第843页。

[3] 张星烺《中西交通史料汇编》第1册，中华书局，1978年，第157页。

[4] *Fr. Hirth, Chinesche Studien*, I, in-80, Munich et Leipzig, 1890. 又见《内藤博士还历祝贺支那学论丛》，东京，1931年，第578页。

[5] 张星烺《中西交通史料汇编》第1册，中华书局，1978年，第157页。

[6] 岑仲勉《外语称中国的两个名词》，《中外史地考证》上册，中华书局，1962年，第285页。

[7] 李承祥《景教碑之Kumdan与Sarag音译商兑》，《新中华》（复刊）第6卷第23期，1948年。

[8] 林梅村《公元100年罗马商团的中国之行》，载《西域文明》，东方出版社，1995年，第28页。

笔者几年来爬罗剔抉、发掘梳理，试图从唐代关中方言音系里找出合乎规律的拟构与重现[1]，《唐国史补》卷下记载："关中人呼稻为讨，呼釜为付，皆讹谬所习，亦曰坊中语也"，"旧说，董仲舒墓，门人过皆下马，故谓之下马陵，后语讹为蛤蟆陵"。这说明唐人已注意到关中方言的语音变化，口耳相传的地名用字更容易古音讹变。因为方言中保留古音是比较普遍的现象，其声母保持了古代舌根音的念法，尤其是陕北方言和关中方言中保留了大量古代入声字，这为我们破解湮没已久 khumdan 的唐代古读音提供了"活化石"，所以"胡姆丹"（khumdan）的转音，笔者认为应该是"估误搭"（ku·mu·da），即遥远的地方，或遥远的古城，属于位置指示代词，这可能是唐代关中方言中比较接近原义的音阶，类似的词还有"啊搭"（a·ta，那里）等，但由于音系的不确定性和译音的限度，一直不敢妄下断语，面对"胡姆丹"带来的谜团，不禁怅怅悻悻，忧忧悒悒，也请教过许多专治中西交通史的一流专家，钩沉稽往，也很难走进用音韵构成的演绎迷宫。

中西交往历史的经经纬纬里，通常都交织着令人费解的神秘丝线，就像洛阳为什么外来译名叫"娑罗誐"（Sarag）[2]，成都为什么外来译名称"穆祖"（Mudhu）[3]，似乎有一串跨越时间的中外交流语言难题在等待我们去回味破译，等待我们去寻觅确证。在学术研究难以定论、线索多端的情况一下，笔者只好将"胡姆丹"（khumdan）这一富有挑战性的难题呈现给大家，殷切期望学林高手能在不久的将来彻底破解，圆我长期求解的梦！

---

[1] 黄淬伯《唐代关中方言音系》，江苏古籍出版社，1998年。张崇《陕西方言古今谈》，陕西人民教育出版社，1993年。任克《关中方言词语考释》，西安地图出版社，1995年。李荣主编《西安方言词典》，江苏教育出版社，1996年。景尔强《关中方言词语汇释》，陕西人民出版社，2000年。

[2] 【法】伯希和《景教碑中叙利亚文之长安洛阳》，载冯承钧译《西域南海史地考证译丛》第1卷，商务印书馆，1962年，第34页。

[3] 穆根来等译《中国印度见闻录》，中华书局，1983年，第141页。

NEW PROOF FOR "KHUMDAN" AS THE FOREIGN TRANSLATION OF CHANG'AN

14

Khumdan 为唐长安外来译名的新证

Khumdan 为唐长安外来译名的新证

外来译名 Khumdan 作为一个地名,究竟是指古代中国的什么地方,百余年间曾有过不同解释。2002 年 6 月 28 日《中国文物报》发表了拙作《唐长安外来译名"Khumdan"之谜》一文后,被《新华文摘》2002 年第 10 期全文转载,引起了一些人士的注目,其中江苏镇江教育局江慰庐、犀泽两人认为 Khumdan 实应为新疆和田,依据的是杨宪益文史考证笔记《译馀偶拾》中的判定。对于 Khumdan 这样的千古之谜,笔者以为还是审慎为好,以出土文物资料为准最可靠,这是最有力的确切证据。

一

我们先回顾 Khumdan 问题的提出。唐代《大秦景教流行中国碑》自晚明天启年间(1621—1627)在西安府出土后,很快就引起当时基督教传教士的极大兴趣,西方学者纷纷涉足研究,三百多年中外学者围绕这块名碑的真伪性质、出土地点、碑文内涵、文字破译等倾注了大量心血,迄今研究仍未终结。

中国学者从晚明耶稣会信徒李之藻(1565—1630)开始对《大秦景教流行中国碑》做了肤浅的

图 1　胡人俑,意大利米兰马可·波罗艺术展展出

注释，之后明清学者徐光启、顾炎武、王昶、李文田、董立方、魏源等纷纷著录解读，中国人的研究不比西方人晚，但考订颇为混乱，参考价值不高。20世纪以后，西方学者更注重碑文上汉文与古叙利亚文的精确对译。1915年，裕尔（Yule）、考迪埃（Cordier）《东域纪程录丛》第1卷中考订Khumdan就是长安。[1] 1926年，法国汉学家伯希和发表短文《景教碑中叙利亚文之长安洛阳》，再次提出Khumdan和Sarag是长安、洛阳的考证结论。[2] 以后许多学者对碑上用古叙利亚文镌刻的几个地名进行破解，最使人关注的便是Khumdan。特别是叙利亚文专家多维利埃的研究对学术界很有增益，日本学者的增补也多有建树，不再一一列出，有兴趣的读者可径直查阅林悟殊教授《西安景教碑研究述评》、耿昇先生《外国学者对于西安府大秦景教碑的研究》[3]，他们的学术史综述总结，都非常系统、细致、精当。

对外国人关于Khumdan的解释，中国学者并非全以为然，而是试图有新创见、新解读，所以各有表述，分歧较大。尽管大家依据的中外史料大同小异，由于原语形形色色，古代又无统一地理命名原则，从而形成一个悬案。平心而论，中国学者囿于对古叙利亚文和其他外族文字的局限，难以在该领域自诩，亦不乏失考之处。近年唯有龚方震先生《唐代大秦景教碑古叙利亚文字考释》一文参与国际学术界讨论[4]，颇具功力。

二

杨宪益先生《景教碑上的两个中国地名》一文中针对伯希和关于Khumdan是唐代西京长安的考证，表示不同意见，依据字音和《魏书》及传说，推断Khumdan当为于阗，Sarag当即疏勒。他还推测9世纪阿拉伯人阿布赛德（Abusaid）所说的Khumdan"疑指后梁的汴梁"，格儿德齐（Gardizi）说的

---

[1]【英】裕尔（Yule）、考迪埃（Cordier）著，张绪山译《东域纪程录丛》第1卷，云南人民出版社，2002年。
[2]【法】伯希和《景教碑中叙利亚文之长安洛阳》，载冯承钧译《西域南海史地考证译丛》第1编，商务印书馆，1934年，1962年重印版，第34—35页。
[3] 林悟殊《西安景教碑研究述评》，见《唐代景教再研究》，中国社会科学出版社，2003年，第3—26页。耿昇《外国学者对于西安大秦景教碑的研究》，《世界宗教研究》1999年第1期。
[4] 龚方震《唐代大秦景教碑古叙利亚文字考释》，《中华文史论丛》1983年第1期，上海古籍出版社。

Khumdan"疑指宁夏"。[1]这些猜测作为一家之言鲜有人回应认同,并未得到学术界的公认。杨宪益是我们尊敬的老翻译家,他在抗日战争期间寄居重庆北碚时写过一些文史考证文章,限于当时的资料条件不可能博览群书,也不可能找到石刻史料佐证,他的一些推断后来被证明都是错误的,三十多年后他自己也谦虚地承认:

> 重读这些青年时的笔记,觉得内容上问题不少,有许多过去的假设,如考证李白先世源出西南边疆,显然是错误的,以前已有詹瑛等同志考证李白的先世来自碎叶了。此外还有不少疏忽之处,如考证番薯在明万历年间始传入中国,应该说明这里的番薯是指马铃薯,不是白薯。还有不少牵强附会、望文生义、不够严肃之处;但是也有些考证,如关于"萨宝"是湿婆崇拜,《西域记》摩醯罗炬罗即吐谷浑的慕利延,以及一些关于东罗马和古代中国的交往,则今天我还是认为可以成立的。[2]

笔者之所以整段录取杨宪益先生1981年写的话,就是避免江慰庐、犀泽两人说笔者未举出其著述所言。尽管杨宪益没有提及对景教碑上Khumdan和Sarag两个中国地名的推测是否对错,但事实上也是错误的。按照他说的"景教碑是在长安金胜寺发现的。我们要记得金胜寺是在长安西门,当西北通新疆的大路上,而景教又是从疏勒和于阗传入中国本部的,碑上的叙利亚文很可能是先刻的,中文则是在长安后刻的,故两种文字内容不同"。这种推测更是不能成立的,且不说碑上叙利亚文和汉文已证明是同时撰刻的,仅就在碑上刻好叙利亚文再从疏勒和于阗运到长安也是异想天开的。江慰庐、犀泽两人说杨宪益这段"精当的估说""宜可信从"[3],似乎太牵强了,无非是替自己找依据圆场。

笔者在拙作中举出近代以来中外诸家代表性观点,因学者对音译(略译、缩译、异译)众说纷纭,没有全部列出,同样也没有列举杨宪益推测的看法,这并不等于不知道或遗漏了杨氏的观点,而是觉得他的推测根据太简单了,甚至望文生义将"黅丹""屈丹"等同于"胡姆丹",不如其他诸说更有追寻线索的价值。江慰

---

[1] 杨宪益《译馀偶拾》,生活·读书·新知三联书店,1983年,第150—152页。
[2] 见杨宪益《译馀偶拾》第2页"序"。
[3] 江慰庐、犀泽《试解Khumdan之谜》,《中国文物报》2003年2月28日;又见《"胡姆丹"是唐朝国都吗?——试析Khumdan之谜》,《中国历史地理论丛》2004年第1期。

庐、犀泽以此认为拙作有疏漏，继在 2003 年 2 月 28 日《中国文物报》上发表《试解 Khumdan 之谜》后，又在《中国历史地理论丛》上刊登《"胡姆丹"是唐朝国都吗？——试析 Khumdan 之谜》一文，实际前后两文一个内容，并张冠李戴将杨宪益所言篡改成"《谜》文作者认为"，主题即大力推崇杨宪益关于 Khumdan 是于阗而不是唐长安的说法，但并无任何严谨可靠的新史料支撑，难免胶柱鼓瑟，疑窦丛生，令人百思不解。

炒前代冷饭要选择言之有据的，人云亦云的害处便是强化了不正确的观点，误导他人。如此下去，学术研究只能停滞在一定的水平而不会发展。我们提倡要有新材料，要有新意，必须发掘第一手资料，必须了解学术界各家对此问题的研究成果，这是科学研究的起码常识，轻率武断地把一家之言当成金科玉律或终极结论，要慎之又慎，当文献不足征时，必须靠考古出土资料上的文字来检验印证。

三

令人欣喜的是，2003 年 6—10 月西安市文物保护考古研究所在今西安北郊大明宫乡井上村东发掘清理了北周史君墓，该墓出土了一批珍贵文物，其中最宝贵的是石椁门楣横枋上分别有粟特文、汉文双语题刻，共 51 行文字，粟特文 33 行，汉文 18 行，这是目前所知发现最早有明确纪年的粟特文与汉文双语对应题刻，被誉为继虞弘墓、安伽墓之后又一中西文化交流的重大考古发现。[1]

左边汉文题刻清楚记载了北周凉州萨保史君的事迹。史君是西域史国粟特人，"本居西域"，"远迁居长安"。祖父阿史监陀为本国萨保，父亲阿奴伽"秀杰不群"，史君"其身为萨保判事曹主□"，被北周皇帝"诏授凉州萨保"。大象元年（579），史君 86 岁时死于长安。题刻汉字写得很不规范，但恰恰说明这是一个不熟悉汉文化的粟特人刻写的。

右边粟特文题刻每行较短，日本神户外国语大学吉田丰（Yoshida Yutaka）教授转写释读后，翻译内容与汉文题刻相近。引人注目的是第 15 行粟特文 xwmt'n

---

[1] 杨军凯《西安又发现北周贵族史君墓》，《中国文物报》2003 年 9 月 26 日；《关于祆教的第三次重大发现——西安北周萨保史君墓》，《文物天地》2003 年第 11 期。

即 Khumdan，这为长安外来译名"胡姆丹"（Khumdan）又一次提供了不容置疑的新证。[1] 以前学者对粟特文 xwmt'n 有过"宫殿、大厅"的解释，这次粟特文与汉文相对应可信度极高，不会再产生歧义，xwmt'n 即 Khumdan 应该说成为定论。

需要进一步分析的是，1907 年英国探险家斯坦因（A.Stein）在敦煌西北长城烽燧遗址下，发现了一组八封用粟特文字所写的信件，是凉州（武威）粟特商人写给家乡撒马尔罕（Samarkand，在今乌兹别克斯坦）贵人（自由民）的书信，大约写于西晋末年（312 年前后），由于信札大多残缺不全，解读十分困难。1948 年，亨宁（W.B.Henning）教授翻译出二号信札部分内容；1979 年，哈马塔教授（J.Harmatta）又做了较完整的翻译。尽管目前"粟特文古信札"还没有满意的译文发表，但粟特文专家对一些专名、地名的解说提供了有力证据，吉田丰教授指出其中二号信札 xwmt'n 已被释读，其词义就是"长安"。这些信札真实地反映了粟特商人以凉州为大本营，东到洛阳，西到敦煌，进行长途商品交易活动，他们将长安称为 xwmt'n，说明"胡姆丹"作为地名称呼早在 4 世纪时已流传于西域。辛姆斯-威廉姆斯（N. Sims-Wiliams）认为"粟特文古信札"是粟特商人在中国最早的活动史料，他利用 1967—1978 年在中巴友谊公路巴基斯坦一侧发现的 4—6 世纪粟特文题刻资料，其中有一些"石国人""米国人""片吉肯特人"题名和带有"波斯""叙利亚"地名的题记，叙述了粟特商人在中亚、印度和中国之间三角贸易中所扮演的角色。对此，荣新江教授已有介绍和论述[2]，毕波《粟特文古信札汉译与注释》更详尽地做了全文的汉文转写[3]，只不过是中国一些学者没有特别注意罢了。

长安是汉唐之间延续了千余年的国都，也是粟特人和各国经商贸易、文化交流的目的地，外来译名"胡姆丹"原语起源尽管不清楚，但 xwmt'n=Khumdan，即作为外国人称呼长安的地名，几个世纪中一直随着丝绸之路远播异域，是有延续性的，这是上述出土材料强有力的佐证，是最可信的史实。

---

[1] [日]吉田丰《新出土粟特文·汉文双语墓志的粟特文部分》，详见《粟特人在中国——历史、考古、语言的新探索学术研讨会论文集》，2004 年，第 31、33 页。

[2] 荣新江《中古中国与外来文明》，生活·读书·新知三联书店，2001 年，第 54—56、420—422 页。

[3] 毕波《粟特文古信札汉译与注释》，粟特文古信札不仅证明 xwmt'n 词义就是"长安"，而且粟特文 sarar 与《大秦景教流行中国碑》中叙利亚文 saragh 转写一致，就是洛阳。见《文史》2004 年第 2 辑。

四

至于江慰庐、犀泽所云的三点立论，即 7 世纪西蒙卡塔（T.Simocatta）书中之 Khoudan 并非指称长安；8 世纪《大秦景教流行中国碑》里的叙利亚文 Khumdan 与 Sarag 亦难认定其必为长安与洛阳；9—13 世纪阿拉伯人著作中之 Khumdan 实指包括中国都城长安等在内的若干南北城域与南方某些河流，并非对某一城市的专指名称，等等。笔者已在发表的拙作中有过分析，可惜囿于报纸体例注释，被部分删掉了。在此，笔者不想再赘言，有兴趣研究的读者不妨对比参照。但江慰庐、犀泽"忖断""Khumdan 实应为位于今新疆之和田"的结论，沿袭杨宪益几十年前推测失考的说法，笔者认为是证据不足，推测有误，有失严谨。

南辕北辙的是，拙作主旨是探讨外来译名 Khumdan 原语的音义来源，试图用古关中方言读音还原破译"舶来语"之谜，请教一些中西交通史专家后认为作为一种有新意的尝试可以发表，并不是专门讨论 Khumdan 究竟为何地地名。江慰庐、犀泽对此关键点却缄口不言，偏离主题奢谈地名所指，号称谜底早已被杨宪益先生解决，不知是没看懂拙作主旨还是有意回避主题，让人莫名其妙，模糊费解。

至于江慰庐、犀泽说"西摩卡塔为约 588—620 年间人，其去世日以长安为都城的唐朝刚刚建立，溯其写书时，李唐王朝尚未出现"，结论是 Khumdan "其位置绝不在当时中国本部，亦绝非代指北周或隋朝长安"。这个结论也显得过于草率武断了，西晋"粟特文古信札"、北周史君墓粟特文与汉文双语题刻、唐代景教碑都已证明 Khumdan 恰恰就是对应长安。

往事如烟，我们不能抹去杨宪益先生曾对学术研究做出的贡献，不能苛求他在五十多年前就旁征博引找出考古出土的石刻等文献资料，做出今天学术界所取得的研究成果，那样无疑有失厚道，更没有必要去指责其青年时代的旧作。笔者之所以用新出土的资料说明 Khumdan 就是唐长安，还得感谢江慰庐、犀泽两人连续撰文认为拙作转述有疏漏失真，鼓励笔者进一步提出确凿证据作为回应。为了学术发展不偏离正确方向，敬请学术界对此问题继续认真研究和重新探讨。

A STUDY ON THE HU NAME "GA" IN THE CENTRAL ASIA SOGDIAN LANGUAGE,

15

中亚粟特胡名『伽』字考证

中亚粟特胡名"伽"字考证

6—9世纪中亚粟特人进入中国后的胡名，一直是国际学术界重视的研究题目，但由于语言比勘、宗教信仰、命名习俗以及种族来源等困难，争议迭出，歧义纷纭。中国学者致力于此者披沙拣金、为数甚少，这一问题的研究最近才有所转机，取得较大进展。

2000年7月西安北郊北周安伽墓发掘出土后，引起海内外学者的注目与研究，因为这是迄今为止考古界发现的唯一一座完整的中亚粟特人萨保的墓葬，也是研究北朝至隋唐时期外来文化的珍贵史料。这座祆教萨保的墓志铭记录了墓主人为"大周大都督、同州萨保"，"君讳伽，字大伽"[1]。对于这样一个典型的胡名，复现率较高，不可随意错过。

一 胡名含义

中亚粟特胡人中，汉文常见著录的大姓有：康、安、曹、石、米、何、史、穆等，史称"昭武九姓"，又叫粟特胡、杂种胡等，其姓氏与中亚粟特地区大小不一的城邦国家相同，可说是"以国为姓"的胡姓汉译通例。

外国学者桑原骘藏、羽田亨、池田温、里夫什茨、亨宁、韦伯等人，以及中国学者向达、冯承钧、姚薇元、蔡鸿生、龚方震、姜伯勤等都对胡姓、胡名做过考释研究。如粟特胡人命名的"禄山"，意为吉祥的"光""明"，源出波斯语roxsan。"槃陁"，意为"奴""仆"，源出粟特语Bntk。"伏帝延"，意为"佛

---

[1]《西安发现的北周安伽墓》,《文物》2001年第1期。

图1 北周安伽墓出土墓志盖

图2 北周安伽墓出土墓志

赐""佛佑",源出粟特语Pwty'n。康昆仑之"昆仑",意为"技艺",源于粟特语kmw'n。康拂耽延,意为"知教义者",源出粟特语Furs-todan。翟突娑,"突娑"意为"对神敬虔者",源出波斯语tyssyt。此外,胡名常用词尾的"延"字作"礼物"之意,兼有"荣典""庇佑"的意思,源出粟特语-yan。"芬"字则是"荣幸""运气"之意,源出粟特语piugn。与粟特人信仰神名有关的"阿揽",意为"宁静、和平",源于r'm,等等。[1]甚至"萨保""萨宝"也成了胡人使用的名字,而其原意s'rtp'w为粟特聚落首领的

---

[1] 参见蔡鸿生《唐代九姓胡与突厥文化》之"胡名",中华书局,1998年,第40—41页。

称呼[1]。

我们在敦煌吐鲁番文书中所看到的"康莫鼻""康义罗施""康迦卫""康奴子""曹毕娑""曹射毗""曹迦钵""安珂敦""安毗盆""史婆陀"等[2]，在各地出土的墓志石刻中则有"何难迪""安菩""安僧达""史诃耽""史射勿""康阿达""康拔达""石三奴"等，不管是外来迁徙的还是在中国出生的粟特人后裔，都有明显的胡名直译的特点，译音、谐音以及借译词的色彩痕迹异常突出。当然，也有很多粟特人名字已完全汉化了，不容易分辨与对音还原，还需要从籍贯、宗教、家庭、职务等角度另作考证。

二 "伽"字考证

北周安伽墓志上的"伽"字究竟是什么意思呢？

首先，从读音上看，"伽"字在中古时期汉语读音为 ga[3]，现代汉语发音有 jia，有 qie，也有 ga，如"伽玛射线"，就读 ga[4]。实际上，这种读音来源于中古印欧语，希腊语、葡萄牙语、闪族语（希伯来语）都读 ga，甚至藏语也读 ga[5]。因此，安伽应读作 an-ga 才符合中古时代的读音。在古汉语中，"伽"又同"迦"，"迦"用于译音或专名，与"伽"相通，《资治通鉴》卷二〇六则天后神功元年（697）四月条记载右豹韬卫将军何迦密，司马光等宋人明确注释"迦"，音韵作"古牙翻"，所以"伽"与"迦"都读作 ga。

其次，从语义上看，"伽"字的发音确定后，据中古伊朗语辞典检索，有 throne 之意，即谓"宝座""君王""王权""大首领"等意思[6]。而安伽担任

---

[1]《周书》卷——《晋荡公传》记载宇文护小名叫萨保。王仲荦《北周六典》上册卷四收录西魏大统十一年（545）《歧法起造像碑》中有"佛弟子歧萨保"等名字，中华书局，1982年，第163页。敦煌文书 S.542 背面有"安萨保"名字，见[日]池田温《中国古代籍帐研究》，东京大学出版会，1979年，第523—535页。西安曾出土米国大首领米萨宝墓志，见向达《唐代长安与西域文明》，生活·读书·新知三联书店，1957年，第92页。所以"萨保"常常成为普通粟特人或受胡风习俗影响的汉人使用的名字。

[2][日]池田温《8世纪中叶敦煌的粟特人聚落》，载《欧亚大陆文化研究》，北海道大学，1965年。

[3] 郭锡良《汉字古音手册》，北京大学出版社，1986年，第8页。

[4]《现代汉语词典》（修订本），商务印书馆，1996年，第400页。

[5]《汉语外来词词典》，上海辞书出版社，1984年，第111页。又见岑麒祥《汉语外来语词典》，商务印书馆，1990年，第122页。

[6] Mary Boyce, *A Word-List of Manichaean Middle Persian and Parthian*, Leiden, 1977, p. 41.

图3 新疆库车克孜尔石窟205窟壁画

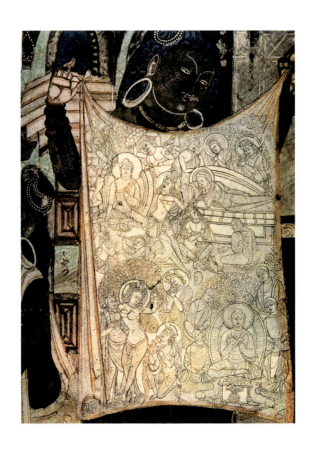

同州粟特聚落社会地位很高的"萨保",是管理外来侨民宗教、政务的"大首领","伽"字与"大首领"吻合,并与"君王""王权""宝座"等并列合称,语义也十分近似。安伽的字"大伽",也即"大君主"或大首领之意。

再次,从语源上看,粟特人是属于伊朗人种的一支中亚古族,很早就接受波斯的古伊朗文化影响,也被就称为"中亚伊朗人"。粟特语又属于一种古伊朗语,据考证它是以撒马尔罕方言为基础形成的一种语言[1],分为4世纪以前老粟特语和七八世纪的新粟特语,敦煌、吐鲁番发现的粟特语属于新粟特语,11世纪后粟特语濒于消亡,被突厥语同化。而安伽的"伽"字,不管是源于中古波斯语[2],还是源于粟特语[3],"大首领"或"君王"的含义都是相同的,也就是说,语源是一脉相承的。

我们在看粟特人名字时往往注重的是发音或直接译音,而粟特人自己取名时注重的是含义。在众多粟特人里,取一个与众不同的让别人记住的名字很有用,既可以显示身份性,又可以具有代表性,而不仅仅是突出个性或叫起来朗朗上口,所以安伽取名绝非偶然,"伽"字是粟特人重要的"品牌"名字,反映了他

---

[1] 依布拉音·穆提依《中亚地区的三个重要民族及其语言》,载《新疆历史论文续集》,新疆人民出版社,1982年,第68—69页。

[2] D.N.Mackenzie, *A Concise Pahlavi Dictionary*(《简明帕拉维语辞典》), London, 1971, p.34。帕拉维语为中古波斯语主要形式,通行于3—9世纪。

[3] B.Gharib, *Sogdian Dictionary*, Farhangan Publications, 1995, p.160, n.4046.

们的心理特质、宗教信仰和身份地位。

三 以"伽"为名

为了避免孤证产生歧义,或与译音规律相冲突,彻底解决"伽"字的语源问题,我们还可找出以"伽"字为名的同类事例。

山西太原出土的唐代永徽六年(655)《龙君墓志》记载:"君讳润,字恒伽,并州晋阳人也"。龙润的曾祖康基、祖父盆生、父求真都在北朝担任过刺史等职务,拜仪同三司。龙润本人"首授朝散大夫,又署萨保府长史"[1]。贞观二十年(646),他80余岁时又被"板授辽州刺史",永徽四年(653)死于并州安仁坊,与夫人何氏合葬。龙润的家族可能是西域焉耆龙部落的移民。[2]他本人来华较久,汉化较深,但因是萨保府属官,所以字"恒伽",如果"恒"是永久、持久之意,恒伽可能就是表示永恒的大首领。值得注意的是,龙润儿子龙澄的墓志则说其为"陇西牛心郡人也","祖真,隋任鹰扬;父伽,皇朝以宿德年高,板授辽州刺史",[3]并透露其家族祖辈的迁移中转地望。结论很清楚,龙润又名龙伽,大概在汉人圈里叫龙润,在西域人圈里叫龙伽。

河南新安千唐志斋博物馆收藏的《唐故何君墓志铭》:"君讳摩诃,字伽,其先东海郯人也,因官遂居姑臧太平之乡。"[4]"摩诃"是"大"的意思,由梵文Mahā而被粟特人借用,何摩诃为直译名,若按波斯语或粟特语,他的名字是何伽或何大伽,与安伽、安大伽语义及译音完全相似。姑臧是凉州武威的别称,也是河西较大的粟特胡人聚落所在,取名何摩诃、字伽,意思不言自明,即"一方之长"之意。

《大唐故游击将军康府君墓志铭》:"君讳磨伽,其先发源于西海,因官从

---

[1]《隋唐五代墓志汇编·山西卷》第1册,天津古籍出版社,1991年,第8页。又见《唐代墓志汇编续集》,永徽〇三五,上海古籍出版社,2001年,第75页。
[2] 荣新江《龙家考》,载《中亚学刊》第4辑,北京大学出版社,1995年,第144页。
[3]《隋唐五代墓志汇编·山西卷》第1册,第14页;《唐代墓志汇编续集》,龙朔〇〇三,第119页。龙澄以武艺见知,任西明府旅帅,后从军北讨瀚海,授骑校尉,耻居下职,为立大功"宣风绝城",固守孤城,执节而终。这是唐代典型的西域后裔从军戍边的命运。
[4]《全唐文补遗》第2辑,三秦出版社,1995年,第276页。

邑，遂家于周之河南，簪裾累代，遂为雄族。"[1] 康磨伽曾祖感，凉州刺史；祖延德，安西都护府果毅；很明显是康国粟特人。梵文 mārga 也汉译为"磨伽""末伽""莫伽""磨赖伽"，意为佛教教义中四谛之一的"道"或"道谛"，是否乃粟特人崇拜佛教而取的名字，不敢确定。但康磨伽未按汉俗有名有字，而是直呼"磨伽"，所以笔者怀疑写法虽相同，译音无定字，或是译名脱误错讹，或是脱胎简化而来，唐代汉人对于外来词词尾发成清辅音的齿音或腭音往往略而不译，故极有可能是"摩诃（磨）伽"，暂备一说。

2000年，西安碑林博物馆入藏的长安县王寺村出土《大唐故昭武校尉上护军田府君墓志铭》："君讳僧，字伽，京兆人也"[2]。这方墓志为武则天载初元年（690）所镌刻。田僧，字伽，名字没有并称为"僧伽"，这是特别要注意的，因为唐代墓志或史书中往往将"僧伽"二字连用作为人名，如宋赞宁《高僧传》卷一八《僧伽传》云："释僧伽者，葱岭北何国人也。自言俗姓何氏，亦犹僧会康居国人，便命为康僧会也"。这位何僧伽，无疑为来自何国的粟特人。又如《新唐书》卷七二上《宰相世系表》中有"李僧伽"[3]。西安出土的《宫人僧伽墓志》云："内人僧伽，年廿八。咸通八年七月廿五日，葬万年县王徐村。"[4] 僧伽的梵文为 Simha，即"狮子"之意，本为佛教常用的名词，变为信仰佛教的人名，也是一个常见的事情。但田僧字伽，将僧伽两字分开，在唐代译例中却很少见，是否为借用佛教僧团常用的词汇，或是与波斯语、粟特语中的"伽"字有关，暂且存疑。

敦煌所出于阗语文书中有人名"于迦"[5]，于迦是于阗王庭的重要官员。

《册府元龟》卷九六五记载，天宝九载（750），唐朝册封羯师国素伽为王，素伽为原国王勃特没之兄，此年正月被高仙芝所俘押往长安。[6]

《新唐书·宰相世系表》记载有北齐胶州刺史、竟陵公杜伽[7]，为高门世族分支濮阳杜家的后裔。

我们以上所搜寻的用"伽"字取名的人物，只是很少的一部分，但无论是粟特

---

[1]《全唐文补遗》第3辑，三秦出版社，1996年，第454页。
[2] 张云《唐田僧墓志研读》，载《碑林集刊》（七），陕西人民美术出版社，2001年。
[3]《新唐书》卷七二上《宰相世系表》，中华书局，1975年，第2541页。
[4]《全唐文补遗》第二辑，第583页。
[5] 黄盛璋《关于甘州回鹘的四篇于阗语文书疏证》，《新疆文物》1989年第1期。
[6]《册府元龟》卷九六五《外臣部·封册三》，中华书局，1960年，第11349页。
[7]《新唐书》卷七二上《宰相世系表》，第2438页。

胡人，还是受胡化影响的汉人名字，都说明以"伽"字命名不是孤证，从北朝到隋唐源远流长，相当流行。正因为"伽"字有着赞美夸耀的含义，是一种荣誉的称衔，才会被人们采用为名字，出现安伽、龙伽、何伽、康伽、于伽、素伽、田伽、杜伽等，共同表示崇高地位和身份，"伽"字是一种由称号演变而来的人名。

四 "伽"字余论

由于中亚粟特人商业活动比较发达，移民活动范围十分广泛，故属于印欧语系伊朗语族东支的粟特语也传播四方，成为6—8世纪中亚流行的国际语言，尤其是沿着丝绸之路东渐后对中国影响很大，源于中古波斯语或粟特语的"伽"字就是一个典型事例。563—567年，突厥人在中亚扩张，征服粟特地区后，粟特人频繁参与突厥统治上层的活动，相当一部分粟特人会讲粟特和突厥两种语言。安伽墓中出土石雕围屏图上短发粟特人与披发突厥人对坐畅谈图像，清楚地证明了双方之间的语言交流。[1]

实际上，北齐、北周和隋唐时期的东西突厥汗国内都曾使用过粟特语，这已经从蒙古发现的布古特突厥碑铭和突厥佛教文献中得到证实，如梵语的 māra（魔罗），古突厥语为来自粟特语的 x(i)mnu；梵语的 naraka（地狱），古突厥语为来自粟特语的 tamu；梵语的 klesa（烦恼），古突厥语为来自粟特语的 nizwan 等。[2] 布古特铭文中甚至使用了祆教名词'swswyn't（救世主）。如果说突厥文 bilga 之音译"毗伽"，原义为一种特殊的官衔，此词后来作为突厥高级人物美称的名字，用得相当普遍。那么，突厥文化吸收粟特文化是否也以"伽"字命名于自己的首领，将是我们需要继续探讨的问题，期待高明考订破读，提出新解。

---

[1]《西安发现的北周安伽墓》，《文物》2001年第1期，参见其中会见图、访问图、宴饮图等。
[2] 耿世民《古代新疆和突厥、回鹘人中的佛教》，载《世界宗教研究》第2集，中国社会科学出版社，1980年，第77页。

STEED AND CAMEL— NEW INTERPRETATION ON THE SILK-ROAD SYMBOL IN THE HAN DYNASTY

16 天马与骆驼——汉代丝绸之路标识符号的新释

天马与骆驼
——汉代丝绸之路标识符号的新释

图1 武威雷台现代浮雕《汉代丝绸之路》

骆驼作为丝绸之路的交通符号和运输标志，长久印在人们脑海里，驼铃声声成为古代丝路上富有诗情画意的一大景观。但我们研究敦煌悬泉出土的汉简，再结合河西走廊武威等地出土的汉代天马文物，越来越多地发现汉代丝绸之路上出现更多的是马而不是骆驼，两千多年前的真实状况与现代人想象的并不一样。

被誉为"沙漠之舟"的骆驼，究竟是什么时间进入中国北方的，仍然是一个议而未决的问题。有人提到在内蒙古朱开沟遗址发现有属于商周时期的双峰驼上臼齿[1]，但研究者认为它是先民狩猎的动物。先秦文献《战国策》记载，战国时期"赵、代良马橐驼必实于外厩"，指中原以北，燕赵曾有过骆驼，故有人推测其很有可能在距今3500年前进入中国境内。但动物考古学家见到最早的完整骆驼骨骼是陕西平陵丛葬坑里出土的33具遗骸，平陵还发现有双峰驼木雕像，但这都属于西汉晚期

---

[1] 尤悦等《新疆石人子沟遗址出土双峰驼的动物考古学研究》，《第四纪研究》2014年第1期。感谢中国社会科学院考古研究所动物考古专家袁靖研究员的指导。

◀ 图2 铜奔马，甘肃武威雷台出土

▶ 图3 魏晋灰陶奔马，甘肃武威2010年出土

了。[1] 实际上，汉代及其以前，骆驼主要为草原游牧民族所有，当时涉及西域、中亚的商业活动规模有限，所以在中原表现的骆驼题材的艺术品很少，不像隋唐那么普及广泛。而从商周开始，马的应用非常广泛，特别在以战争为主的各类活动和艺术题材中，马的形象亦多有表现。因而，马与骆驼"混搭"成为我们有兴趣的课题之一。

一 真实天马

在古代，马是重要的交通工具和农用动力，战马更是决定战争胜败的神经中枢，直接关系到国家的军事作战能力，因此历代王朝都重视马的繁殖和推广，秦能统一天下灭掉六国，来自西戎的战马起了重大作用。

汉承秦制，从中央朝廷开始就非常重视养马、用马。据《汉书·百官公卿表》《汉旧仪》等记载，"天子六厩，未央、承华、騊駼、骑马、辂轮、大厩也，马皆万匹"。太仆掌管有大厩、未央、家马三令，还有车府、路轮、骑马、骏马四令丞，管理马匹车舆十分完善。特别是《汉书·张骞传》记载"初，天子发书《易》，云

---

[1] 袁靖《中国动物考古学》，文物出版社，2015年，第110页。由于汉代始见骆驼，太仆寺才设立附属的"橐泉厩"和"牧橐令"等。从司马相如《上林赋》中可知"橐驼""驴骡"与"麒麟异兽"并列，说明上林苑是作为珍稀动物来圈养骆驼的，所以半陵陪葬坑将骆驼作为贡品埋葬。

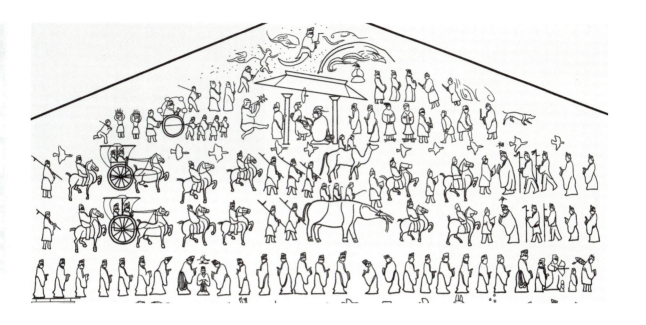

图4 山东济南长清县孝堂山石祠汉代画像拓本

'神马当从西北来'。得乌孙马好，名曰'天马'。及得大宛汗血马，益壮，更名乌孙马曰'西极'，名大宛马曰'天马'云"。汉武帝看见汗血宝马后亲自作《天马之歌》颂之[1]，因而传遍全国。

天马是乌孙（今伊犁河流域）、大宛（今费尔干纳盆地）、康居（今撒马尔罕）等西域、中亚的特产，它们是游牧民的主要出口物。汉人对于他们难以饲养的马有着非常迫切的需求，不仅是出于抵抗北方匈奴或其他游牧民族的军事目的，而且大量的皇室贵族和官僚豪族都需要马匹。汉人出口丝绸、粗纺织品、粮食和其他的奢侈品，都与进口马匹紧密相关。马匹与丝绸的价格比，或者供需上的波动，都源于经济变化和政治军事环境的变化。

汉景帝时，朝廷开始设苑养马，可是主要在北地（今内蒙古河套地区），当时尚不包括河西走廊。汉武帝时才在河西各地设立苑监牧养马匹。每匹马每天食粟一斗五升[2]，这可是不小的粮食消耗。公元前138年张骞通西域后，引进的苜蓿就是用于喂养庞大的马畜群体，苜蓿有着"牧草之王"的美誉，据说公元前500年波斯入侵希腊，起源于波斯的苜蓿从此传入欧洲。苜蓿充当饲料是畜牧史上一个重

---

[1]《汉书》卷六《武帝纪》，中华书局，1962年，第184页。
[2] 敦煌悬泉汉简记录："右令史以下百二人，马百二匹，匹一斗五升，用粟十五石三斗。"胡平生、张德芳编撰《敦煌悬泉汉简释粹》，上海古籍出版社，2001年，第76页。

图5 阳信家鎏金铜马,汉茂陵出土

大里程碑,《史记·大宛列传》记载:"大宛国左右,马嗜苜蓿。汉使张骞取其实来,于是天子始种苜蓿、葡萄。"为什么重视苜蓿的引进栽培?就是为了饲养良马。"天马衔来苜蓿花,胡人岁献葡萄酒",也说明此前中原汉人并不知道用苜蓿喂养良马。

从敦煌悬泉置汉简记载来看,作为丝绸之路上一系列驿置(平望驿、甘井驿、临泉驿、万年驿、毋穷驿等)中的一个驿站,"置"的附属机构"厩"成为必不可少的专门职守,特别是对"马"的记载非常详细,因为传马(驿马)负担运输大宗物资,快马传递信件,接送来往行旅,驾车护送外使,如此等等,都需要良马。

我们略举几例:

1. 建始二年(前31)三月《传马名籍》:"传马一匹,骓,牡,左剽,决两鼻两耳数,齿十九岁,高五尺九寸……""传马一匹,赤骝,牡,左剽,齿八岁,高五尺八寸,驾,名曰铁柱。"[1]

这份悬泉置《传马名籍》,原册虽散失,但还存十一简,记录了马的毛色、年龄、性别、性质、饲养人、主管人。

2. "建昭元年(前38)八月丙寅朔戊,悬泉厩佐欣敢言之:爰书,传马一匹骍驳,牡,左剽,齿九岁,高五尺九寸,名曰骍鸿。病中肺,咳涕出睾,饮食不尽度。即与啬夫遂成、建杂诊,马病中肺,咳涕出睾,审证之,它如爰书。敢言之。"[2]

这份病马死亡验证的结果文书,内容包括传马的毛色、公母、马印、年齿、身高、名字、病情、病状等,以及参加验诊者的职务、名字和结论。

3. "元平元年(前74)十一月己酉,□□诏使甘□□迎天马敦煌郡。为驾一乘传,载御一人。御史大夫广明下右扶风,以次为驾,当舍传舍,如律令。"[3]

这是传世文献之外第一次对"天马"的记录,即朝廷派遣奉诏使节与御史大夫

---

[1]《敦煌悬泉汉简释粹》,第81页。
[2]《敦煌悬泉汉简释粹》,第24页。
[3]《敦煌悬泉汉简释粹》,第104页。

◀ 图6 汉代金骆驼，新疆吐鲁番交河沟北1号墓出土

▶ 图7 钮钟鎏金骆驼挂钩，江西南昌海昏侯刘贺墓出土

前来敦煌郡迎接"天马"之事。自从汉朝遣使持金购买优良马种被杀后，太初元年至四年（前104—前101），朝廷派贰师将军李广利征伐大宛，获取汗血马后，西域震惧，各国畏服，大宛国不仅派遣质子入汉，而且每年献天马二匹，及至东汉，大宛仍贡马不绝。

通过上面出土文书的记载，由此我们深深感到汉朝对马的爱好与追求，不管是记录马匹状态、为马治病，还是派出官员迎接"天马"，都非常细致到位。对马的日常使用、常态护理、查验取证、管理责任都是条条清楚，绝不含糊。第一手史料带给人们的认识是马的饲养难度大、成本高，加之地理环境、气候条件的变化，大宛天马从牧场来到河西走廊或长安皇家苑监，均是非常不容易的。

按照悬泉置出土的诏书、律令和司法文书看，武威、张掖、酒泉、敦煌是一个"界中"，不可分开，虽然武威没有发现大批像悬泉置这样内容的简牍文献[1]，但是武威与敦煌悬泉置属于同类运作系统。据汉简里程文书换算，悬泉置距武威约700公里。明白悬泉置文书对马的记载，就可理解武威对马是同样的重视。

武威雷台东汉墓出土的铜奔马被称为"天马"，不管是后人称为"马踏飞燕""马超云雀"，都表明的是对马的讴歌赞美，反映人们对天马的向往。据考古简报[2]，雷台将军墓出土99件文物中，马匹39，俑人45，车辆14，牛1，结合厩庑、食廪、场院营造的环境，可知这是武威当地达官贵人生前所追求的生活写照。在39匹骏马良骥的车骑队伍中，主人的坐骑马身装饰华贵，鞍鞯彩绘马行云驰图案，寓意这是西域"天马"一类的良马。尤其是独立铜奔马那器宇不凡的昂首跑步

---

[1] 甘肃省博物馆、中国社科院考古所出版《武威汉简》，文物出版社，1964年；中华书局再版，2005年。
[2] 《甘肃武威雷台东汉墓发掘简报》，《文物》1972年第2期；《雷台东汉墓》，《考古学报》1974年第2期；周本雄《武威雷台东汉铜奔马三题》，《考古》1988年第5期。

◀ 图8 木马,甘肃武威磨嘴子汉墓出土

▶ 图9 铜质汗血宝马,甘肃武威雷台出土

状,足踩羽翼伸展的鹞鹰,引来众多猜测,其艺术造型也博得中外盛誉。笔者认为,这匹铜奔马应该是现实之物,但不应局限在墓主人出行仪仗的场面中[1],而应既注重工匠凝铸鹞鹰穿掠马蹄一瞬间的草原元素,又注重汉代上至天子下至民间野游猎骑的社会背景。可以说,正是张骞通西域后追求天马的风气大盛,丝绸之路开启了汉人认识外来世界的眼光,才塑造出这种踏云入霄、飞奔仙境的"天马"。

2010年,武威考古研究所又在武威市职业学院院内西南角发掘出土了魏晋时代的灰陶奔马,长59厘米,高46厘米,马踩鹰隼长24厘米,宽20.5厘米。[2]这件"马踏鹰隼"造型与雷台所出铜奔马所谓"马踏飞燕"基本相同,尽管是否鹰隼或燕雀还有待推敲,但是天马身上有马鞍,这个变化说明当时人们追求"天马"的心态已经由神话幻想进入真实状态,所以,武威的"天马"不仅是现代中国旅游吸引人的标志,更应是汉代丝绸之路上的历史标志。

二 印象骆驼

公元前6世纪—前5世纪,古代伊朗的宫殿建筑巨大台阶上的浮雕,就雕刻有

---

[1] 初世宾、张朋川《雷台东汉墓的车马组合和墓主人初探》,《考古与文物》1982年第2期。
[2] 笔者在武威考古所韩小丰陪同下前往雷台汉文化陈列馆仔细观察了2010年出土的魏晋陶奔马,此考古简报尚未发表,特此致谢。

◀ 图10 西汉晚期灰陶立驼，1982年西安南郊沙坡出土

▶ 图11 天马，江苏大云山汉墓出土

脖子戴铃铛的双峰驼，据说这是来自巴克特里亚的骆驼，当时中亚人向波斯国王进贡运输使用的双峰驼。骆驼在中亚粟特人眼中一直是神祇式的动物，甚至崇奉骆驼为军神，俄罗斯艾尔米塔什博物馆藏7世纪粟特鎏金银胡瓶，上面就有一尊粟特军神——带翼骆驼神像。

《魏书·西域传》记载粟特附近城市"迷密国，都迷密城，在者至拔西，去代一万二千六百里。正平元年，遣使献一峰黑橐驼"。迷密城位于今乌兹别克斯坦撒马尔罕市南喷赤干遗址。黑骆驼当时属于珍贵动物，所以才成为贡品。研究魏晋隋唐时期中原王朝与中亚关系史的治史者对这条史料很重视，其实敦煌悬泉置出土的汉简更是记载了西域、中亚贡奉骆驼的珍贵。

从悬泉汉简来看，对骆驼的记载非常简略，远远比不上对马的详细记录，但记载了疏勒、鄯善、莎车、乌孙、康居、大宛诸国贡献骆驼的过程：

1. 最著名的《康居王使者册》[1]，近300字叙述康居王使者杨佰刀等和苏薤王使者姑墨等五人从敦煌入关后贡献骆驼，评估奉献的骆驼时涉及牝牡、毛色、肥瘦、年齿、价值等，但在酒泉评估骆驼时发生纠纷。"今杨佰刀等复为王奉献橐入关，行道不得食，至酒泉，酒泉太守独与小吏直畜，杨佰刀等不得见所献橐佗。姑墨为王献白牡橐佗一匹，牝二匹，以为黄。及杨佰刀等献橐佗皆肥，以为瘦，不如

---

[1]《敦煌悬泉汉简释粹》，第118页。汉代文献与简牍中将骆驼称作"橐他""橐它""橐佗""橐驰""橐驼"等。

实，冤。"康居使者贡献的骆驼不仅膘肥体壮，而且是珍贵的白骆驼，评估却被定为黄瘦，因而上告朝廷。此案最后审理结果不得而知，但是可知骆驼来自今天中亚的乌兹别克斯坦泽拉夫善河流域。

2. "大宛贵人乌莫塞献橐佗一匹，黄，乘，须两耳，絮一丈，死县（悬）泉置……"[1]

3. "乌孙、莎车王使者四人，贵人十七，献橐佗六匹，阳赐记□。"[2]

4. "□守府卒人，安远侯遣比胥健……者六十四人，献马二匹，橐佗十匹，私马。□名藉（籍）畜财财物。"[3]

类似的记录还有若干条，既有康居国王、疏勒王子等派遣的使者，也有不清楚的"比胥健"国名和不知名的贵人；既有一二匹过境的少量记录，也有一次就带来25匹骆驼进入玉门关的记载。一般来说，贡物种类、品质和数量都要记录在案，现在遗存下来的诸条简文绝大多数都是有特殊情况发生时记叙的，如疏勒王子入贡，所携三匹骆驼却在半途疲劳累死；大宛国贵人所献骆驼意外死在悬泉置；乌孙、莎车使节入贡的六匹骆驼一直未到。这些简牍内容虽然没有马匹管理那么详细，但其真实性使人们了解到西域国家入贡活动中，运送骆驼非常不易。

从西域、中亚这么多使节往来中携带来的骆驼，不可能都贡献到长安或京师地区去，很有可能就地饲养。悬泉汉简有一简记载："所遣骊轩苑监侍郎古成昌，以诏书送驴、橐佗。"[4]这件文书是朝廷所派担任"苑监侍郎"的古成昌向指定地点骊轩（今永昌县）输送驴和骆驼的记录。"苑监侍郎"是朝廷派遣到边地牧苑任职的官吏，可见牧苑饲养的不仅有马，还有驴、骆驼。按照汉代马匹饲养的严格规定，不能草料过饱、乘骑过急、谷料过多等，如果死亡要追究责任，因而对不熟悉骆驼饲养的苑监也是考验。

汉武帝《轮台诏》回溯汉伐大宛国时就说："汉军破城，食至多，然士自载不足以竟师，强者尽食畜产，羸者道死数千人。朕发酒泉驴、橐驼负食，出玉门迎军。"[5]这段话叙述远征大宛的汉军在军粮不足的情况下，曾屠宰包括军中骆驼在

---

[1]《敦煌悬泉汉简释粹》，第108页。
[2]《敦煌悬泉汉简释粹》，第109页。
[3]《敦煌悬泉汉简释粹》，第123页。
[4]《敦煌悬泉汉简释粹》，第60页。
[5]《汉书》卷九六下《西域传》下，第3913页。

内的畜产食之，汉朝迎接凯旋军队，亦用驴和骆驼作为"负食"的后勤供应。

汉代丝绸之路凿通后，骆驼才开始不断被人们使用，因为它适合长距离运输并能担负起大规模贸易的重任。如果说阿拉伯地区最早使用耐渴、耐饿的单峰骆驼，在公元前11世纪便用于商旅运输，那么双峰骆驼也在中亚游牧民族中起着重要的作用。尽管现在对双峰骆驼被运用在商贸旅行中的最早时间还有分歧，但是欧亚大陆腹地是广阔的草原和肥沃的土地，对于中亚各国而言，骆驼能随时随地安定下来，就近补给水和食物，有利于商队负重贸易或军队后勤补给，可以在丝绸之路沿线各国进行长期、持久而路途遥远的运输。

骆驼的使用与环境适应，反映了游牧民族和定居者的不同需要。河西走廊至长安的中原汉人不急需骆驼，汉代丝绸之路很长时间内还不是长距离的直接贸易交换，可能更多的是一站接着一站实施接力转运贸易，所以河西走廊并不急需耐力长久的骆驼。因此，中国人真正对骆驼的认知，是从西汉张骞通西域时开始的，尽管骆驼还不是丝绸之路上运输的主角，可是一波接一波的外来"进奉"骆驼，使人们有了初步的印象，为以后的互市交换贸易开阔了眼界。

◀ 图12 陕北绥德东汉画像石

▶ 图13 陕北神木大葆当画像石门栏

三　文物标识

现代人们曾浪漫地认为："西汉时与西域各国的经济交流，主要依靠骆驼商队。往来西域的商人，成群结队骑着骆驼，根据沿路骆驼遗粪认识路线，越过四面茫茫的流沙。当时人们主要牵着大夏双峰驼，在发达畅通的丝绸之路上，进行着商品贸易的交流。"我们知道这恐怕是一种丰富的幻想、一种没有证据的演绎。

令人疑惑的是，史书记载汉代人追寻西域"天马"（汗血宝马），但从未追寻所

◀ 图14 战国荆州后港出土骑驼人铜灯，荆州博物馆藏

▶ 图15 骑马铜俑，甘肃武威雷台出土

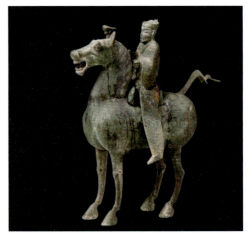

谓的"沙漠之舟"骆驼。陆贾《新语·道基》里提到："夫驴、骡、骆驼、犀、象、玳瑁、琥珀、珊瑚、翠羽、珠玉，山生水藏，择地而居。"把骆驼列入各种外来的物品之中，证明当时人还是把骆驼作为传入中国的外来动物。桓宽《盐铁论·崇礼》云："骡驴馲驼，北狄之常畜也。中国所鲜，外国贱之。"更清楚地说明，汉代中国人对骆驼所见还很少亦很新鲜。

我们观察了很久汉代考古出土的马匹造型陶俑、石刻及其他种类文物，收集了很多的马匹文物图片，在画像石或画像砖中，有大量的骏马艺术造型，但是只有零星的骆驼稀稀拉拉出现，而且骆驼造型的艺术品很少。这当然不能说汉代人只喜爱奔跑快捷的良马，不喜欢稳步慢悠的骆驼，而是证明汉代人对骆驼的生疏和不了解，间接也映射出汉代人对"天马"良骥的追求，实际与"人地关系"紧密相连。

人地关系是人类通过自然地理、万物出生认识世界的重大命题，一方水土养一方人，一方风物也依赖一方水土。正是西域、中亚的独特地理环境产生了独一无二的"天马"，也产生了有别于两河流域单峰驼的中亚双峰驼，高山牧地与辽阔草场使得他们饲养牲畜得天独厚，《汉书·乌孙传》说"不田作种树，随畜逐水草"，贵人富者有马"至四五千匹"。只是张骞通西域后带来了引进优良品种的高潮，从而在史书记载与出土文献上留下了浓墨重彩的一笔。

随着汉代中西交通的开拓，骆驼输入河西地区也越来越多，但内地还比较少

◀ 图16 春秋战国人驼纹铜饰牌，1987年宁夏彭阳县出土

▶ 图17 东汉晚期骆驼鞍鞯击鼓画像砖，成都新都区马家镇出土

见，故《史记·匈奴列传》称其为"奇畜"，骆驼异于中原牲畜的形象和在荒漠驮运的优势以及游牧经济生活中的作用受到汉地人们的重视[1]，以骆驼为题材的造型艺术也开始慢慢出现。

首先，在汉代雕塑方面，骆驼造型陶俑凤毛麟角，说明墓葬陪葬品还没有将骆驼列入必备名单中。但是西安沙坡村出土的一对西汉彩绘陶骆驼像[2]，整体造型十分高大，高74厘米，长93厘米，而且写实逼真，神情怡然，十分罕见。

其次，在汉代画像石创作中，河南南阳，山东长清、沂南，江苏徐州、洪泗，四川新都，陕北等地汉墓出土的画像石上，都发现有骆驼形象，刻画比较稚拙，有的骆驼四肢纤细，如马狂奔；有的鬃毛四散，俯首低看。骆驼往往都是孤零零的，或混同在其他动物之中，没有成群结队的出现，并经常与大象、胡人一起伴生出行。有人认为，骆驼作为西域之兽和西域神兽的大象共同出行，反映了去往西方昆仑王母之地的导引场景，属于西方升仙信仰。也有人认为，这些艺术形象反映了胡汉战争、西域开辟、佛教传入、浸染胡风等所带来的异域文化。[3]

陕北靠近内蒙古大漠，神木大保当汉墓出土画像石中有"骆驼图"，绥德延家岔出土画像石中还绘有被围猎的野骆驼。让人想起了《居延汉简》中驿置吏员张宗出塞时捕获野骆驼的记载。四川成都新都区东汉墓出土"骆驼载乐"画像砖上一头

---

[1] 动物考古学家认为骆驼作为家养动物，繁殖速度慢，性情不温顺，不易圈养驯化。雄骆驼发情期特别暴躁，生理特征和生活习性不像马、牛那样容易被人类接受。见袁靖《中国动物考古学》，文物出版社，2015年，第111页。

[2] 《西安博物院》，世界图书出版公司，2007年，第25页。

[3] 信立祥《汉代画像石综合研究》，文物出版社，2000年；朱浒《汉画像胡人图像研究》，生活·读书·新知三联书店，2017年。

图18 画有眼睫毛的驼俑，2018年咸阳空港新城唐墓出土

双峰骆驼，背负装饰有羽葆的建鼓，前峰跪坐一人拽长袖击鼓成乐。[1]成都平原出现骆驼，疑是漂移各地的杂耍艺人所拥有，吸引观众。

与汉代同时期陶塑、画像上的成群骏马相比，汉代骆驼形象不仅比例偏低，而且显得非常稚拙或粗糙，蹄趾、尾巴等细节塑造较差，这表明创作工匠对骆驼观察似乎并不深入，或许根本没有见过。像唐代骆驼两侧挂有袋囊、丝束、长颈瓶、胡瓶、扁盘、织物、毡毯等，有的还挂有沿路猎取的野鸡、野兔，反映了商旅驼队路上生活状态，汉代骆驼形象与此无疑还差得很远。值得注意的是，西安龙首原西汉墓与咸阳东汉墓都出土过驼形翼兽，卧状骆驼背生双翼，嘴部前突巨大，应是外来有翼神兽的艺术表现。[2]

虽然骆驼被称为"丝绸之路的形象大使"，曾在欧亚大陆沟通与交往方面发挥过不可替代的作用。然而，历史事实是骆驼在汉代才传入中国，作为艺术表现中的新对象、新题材，对骆驼的形象创作还是入门水平，笔者同意有学者判定的属于"初级阶段"[3]。如果与汉代陵园前雕刻石兽相比，汉代骆驼几乎未见。汉武帝茂

---

[1]《中国画像砖全集四川汉画像砖》，图版156，四川美术出版社，2006年，第39页。

[2] 秦臻《汉代陵墓石兽研究》，文物出版社，2016年，第178—179页。

[3] 齐东方《丝绸之路的象征符号——骆驼》，《故宫博物院院刊》2004年第6期。石云涛《汉代骆驼的输入及其影响》，《历史教学》2016年第12期。

陵阳信家出土鎏金铜马，比例匀称，造型稳重，公认为西域汗血宝马的造型[1]，相反在汉景帝阳陵出土大量动物陶俑中竟无一匹骆驼。

按照时间为序观察中国骆驼形象的变化，我们发现在魏晋南北朝时期骆驼造型频频出现，到唐代达到造型艺术的顶峰，胡人牵驼、胡人牵马共同组成艺术构图，骆驼与骏马成为丝绸之路上并列的主角，其图像也成为丝绸之路的象征符号。现代艺术家喜爱用一队骆驼行走在夕照下的戈壁大漠，表现对古代丝绸之路的无限遐想，掩盖或遮蔽了马、驴、骡、牛等在丝路运输上发挥的作用，殊不知这在古代商道上是根本不可能的。

丝绸之路的标识符号应是汉代"天马"与唐代骆驼的"混搭"互补形象，而不仅仅是骆驼一个孤立的形象。悬泉出土简牍从文献上印证了骆驼的传入，但更多的是印证了骏马良骥在汉代引进的史实[2]，汉代人们梦幻的"天马"成为真实的外来引进物种，而真实的骆驼由于模糊印象却成了充满想象的艺术奇兽。汉代"胡人与骆驼"的配套与唐代"胡人牵驼"组合并不相同，反映出两个朝代五六百年间不同文明的发展演变，"汉韵胡风"只有经过碰撞后才能融合，孕育出以丝绸之路为特色的汉唐文化。

还原汉代当时真实的环境，不能用隋唐艺术创造代替汉代历史原貌，或是直观穿越以现代"幻境"代替"原境"，这是我们新的考释。

---

[1] 《陕西考古重大发现（1949—1984）》，陕西人民出版社，1986年，第106页。
[2] 拙作《敦煌悬泉汉简反映的丝绸之路再认识》，《西域研究》2017年第2期。

本卷论文出处

(汉唐记忆与丝路文明专题)

- 丝绸之路的世界回响

  香港历史博物馆《绵亘万里：世界遗产丝绸之路》专文总述，2017 年

- 中国记忆中的丝绸之路

  国家文物局编《丝绸之路》"总述"，文物出版社，2014 年，收入《全球史评论》第 8 辑，中国社会科学出版社，2015 年

- 从汉唐之间出土文物看欧亚文化交流遗痕

  2014 年 11 月 3 日维也纳大学孔子学院演讲稿，载《故宫博物院院刊》2015 年第 3 期，收入《汉学研究》2015 年年刊

- 论唐朝的世界性

  《深圳特区报》1998 年 8 月 24 日第 11 版（学者论坛）（该文获 1998—1999 年度全国副省级城市理论宣传一等奖，收入《1998 年中国唐史学会论文集》）

- 丝绸之路与古今中亚

  台湾《历史》月刊 1998 年第 3 期

- 谈汉唐丝绸之路的起点

  《华夏文化》1995 年第 1 期

- 草原丝绸之路与世界视野的遗产

  2015 年中国人民大学"草原丝绸之路考古国际学术研讨会"演讲稿

- 中古时代胡人的财富观

  《丝绸之路研究集刊》第 1 辑，商务印书馆，2017 年

- 汉帝国宏观历史下"胡风渐入"的微观变化

  香港中文大学"汉帝国的制度与社会秩序"国际学术会议演讲稿，收入《汉帝国的制度与社会秩序》论文集，牛津大学出版社，2012 年

- 敦煌悬泉置汉简反映的丝绸之路再认识

  《西域研究》2017 年第 2 期，收入《首届丝绸之路（敦煌）国际文化博览会——简牍学国际学术研讨会论文集》，2018 年

- 出土石刻文献与中西交通文明

  2004 年国家文物局出土文献培训班讲稿，部分发表于《中国文物报》2005 年 1 月 14 日

- 胡商遗韵——唐长安西市的国际性地位

  《西市宝典》"总论"，陕西师范大学出版社，2009 年

- 唐长安外来译名"Khumdan"之谜

  《中国文物报》2002 年 6 月 28 日（《新华文摘》2002 年第 10 期全文转载）

- Khumdan 为唐长安外来译名的新证

  《中国历史地理论丛》2005 年第 3 辑

- 中亚粟特胡名"伽"字考证

  《华学》第 6 辑，紫禁城出版社，2003 年

- 天马与骆驼——汉代丝绸之路标识符号的新释

  2017 年凉州文化高层论坛演讲稿，载《故宫博物院院刊》2018 年第 1 期

本卷征引书目举要

(为节省篇幅，征引史料古籍全部省略)

- 国家文物局编《丝绸之路》，文物出版社，2014年。
- 国家文物局编《海上丝绸之路》，文物出版社，2013年。
- 国家文物局、香港康文署合编《绵亘万里：世界遗产丝绸之路》，香港历史博物馆，2017年。
- 《丝绸之路——大西北遗珍》，文物出版社，2010年。
- 宿白《考古发现与中西文化交流》，文物出版社，2012年。
- 刘迎胜《丝绸之路》，江苏人民出版社，2014年。
- 余太山《早期丝绸之路文献研究》，上海人民出版社，2009年。
- 《粟特人在中国——历史、考古、语言的新探索》，《法国汉学》第10辑，中华书局，2005年。
- 孙机《仰观集——古文物的欣赏与鉴别》，文物出版社，2012年。
- 孙机《中国古代物质文化》，中华书局，2014年。
- 蔡鸿生《中外交流史事考述》，大象出版社，2007年。
- 蔡鸿生《广州海事录——从市舶时代到洋舶时代》，商务印书馆，2018年。
- 方豪《中西交通史》(上、下)，上海人民出版社，2008年。
- 孙修身《敦煌与中西交通研究》，甘肃教育出版社，2002年。
- 荣新江《中古中国与外来文明》，生活·读书·新知三联书店，2001年。
- 荣新江《丝绸之路与东西文化交流》，北京大学出版社，2015年。
- 王小甫《唐·吐蕃·大食政治关系史》，北京大学出版社，1992年。
- 王小甫《中国中古的族群凝聚》，中华书局，2012年。
- 林梅村《古道西风——考古新发现所见中西文化交流》，生活·读书·新知三联书店，2000年。
- 林梅村《丝绸之路考古十五讲》，北京大学出版社，2006年。
- 李明伟主编《丝绸之路贸易史》，甘肃人民出版社，1997年。
- 荣新江、张志清主编《从撒马尔干到长安——粟特人在中国的文化遗迹》，北京图书馆出版社，2004年。
- 《贺兰山阙——宁夏丝绸之路》，香港大学美术博物馆，2008年。
- 赵丰主编《丝绸之路起源、传播与交流》，浙江大学出版社，2015年。
- 包铭新主编《丝绸之路：图像与历史》，东华大学出版社，2011年。
- 张绪山《中国与拜占庭帝国关系研究》，中华书局，2012年。
- 陈凌《突厥汗国与欧亚文化交流的考古学研究》，上海古籍出版社，2013年。
- [美]谢弗著，吴玉贵译《唐代的外来文明》，中国社会科学出版社，1995年。
- [俄]维·维·巴尔托里德、[法]伯希和著，耿世民译《中亚简史》，中华书局，2005年。
- [法]鲁保罗著，耿昇译《西域的历史与文明》，新疆人民出版社，2006年。
- [美]W.M.麦高文著，章巽译《中亚古国史》，中华书局，2004年。
- [日]谷川道雄《隋唐帝国の形成》，讲谈社，2008年。
- [日]堀敏一《中国と古代東アジア世界——中華的世界と諸民族》，岩波书店，1993年。
- [日]堀敏一《東アジア世界の歴史》，讲谈社，

2008 年。
- [俄] 叶莲娜·伊菲莫夫纳·库兹米娜著，[美] 梅维恒编译、李春长译《丝绸之路史前史》，科学出版社，2015 年。
- [匈] 雅诺什·哈尔马塔主编《中亚文明史》第 2 卷《定居文明与游牧文明的发展：公元前 700 年至公元 250 年》，中国对外翻译出版公司、联合国教科文组织，2002 年。
- [俄] B.A. 李特文斯基主编《中亚文明史》第 3 卷《文明的交汇：公元 250 年至 750 年》，中国对外翻译出版公司，联合国教科文组织，2003 年。
- [英] 赫德逊著，李申等译《欧洲与中国》，中华书局，1995 年。
- [法] 布尔努瓦著，耿昇译《丝绸之路》，山东画报出版社，2001 年。
- [美] 劳费尔著，林筠因译《中国伊朗编》，商务印书馆，2001 年。
- [法] 魏义天著，王睿译《粟特商人史》，广西师范大学出版社，2012 年。
- [法] 玛扎海里著，耿昇译《丝绸之路：中国—波斯文化交流史》，新疆人民出版社，2006 年。
- Monks And Merchants: Silk Road Treasures from Northwest China, Gansu and Ningxia, 4th-7th Century, by Annette L. Juliano and Judith A. Lerner（《僧侣和商队：来自中国西北的丝绸之路珍宝》，是 2001 年 10 月 13 日至 2002 年 1 月 6 日在美国纽约亚洲社会博物馆的展览图录。主要是 4—7 世纪的文物精华，绝大多数已在国内展览出版过）。
- Silk Roads · China Ships (vollmer · keall · nagai-berthrong), Royal Ontario Museum, Toronto, Canada, 1983.9.10-1984.1.8 .
- The Ceramics of China 5000B.C.to 1912A.D（《中国的陶瓷艺术品——从公元前 5000 年到 1912 年》），Schiffer, 2003 年。
- The Glory of the Silk Road Art from Ancient China（《辉煌的丝绸之路——来自古代中国的艺术》），Exhibition Dates the Dayton Art Institue, 2003 年。
- The Silk Road–Trade,Travel,War and Faith, Edited by Susan Whitfield with Ursula sims-willianms, First published in 2004 in association with the British Library by Serindia Publications Inc [《丝绸之路——贸易、旅行、战争和信仰》，作者：苏珊·维特斐尔德女士（大英图书馆国际敦煌学研究中心主任，2000 年加州大学出版有《丝绸之路沿途生活》），该图录中文物 2004 年 5 月 7 日—9 月 12 日在大英图书馆展出，由大英博物馆支持联合举办]。
- Asian Art in the Arthur M.Sackler Gallery—The Inaugural Gift, Arthur M.Sackler Gallery, Smithsonian Institution, Washington. D.C, 2005.
- The Crossroads of Asia Transformation in Image and Symbol in the Art of Ancient Afghanistan and Pakistan（《亚洲十字路口：古代阿富汗和巴基斯坦艺术形象和象征的转变》），by Elizabeth Errington and Joe Cribb with Maggie Claringbull, Ancient India and Iran Trust（剑桥：古代印度和伊朗信托出版，1992 年。1992 年 10 月 6 日至 12 月 13 日在剑桥 Fitzwilliam 博物馆举办的展览）。
- Forgotten Empire—the world of ancient Persia, edited by John Curtis and Higel tallis, The British Museum Press, 2005.
- Contact and Exchange in the Ancient World, edited by Victor H.Mair, University of Hawai'I press, Honolulu, 2006.
- Ancient Musical Instruments of Western Aaia, edited by Joan Rimmer, London, 1969.

Han and Hu:
China in Contact with Foreign Civilizations

by Ge Chengyong

CULTURAL IMMERSION

The Worldwide Reverberation of the Silk Road

The World Heritage along the Silk Road is a historical testimonyto the continuation and progress of human civilisation as well as an indelible memory of the legacy of humankind. Apart frompreserving and showing respect for the fruit of past civilisations, the exhibition of such legacy also contributes to the exploration of new perspectives in forging a sustainable future world.

In 2014, the "Silk Roads: Routes Network of Chang' an-Tianshan Corridor" jointly initiated by China, Kazakhstan and Kyrgyzstan was successfully listed as UNESCO World Heritage, arousing big echoes among countries across Asia and Europe. The Silk Road has become the hottest international topic in recent years. In view of the universal influence of the Silk Road, this monograph has chosen to re-explore through various perspectives focusing on cultural exchange, trade sharing and integration of civilisations, in the hope of completing the framework with results obtained through academic studies. According to the history of civilisation concerning World Heritage outlined by UNESCO, roads forming a linear routes network are of critical importance. Unimpeded roads brought prosperity while impeded ones caused declination. Along with them came the postal stations, fortifications, commercial and trade settlements, hub cities, means oftransportation, commodities, religious dissemination, cultural and artistic achievements, and so forth.

Over the century after the name of the Silk Road was coined, the original historical concept has been testified by the physical legacy from its history. The rich repertory of cultural relics unearthed from different countries along the Silk Road vividly demonstrates the "cultural identity" shared by the East and the West. This great epoch is witnessing the restoration of the gems of cultural relics and the revitalisation of the Silk Road. As the most vivid emblem symbolising the exchange, mutual learning and integration between different civilisations, the Silk Road has left an indelible imprint on the human mind. Eventually it has forged a more open world perspective and relatively equitable way of communication, contributing to the long-term interaction between China and other civilisations.

The Silk Road in the Chinese Memory

This article is divided into twelve parts, based on the archaeological findings in China during the last century. Through the report of the new discoveries and sources we may keep our memory of the Silk Road alive and better appreciate the dialogues between the East and the West during the medieval period. This also helps us to learn more about the history of cultural expansions, which include not only the establishment of transfer stations and merchandise activities, but also the introduction of religions, the increasing immigration flows and the interethnic marriage. All these contribute to the transformation of the Silk Road from a trading route originally to a stage of different peoples and cultures, and also from encounters and confrontations to gradual integration and fusion. Such a process of intercultural encounters and integration is a basic condition for the development of human civilizations, whose ideal, visible in the history of the Silk Road, has gained the general recognition of the whole world.

Tracing Euro-Asia Cultural Exchanges from The Unearthed Objects of The Han through Tang Dynasties

The increasing number of medieval foreign objects unearthed within Chinese territory in the past century enables Chinese scholars to study Sino-foreign cultural exchanges and integration from a different perspective, and to trace the communication between ancient China and the outside world. The coverage of the foreign objects——from the Greco-Roman feathered man with wings to the man-head-and-horse-body figure and Demeter, from the branch shaped candle over the head of a teenager to a great amount of the East Roman gold coins, from the duck-mouth glass bottle with roses and three swallows to the Greek 'Rhyton', from the Nestorian Cross to Greek line-carved picture showing the hero drawing deity animal to protect Queen, fills in a gap which has hitherto existed in Sino-Euro cultural exchanges during the medieval ages and makes up for the lack of the archives recording Sino-Western communication, which greatly promotes the study of the world civilization.

On the Internationality of the Tang Dynasty

There are many similarities between the Han and Tang dynasty, both as representatives of a united empire in Chinese history. Yet from the perspective of internationality, the two dynasties differ in a significant way.

This paper analyzes the differences between the Han and Tang dynasties. It points out that international relations differ in the two periods in terms of the national attitude towards surrounding nations, which is the key meaning of "internationality". The mutual impact and free exchange between nations could not only strengthen the comprehensive power of the leading countries, but also promote social and cultural development of their neighboring countries. The super "empire" of the Tang regime acted such an important role in Asia.

Specific discussion is given in the paper on the internationality of the Tang regime, showing its undeniable position as a world center of that time. This is explained from ten most prominent areas: permitted emigrant residence, allowance of participation in and assumption of official positions, high-ranking commander of non-native ethnicity, equal legal treatment, free trade protection, permitted transnational marriage, open and diversified cultural policies, mixed accommodations, food, dress and transportation, permitted foreign monasteries and swarming foreign students. The reasons for the Tang regime to attract so many people from around the world are not only its openness but also its advantages as a civilized nation, i.e., its affluent living conditions, intact regulations and laws, authoritative central government, powerful military capacity, tolerant religious philosophy, creative literature and art achievements, advanced science and technology, and even fashionable clothes and hairstyles. Without its international leading advances in politics, economy and culture, without its prosperous vitality, it is impossible for the Tang empire to influence its neighboring nations and countries in the East Asia so greatly. However, the author deems it unnecessary to idealize the three hundred year Tang Dynasty in history, though compared with international history and other dynasties in China, the internationality of the Tang appears more tolerant and prominent.

The Silk Road and the Central Asia in the Past and Today

The Central Asia, located on a pivotal part of the ancient Silk Road bestriding across Europe and Asia, controlled the economic and cultural exchange route between the West and the East. Historically, the Central Asia, through its special geographical position, earned lucrative profits from trade and witnessed many oasis city-states thriving. In modern times, however, the Silk Road lost its vitality and suffered constant instability under foreign intrusion. After the split of the former Soviet Union, the strategic and resource role of the Central Asia countries has gained great attention from the world. This paper discusses the evolving relation between the Silk Road and the Central Asia in the past and today, and tries to analyze the problems faced by the Central Asia from a historical and macroscopic perspective.

On the Starting Point of the Han-Tang Silk Road

Since the beginning of last century, research on the Silk Road during the Period from the Han to Tang dynasty has been an important issue among scholars in China and abroad, especially with the new archaeological discoveries unearthed during the last decades. There comes a controversial question: where is the true starting point of the Han-Tang Silk Road?

The author believes that the Chang'an City of the Han-Tang dynasty was the starting point of the Silk Road and the center of the Far East culture. It enjoyed an international reputation and unshakable position. Though cities like Luoyang, Yecheng (today' Linzhang, Hebei), Datong, the capital of the Yuan Dynasty, Gyeongju in Korea, Kyoto and Nara in Japan had direct or indirect relation with the Silk Road, all of them were cultural areas developed or expanded after the formation of the Silk Road. However, the starting point should not only be the right center of a nation's political, economic and cultural powers—its capital, but also a city of early origination, large foundation, clear hierarchy, long history, sustainable vitality and extensive impact.

As a conclusion of the author, the features are incomparable that are embodied and reflected by Chang'an such as its centrality, compatibility and internationality, the only objective criteria for the determination of a starting point. Those archaeological discoveries scattered around could not change history, but only as an approach and supplement to its truth.

The Steppe Route and World Vision

The Steppe Route, rather than a single path, is a web of complicated road network. The ancient China took advantage of this network to promote the communication of civilizations. In the past millenniums, people seek constantly the most convenient and safe routes, whose activities have formed a vast network of roads adapting to change. Thus, the Steppe Route, also known as the Oasis Route, is the result of constant discovery and optimized choice. Geographic space of "route" is the key. It is believed among many scholars that there are at least eight overlapping trade route circuits on the Eurasian steppe, where several worldwide migrations took place, such as those migrations towards the west by Aryans, Scythians, Huns, and Hephthalites. Especially, those tribes-people never stopped moving across geographical and political boundaries during the 13th and 14th centuries under the protection of the Mongolian forces. The Silk Road expands the vision of the study of world civilization history, and the Steppe Route allows us more attention to the interaction and influence between different national and regional civilizations.

The Hu-Sogdians' concepts of wealth in Medieval China

Previous studies of the barbarians who came to China during the medieval period often criticize their secular "concepts of wealth", based on the ancient Chinese records and the traditional concepts of Han Chinese. This criticism, which results in many mistakes, requires a further ideological debate.

This paper is based on the historical relics images to observe barbarian business activities from their views and explain barbarian desire to be rich and show off, their character of indulging in pleasure, and their mentality of monopolizing trading roads, but not condescending Confucian Ethics. A number of differences exist in the "concepts of wealth" of the barbarians and the Han Chinese, which are attributed to social background, psychological belonging, cultural acceptance and recognition of the value.

Microscopic Changes about the Entry of the Barbarian Customs in Macro-History of Han Dynasty

During the Qin and Han dynasties, "Hu" had become the exclusive title of Huns. However, it changed into the name of people from the Western Regions where the Han empire began to take control after Zhang Qian's travels. At that time, the Han empire and all countries in the Western Region formed a political union by sending messengers, hostages and merchants, and the economic activities of the trade network breathed new life into the empire. This article explains and exemplifies the changes after the empire absorbed foreign cultures, searches on the impact of the Hu's entrance and explores social change and the diversity in social context.

Re-understanding the Silk Road Reflected in the Bamboo and Wooden Slips of the Han Dynasty from Xuanquan, Dunhuang

Based on the bamboo and wooden slips of the Han Dynasty unearthed from Xuanquan, Dunhuang, this article holds that the Hu merchants from the Western Regions and goods exchanges related to the Silk Road during the Han Dynasty were true reality. These slips record the rare details of the traffic featured with the comings and goings of official envoys and civil merchants. The author not only puts forward the topic of re-understanding the Silk Road, but also points out the irreplaceable unique characteristics of unearthed documents as well as the limitation of omission caused by the fragmentation of these documents.

Unearthed Stone Inscriptions and Ancient Transportation Between China and the West

This article is a lecture outline of two training courses, organized by the National Cultural Heritage Administration, on the protection and collation of excavated documents. It is pointed out that, among tens of thousands of published stone inscription archives, the pieces of information about the ancient transportation between China and the West are quite rare, which makes them very precious first-hand materials on civilization communications. They cover information about Hu people in their immigrating routes, engagement in official appointment and politics, religion mission and trade, and self-management. Close attention has been paid by Chinese scholars in these subjects, which has became a cutting-edge "hot issue". Substantial progress has been made, thanks to their familiarity with ancient Chinese languages, local dialects and regional history. Dialogues with international scholars have started, research vision has been expanded, and new understanding has been achieved about China-West civilization communications.

Hu Merchants: The Internationality of the Western Market of Chang'an in Tang Dynasty

A great city needs the memories of its history, if not, it is wan and inauthentic. For such a city, its memories often belong to all the citizens and need their multicomponent participation. The Western Market of Chang'an, as a display window in Tang dynasty, shows the style and features of commercial and trade subzone at that time, and also graceful bearing of the Silk Road as bellwether of driving trade. We come to know the bustling city, Chang'an, by exploring the Western Market; while the world knows China by knowing the prosperous Chang'an city.

On the Foreign Translation for Chang'an as "Khumdan"

The name "Chang'an" for the Capital of the Silk Road is not an international word. For ancient foreign scholars, it was called "Khumdan". How did this mysterious translation come about? There are many explanations by Chinese and foreign scholars in recent years. The author tries to find a reasonable imitation and reconstruction of the word in the Guan Zhong dialect pronunciation in the Tang Dynasty. The author suggests that "Khumdan", according to its ancient pronunciation, means "remote old city", a demonstrative pronoun for location.

New Proof for "Khumdan" as the Foreign Translation of Chang'an

Which city does "Khumdan", a foreign translation name of place, refer to in ancient China? In more than one century, there have been many different interpretations. This paper tries to prove that, from the contraposed Sogdian and Chinese inscription newly discovered in the Shi Tomb of the Northern Zhou in Xi'an, "Khum dan" is indeed the foreign translation for Chang'an. This is another definite proof after the ancient Sogdian letters of the West Jin Dynasty found in Dunhuang and the record in Tang's Tablet for the East Syriac Christianity in China. The author attempts to settle the long time controversial problem with the most credible information from the unearthed relics and answers some hypotheses and questions in related articles.

A Study on the Hu Name "Ga" in the Central Asia Sogdian Language

It has been an important subject about the Hu names for the Sogdian people from the Central Asia when they entered into China during the 6th to 9th century. But research by Chinese scholars has been scarce due to difficulties in language comparison, religious belief, naming custom and nationality origin.

In July 2000, an An Ga Tomb of the Northern Zhou was excavated in the northern suburb of Xi'an. It has received great attention from scholars home and abroad because it is a complete tomb for a Sogdian Sabao from the Central Asia found by archaeologists. It provides valuable information for studies on the foreign culture during the Northern Dynasty and Sui and Tang dynasties. On the epitaph for the Zoroastrian Sabao it is recorded that the occupant is named "ga". From this typical Hu name, the author made detailed analysis on its pronunciation, meaning and origin. According to an ancient Iranian dictionary, it is suggested that "ga" has the meaning of "throne" that represents "emperor", "kingship" and "chieftain", etc. An Ga assumed a high-ranking position of Sabao in the Sogdian settlement Tongzhou, who was indeed a "chieftain" in charge of foreign residents of their religious and political affairs. Therefore the word "ga" would be very befitting for this "chieftain".

When we read a Sogdian name we often attend to its pronunciation or literal meaning, while Sogdians attach great importance to the real meaning of their names. A distinct and unforgettable name is conducive to exhibit one's social status and represent one's official ranking. So the name for An Ga is nothing accidental but a respectful "brand" name of "ga" in Sogdian language, which reflects the name possessor's spiritual character, religious belief and social status.

In the paper, ten similar examples are given using "ga" in names. With same rules and contents, it is explained that "ga" used in names is not uncommon but quiet popular during the Northern Dynasty and the Sui and Tang dynasties because the word "ga" has the praising and prestigious meaning for a respectful title so that people like to use it in their names. As a summary, the word "ga" is a name developed from a title.

Steed and Camel—New Interpretation on The Silk-Road Symbol in The Han Dynasty

Both the scripts on the bamboo slips found in Xuanquan, Dunhuang and the objects excavated over Hexi Corridor (the west of the Yellow river in Gansu province) explain why the steed was more adored than the camel in the Han dynasty. It was after Zhang Qian's western expedition that camels were gradually drawn into the Han area, but they were looked at as a kind of odd domestic animal in the local people's eyes who had never heard about them before that. A greater number of the Tang camel-modeled objects have been found archaeologically, but the Han camel-shaped objects are rarely seen, much fewer the fine artworks of a camel. In the Han times, people fancied a heavenly horse coming from the foreign area as a saint animal imaginable. So what did symbolize the silk-road of the Han dynasty should be the steed rather than the camel.

后记

我上大学的时候,正是百废待兴、文化复兴的时候,古典文化又恢复了春芽,对唐诗的爱好促使我非常喜欢被称为"边塞诗"中的"胡汉"句子:

岑参《凉州馆中与诸判官夜集》:"凉州七里十万家,胡人半解弹琵琶。"《田使君美人舞如莲花北鋋歌》:"美人舞如莲花旋,世人有眼应未见……此曲胡人传入汉,诸客见之惊且叹。"《胡笳歌送颜真卿使赴河陇》:"君不闻胡笳声最悲,紫髯碧眼胡人吹。"岑参《与独孤渐道别长句兼呈严八侍御》:"花门将军善胡歌,叶河蕃王能汉语"。耿湋《凉州词》:"毡裘牧马胡雏小,日暮蕃歌三两声。"武元衡《酬严司空荆南见寄》:"金笳曾掩胡人泪,丽句初传明月楼。"杜甫《黄河二首》:"铁马长鸣不知数,胡人高鼻动成群。"《寓目》:"羌女轻烽燧,胡儿制骆驼。"李白《观胡人吹笛》:"胡人吹玉笛,一半是秦声。"李颀《古从军行》:"胡雁哀鸣夜夜飞,胡儿眼泪双双落。"司空图《河湟有感》:"一自萧关起战尘,河湟隔断异乡春。汉儿尽作胡儿语,却向城头骂汉人。"王建《凉州行》:"多来中国收妇女,一半生男为汉语。蕃人旧日不耕犁,相学如今种禾黍。"翻开唐诗书卷,描叙胡汉的诗歌俯拾皆是,这些诗句究竟是"唐韵胡音"还是"胡歌汉吟",当时我并不清楚这正是"胡汉中国"的最好描写,只是笼统地觉得在诗歌中有种胡琴羌笛的苍凉悲壮之风。

一花一春,一果一秋,春秋代表的历史年轮,其实早就出现了"胡"的字样,并与以后记载的"汉"相持对立。

我们说"胡汉中国"也只是一个恢复历史常识的话题,表明历史上北方游牧族群与中原农耕民族反复争夺交锋后相融的事实。从魏晋族群厮杀到盛唐民族一统,实际就是隋唐统治者联合周边少数民族,以亚洲中原内地为根据地,最终形成了一个多族群、多民族的新中国。以长安、洛阳、平城、邺城等为中心的内地与周围边疆族群之间的互动，有激烈的对抗，也有缓和的相融。现在学界有些人主张站在边疆看待内陆中国，突破以中原为中心的传统认识范式。从地理角度看待胡汉问题，无疑是一个新的视角，但是古代文献对周边族群的记载很少，中古的"内"与"外"硬要找出证据谈何容易。

李唐皇室是胡化的汉人，他们希望朝廷制度重新汉化，那么在各民族文化彼此冲撞交融的唐朝，就会出现很多胡汉倒错奇怪的现象。汉人穿胡服，胡人着唐服，搞得金吾卫无法辨认抓捕逃犯。"宛马随秦草，胡人问汉花"，"胡人有妇能汉音，汉女亦解调胡琴"。当年的中国从隋唐到宋元，是一个胡汉文化思想相互碰撞并最终融合的时代。

唐朝廷的官员里，有突厥人阿史那氏族的大批武将，有一衣带水的日本人阿倍仲麻吕，有朝鲜半岛上高丽人高仙芝和新罗人崔致远，还有很多来自中亚的粟特人，甚至有远至西亚的波斯人和大食人。唐朝由此成为一个真正当之无愧的世界帝国。

陈寅恪先生曾指出"胡化""汉化"，贯穿整个魏晋南北朝隋唐时代，这是解读中古中国的一把关键钥匙。新疆、甘肃、陕西、山西、河北、内蒙古都是胡汉交错比较突出的地域，种族、文化、宗教诸多问题剪不断理还乱。内迁的胡族与外移的汉人，东夷与西戎的概念也在不断变换。往远些看，唐代开拓疆域、威震四夷，在边疆地区设立胡汉体制的军镇化节度使，重新建立和经营边缘交错地区的国际秩序，保障中西古道即丝绸之路的往来畅通，胡汉问题也已经延伸至东亚和中亚、西亚，族群凝聚与国际关系更趋复杂。

前辈学者教育我说，研究隋唐交流史或是钻研中西关系史，一定要从疑点、难点上下手，深入掘进与突破，力避面面俱到与泛泛而谈，以中肯细密的论析，推进某些关节点问题的解决，纠正此前学术界一些不确切乃至不正确的大路货流行说法。由于我们的学术体制很少奖励或是强调怀疑思维，所以没有形成一个活跃思维的研究环境。我们的学术只讲求资料式的堆积，没有思维技巧的讨论，专业的局限又自我围城，往往使人禁锢。注重学科方法论的老师曾教导我说，只有技术知识辅助以历经磨炼的批判性和创造性思维，才能获得创新优势。这当然需要史料的日积月累，更需要眼界的扩展。

人贵有自知之明，我知道自己的学问做得远远达不到前贤们的要求。在"史无前例"的时代，我下过乡、挖过煤、建水库、修公路；乘改革开放之风考上大学时，已经有 8 年纺织工人的工龄了。24 岁我开始学英语，全班没有一台录音机，上研究生时也是全年级才有一台卡式录音机听英语磁带，成效可想而知，所以哑巴英语贯穿到底，如今只能勉勉强强读点英语著作，在吸收外国学术成果方面根基不深，吃了很多亏。与国外学术交流的长期隔膜，使我们了解的丝绸之路只是中国境内的"半截子"，从中亚到西亚的很多文物古迹，我们并不清楚，因而参与丝绸之路展览时只敢写"中国记忆中的丝绸之路"，对外面世界一知半解，根本不能自如交流，不能活跃于世界学术之林。

  我欢迎鼓励广大读者对本书的所有论点进行讨论，乃至对本人论文的批评，这有助于学术公器品格之完美，因为我所进行的研究，不仅是在寻找研究的手段，更重要的是在追求接近历史真相的本源。即使有一些无碍大局的不足，但我的研究目的是希望提升中国人文科学的研究水平，至少希望在蹚出新路方面做出努力。

  感谢许多文博考古单位的同事好友提供给我拍摄文物的机会，并拷贝赠送我诸多图片。感谢所有帮助过我进行学术研究的老师、同人和学生。

2018 年 10 月 5 日